MW01518935

Le visage, reflet de l'âme

collection ˋPsycho - somaˊ

(le corps et l'esprit)

AUTRES OUVRAGES DU MÊME AUTEUR

Initiation dans l'Ère du Verseau. Ou à la recherche de l'Homme nouveau (St Michel-Éditions).

Musique :

Jean Spinetta en tant que chanteur, compositeur et parolier est l'auteur de deux cassettes musicales :

Le Magicien fou (musique instrumentale de méditation).
Paix aux hommes sur la Terre (musique chantée).

Pour tout renseignement, s'adresser à :

Monsieur Jean Spinetta
27, avenue des Orangers
06000 Nice

Jean **SPINETTA**

Le visage,
reflet de l'âme

Cours pratique de
morphopsychologie d'évolution

22ᵉ mille

Editions Dangles

18, rue Lavoisier
45800 ST-JEAN-DE-BRAYE

L'AUTEUR :

Né en 1953 à Nice, Jean Spinetta a suivi de longues études : licence puis maîtrise de droit, diplôme de langues et civilisations anglaise et américaine (D.L.C.A.A.) et certificat d'études judiciaires.

Alors professeur d'économie en lycée, il est rapidement poussé vers l'étude de la morphopsychologie, dans son désir de comprendre toujours mieux ses semblables. En 1983, il obtient son diplôme de morphopsychologie décerné par la Société française de morphopsychologie.

Depuis 1984, il enseigne cette discipline à Nice, à Aix-en-Provence et en Italie sous forme de cours de formation et de séminaires.

Dans le même temps, le grand intérêt qu'il porte au développement du potentiel de l'être humain, l'amène à approfondir le symbolisme et la tradition initiatique, ce qui lui vaut de parcourir le monde en tant que conférencier.

ISSN : 0397-4294
ISBN : 2-7033-0313-0

© Éditions Dangles, St-Jean-de-Braye (France) - 1987

A tous ceux qui,
par leur haut degré d'Amour et de Connaissance
et par leur exemple de chaque instant,
guident l'humanité sur le sentier magnifique
de la sagesse et de la perfection.

Nous remercions vivement pour l'aide directe ou indirecte qu'ils nous ont apportée :

— le docteur Louis Corman pour son enseignement plein de dévouement et son œuvre irremplaçable ;

— Omraam Mikhaël Aïvanhov dont les livres sont précieux pour la compréhension du symbolisme et de la nature profonde de l'être humain ;

— Alain Saury dont le soutien constant ne s'est jamais départi des qualités de cœur et d'intelligence qui font les poètes de la nature ;

— Marielle Clavel qui fut notre professeur inspirée et à l'enthousiasme communicatif ;

— et tous ceux qui ont apporté leur concours de façon amicale et désintéressée à l'édification de ce livre.

Les dessins sont de Huguette Vio, à l'exception de ceux illustrant les alliages qui sont de Marie-France Bruno-Lalix.

Les photographies des personnages anonymes sont de G. Garaud et Jean-Luc Filippi.

Préface

« *Je ne t'ai donné ni visage, ni place qui te soit propre, ni aucun
don qui te soit particulier, ô homme, afin que ton visage, ta place
et tes dons, tu les veuilles, les conquières et les possèdes par toi-même.
Nature enferme d'autres espèces en des lois établies par Moi. Mais
toi, qui ne limite aucune borne, par ton propre arbitre entre les mains
duquel je t'ai placé, tu te définis toi-même. Je t'ai placé au milieu
du monde, afin que tu puisses mieux contempler ce que contient le
monde. Je ne t'ai fait ni céleste, ni terrestre, mortel ou immortel, afin
que de toi-même, librement, à la façon d'un bon peintre ou d'un sculpteur habile, tu achèves ta propre forme.* »

Il ne pouvait être de meilleure introduction aux travaux de Jean
Spinetta que ces quelques lignes de Pic de La Mirandole : cet « *achè-
vement de notre propre forme à la façon d'un bon peintre ou d'un
sculpteur habile* » est justement tout le propos de la morphopsychologie. C'est en apprenant à se connaître, ainsi que tout autre, que l'on
devient apte à évoluer harmonieusement. Et si l'on peut modeler sa
forme de l'intérieur vers l'extérieur, l'inverse est aussi vrai. Nous ne
donnerons qu'un seul exemple : à la suite d'une passade, une jeune
femme tombe enceinte et épouse, donc sans amour, le géniteur ; durant
sa gestation, elle devient follement amoureuse d'un autre homme (avec
qui, d'ailleurs, elle n'aura jamais aucun contact amoureux) ; l'enfant
est une petite fille qui, dès sa naissance, possède une ressemblance
extraordinaire avec l'amant platonique ; évidemment, nul ne peut
croire que l'enfant n'est pas de lui ; cette jeune femme a donc complètement remodelé dans son ventre sa fille à l'image de l'être passionnément aimé ! Un divorce rapide en fut la conséquence.

Que ce livre clair et précis (parce que marqué du sceau de la poésie et de la spiritualité) de Jean Spinetta aide à quitter l'inconscience ou la haine, apanage de l'humanité contemporaine, pour enfin plonger dans le point ultime de la Conscience, celui que Christ nommait Amour.

                                                          Alain Saury

Introduction

La morphopsychologie est la science qui consiste à connaître l'âme *(psyché)* au moyen des formes *(morpho)*. Nous dirons que c'est la science qui permet de connaître à la fois les autres et soi-même au moyen de l'étude de la forme du visage. Ce terme a été choisi à partir de 1937 par le docteur Corman, médecin psychiatre français, pour montrer que, désormais, la science antique du visage reposait sur des bases nouvelles, scientifiques. L'antique physiognomonie faisait peau neuve et partait à la conquête du XXᵉ siècle.

Traiter un sujet sur lequel il a déjà été beaucoup écrit, depuis la plus lointaine Antiquité, peut paraître bien prétentieux, voire inutile. Toutefois, les ouvrages existants sont tantôt très ardus et difficiles à aborder sans préparation, tantôt caricaturaux par souci de simplification. Nous chercherons donc à éviter ces deux écueils en essayant d'aborder le sujet d'une façon claire et simple sans le vider de son contenu.

Nous n'avons pas la prétention de faire le tour d'une discipline aussi vaste que l'être humain lui-même. Plus nous l'étudions, plus nous en voyons reculer les limites, mais c'est l'immensité de l'entreprise, même si parfois elle peut donner le vertige qui, justement, en fait le prix. Et c'est elle qui procure la joie d'aller toujours plus loin, de découvrir toujours plus.

Et, avant toute chose, c'est cette joie que nous aimerions transmettre, cette joie qu'il y a à découvrir l'autre, à mieux le comprendre, à l'aider à développer le potentiel qui est en lui, qui est en chacun de nous et qui n'attend qu'une chose : se révéler au grand jour.

L'être humain est un immense jardin rempli de quantités de semences qui ne demandent qu'à pousser pour devenir des fleurs et des fruits magnifiques. Mais qui pense à les arroser et les exposer aux rayons du soleil ? Et ainsi, comme une plante dans l'obscurité, l'être humain dépérit. Comme le processus est plus long que pour la plante, on n'en aperçoit moins. C'est seulement à l'heure du bilan que l'on peut mesurer les dégâts.

La tâche du morphopsychologue est d'empêcher d'en arriver là en **aidant l'autre à réaliser son plus haut potentiel** dans cette vie. Et parfois, il peut aider à transformer le terrain en friche en un jardin aux fleurs magnifiques et aux fruits savoureux, le marécage croupissant en source réconfortante. Alors la vie monotone, automatique et inutile se transforme en vie intense et rayonnante où tout a un sens.

*
* *

Le lecteur trouvera à la fin de la plupart des chapitres le portrait d'une personnalité du monde social ou artistique. Ces portraits sont des exemples de la démarche morphopsychologique. Ils ne pourront être véritablement compris qu'une fois le livre terminé. Nous conseillons donc au lecteur d'y revenir à ce moment-là.

Le chapitre XII est aussi entièrement consacré à l'utilisation pratique de la morphopsychologie avec l'étude du visage d'un certain nombre d'artistes. Ces études ne sont pas limitatives et bien d'autres choses auraient parfois pu être ajoutées.

Nous avons surtout essayé de mettre en lumière les forces sur lesquelles chaque personnalité étudiée a pu s'appuyer pour accéder à un certain degré de réalisation et d'épanouissement. Ce qui est apparu, c'est que la création, quel qu'en soit le domaine, passe toujours par le dépassement d'antagonismes intérieurs très forts. **Les êtres de génie doivent tous livrer des combats sévères pour arriver à exprimer le potentiel qui est en eux.**

CHAPITRE I

Physiognomonie et morphopsychologie

La science antique du visage était appelée physiognomonie ; ces deux termes à eux seuls pourraient décourager les candidats à l'étude les plus décidés, mais peut-être est-ce là leur fonction ? Recouvrir d'un voile mystérieux, d'une écorce rébarbative une discipline dont la conséquence est de faire tomber les masques — ce qui ne déclenche pas que des réactions positives — et ainsi de décourager ceux qui ne seraient pas prêts à entreprendre cette démarche dans un respect suffisant des autres. Deux termes, en tout cas deux époques !

1. Un peu d'histoire

On peut supposer que cette quête passionnante de l'autre à la lumière de son visage, que le besoin de sonder son interlocuteur, quel que soit le terrain où se situe la rencontre, datent des origines lointaines de l'humanité. Toutes les représentations qui ont été faites de l'homme, des gravures rupestres aux sculptures et peintures plus élaborées des époques postérieures, en sont des témoignages. Quant aux sources écrites, on en trouve déjà dans l'Antiquité.

a) L'Antiquité

Un traité attribué à Aristote nous est parvenu. Citons, de cet ouvrage : « *Ce qui est durable dans la forme exprime ce qui est immuable dans la nature de l'être, ce qui est mobile et fugace dans cette forme exprime ce qui, dans cette nature, est contingent et variable.* »

Il résume ainsi la distinction que nous étudierons dans un autre chapitre entre l'ossature de nature durable et les chairs de nature mobile, entre le tempérament et le caractère. Il y est aussi traité de la correspondance entre les formes humaines et les formes animales.

b) Les Temps modernes

C'est un Suisse, Jean-Gaspard Lavater, qui fait figure de pionnier. Son remarquable *Traité de physiognomonie* date de 1778. C'est un ouvrage monumental aux observations pleines de finesse et de pertinence, mais introuvable dans son édition intégrale. Un grand nombre d'autres auteurs essayèrent de tirer de l'observation des formes du visage ou du corps tout entier des lois psychologiques, mais il faut bien avouer que, jusqu'à ce siècle, on restait dans l'analyse, dans l'observation statique qui ne permet pas de saisir le mouvement qui est à la base de la vie dans l'être humain.

c) Les limitations de la physiognomonie

Quand on parle de morphopsychologie, on s'entend très souvent poser les questions suivantes : « *Que veut dire tel nez ?* » ou bien « *Que révèle tel type de front ?* ». Certains lieux communs étant que des lèvres minces sont signe de cruauté ou qu'un grand front révèle une grande intelligence. Or, il faut avant tout éviter de se laisser aller à la caricature.

Des lèvres minces : en en faisant un signe extérieur de cruauté, on aboutit à la tentation du portrait-robot. On trouve, dans certains livres, des descriptions du criminel type. L'infortuné qui réunit certaines conditions semble ne plus avoir d'autre choix que d'aller s'enrôler dans les brigades de la délinquance. Or, des lèvres minces peuvent aussi être un signe de maîtrise de soi et de délicatesse ; beaucoup d'êtres remarquables présentent cette caractéristique.

Le grand front : non appuyé sur une mâchoire assez forte, sur un cadre solide, le grand front restera dans l'abstraction, dans le monde des idées et sera incapable de réalisations. La pensée pourra être utopique, coupée des réalités et l'être en proie à des déséquilibres. Quant aux **petits fronts,** ils ne sont pas synonymes de petite intelligence. En outre, qu'est-ce que l'intelligence ? Elle se manifeste sous des aspects tellement divers qu'on peut dire que personne n'en est dépourvu. Ce sont ses formes qui varient à l'infini : concrète ou abstraite, analytique ou synthétique, réfléchie ou intuitive. Rares sont ceux qui en possèdent toutes les facettes.

Autres critiques : si, au moyen de montages, on change une partie d'un visage, on s'aperçoit que le visage tout entier change, ce qui est particulièrement visible dans l'expression d'ensemble et le regard. On se trouve alors obligé de conclure que l'être humain est un individu, c'est-à-dire étymologiquement un être indivisible (que l'on ne peut pas diviser) et que le même nez sur un visage large et fort ou mince et fragile n'aura pas la même signification (voir pages suivantes).

Comment passer du point de vue statique, analytique de la physiognomonie où telle partie du visage veut dire telle chose, à un **point de vue dynamique** permettant de tenir compte de l'interdépendance des différentes parties du visage entre elles et d'aboutir ainsi à une **synthèse des forces vives de l'individu,** des forces qui déterminent des comportements différents devant des situations différentes ?

Ce sont ces lacunes que la morphopsychologie a fait disparaître grâce aux travaux de deux médecins français dans la première partie de ce siècle.

2. Le passage à la morphopsychologie

a) Claude Sigaud et Louis Corman

C'est un médecin lyonnais, Claude Sigaud, qui a eu le mérite de formuler ce qui allait être la loi de base de la nouvelle science : la loi de la dilatation-rétraction en relation avec la forme des organismes vivants (*La Forme humaine, sa signification,* 1914).

A sa suite, le docteur Corman établit qu'à ce mouvement du corps qui passe de la dilatation à la rétraction en fonction de ses échanges avec le milieu ambiant, correspond un mouvement de l'âme. Il définit alors les lois de correspondance entre la forme extérieure, le visage, et le mouvement intérieur, le psychisme, ce qui lui vaut d'être considéré comme le père de la morphopsychologie (*Quinze Leçons de morphopsychologie,* 1937), paternité qu'il a ponctuée de nombreux livres. Il est aussi le fondateur de la Société française de morphopsychologie.

La méthode des substitutions.

Si au moyen de montages on change une partie d'un visage, le visage tout entier change... Sur ces montages, certaines modifications ont été apportées qui montrent bien qu'en touchant à un détail de l'édifice, on modifie l'ensemble. Dans tous les cas, une partie du visage demeure inchangée (le lecteur pourra vérifier en apposant un cache).

Modification de la partie basse. Les formes grêles donnent la spiritualité, les formes lourdes la matérialité.

On a opposé une structure tonique à une structure plus douce.

LA MÉTHODE DES SUBSTITUTIONS

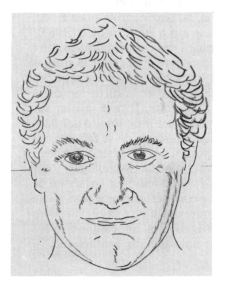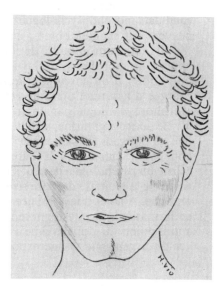

Un visage dilaté à gauche et rétracté-bossué à droite.

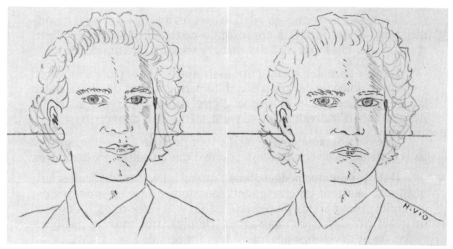

La bouche qui tombe entraîne une impression générale d'amertume.

b) La Société française de morphopsychologie

Fondée donc par le docteur Corman, elle assure la formation des candidats morphopsychologues. Ceux-ci, au bout de trois ans d'étude, peuvent sur examen obtenir un diplôme qui a été institué en 1983.

Il donne une garantie de compétence à ceux qui voudraient faire appel à un morphopsychologue ou bien suivre à leur tour la formation auprès d'un enseignant qualifié. La Société française est aussi chargée d'assurer l'unité de cet enseignement et la diffusion de la morphopsychologie par une revue qu'elle édite. Il faut insister sur le rôle de cet organisme, seul habilité à décerner le diplôme à une époque où des gens sans aucune connaissance essaient de se faire passer pour compétents dès qu'ils flairent une possibilité de gagner de l'argent. Même un psychologue ne peut s'improviser morphopsychologue. Pour acquérir la maîtrise de cette science, il faut du temps et beaucoup de pratique. A noter que la France peut être considérée comme pays pilote en la matière, la physiognomonie continuant à être la règle sur les autres points du globe. Même aux États-Unis, il est impossible de trouver un livre sur le visage exposé d'un point de vue synthétique.

3. Les domaines d'application de la morphopsychologie

Toutes les personnes en relation avec les autres — et nous le sommes tous — ont intérêt à approfondir cette discipline, particulièrement quand elles exercent des métiers sociaux ou commerciaux.

Dans le domaine social : une assistante sociale, par exemple, est souvent dépourvue des critères qui lui permettraient de savoir qui se trouve en face d'elle et risque d'être surprise par des réactions incontrôlées d'individus qui peuvent même être dangereux.

Dans le domaine commercial : tout préposé à la vente, surtout les représentants de commerce, a besoin d'une connaissance des autres.

Dans le domaine pédagogique : quand on voit les difficultés auxquelles se heurtent les enseignants (au moment des orientations par exemple) et les parents (la puberté est un vrai casse-tête), on est ravi de bénéficier de ces connaissances. De plus, très souvent par ignorance, on ne développe pas toutes les capacités de nos enfants, ce qui risque d'en faire des adultes frustrés.

En matière de recrutement : un dirigeant d'entreprise se doit d'évaluer le potentiel de ses collaborateurs comme de ses employés. Quant à ceux-ci, ils ont tout intérêt à savoir par quel bout prendre leurs supérieurs. La morphopsychologie est tout aussi efficace que la graphologie et elle supprime l'intermédiaire de la feuille manuscrite. A noter que pour des études approfondies on peut se servir de photographies.

A l'université : on se plaint que les études de psychologie n'offrent pas de débouchés et on se refuse à admettre à l'université les disciplines qui pourraient permettre aux étudiants de trouver du travail en fin de cycle, graphologie et morphopsychologie, disciplines qui apportent un support concret à la psychologie souvent un peu trop coupée de l'application pratique.

Mais, à côté de ces avantages, la morphopsychologie peut aussi prêter à certaines critiques.

4. Les critiques adressées à la morphopsychologie

L'enthousiasme n'est pas toujours la réaction la plus courante. Ainsi, un professeur de psychologie en université à qui nous sommes allé rendre une visite de courtoisie eut un jour cette phrase admirable : « *Monsieur, la simple idée qu'en me regardant on puisse savoir qui je suis m'est insupportable.* »

Cette enseignante en psychologie était, par ailleurs, charmante et comme sa dominante affective sautait aux yeux — ce qui expliquait à merveille sa réaction — nous pûmes nous séparer très amicalement. Mais il faut bien avouer que cette méfiance n'est pas toujours sans fondement.

a) L'individu regardé est en position d'infériorité

En ce qui concerne l'individu regardé, plus il a de choses à se reprocher ou à cacher, plus il va lui être désagréable de penser que les autres peuvent deviner ce qui se passe en lui. Félicitons-nous alors, car cela aura peut-être pour conséquence inattendue de le pousser à changer et à vivre plus en accord avec sa conscience.

Sur le plan de celui qui regarde, là on peut vraiment dire que la morphopsychologie est une arme à double tranchant.

b) Le risque d'utilisation à des fins personnelles

On peut très bien, en effet, profiter de la vulnérabilité des autres pour démolir totalement quelqu'un. Nous nous souvenons d'avoir à nos débuts insisté auprès d'un jeune sur certaines de ses faiblesses de façon maladroite et avons pu réaliser à quel point nos propos avaient déclenché de désarroi en lui ; au lieu de l'aider, nous l'avions plutôt démoli. « *Toute vérité n'est pas bonne à dire.* » Ce fut une très bonne leçon cependant et, depuis, nous nous sommes efforcé de ne plus recommencer ce type de maladresse. Mais entre les mains de quelqu'un vraiment mal intentionné ou peu responsabilisé, la morphopsychologie peut être dangereuse.

Toutefois, dans notre monde voué aux extrêmes, toute invention, comme toute science, peut être utilisée pour la destruction autant que pour le bien. On peut prendre le cas de la force atomique qui peut alimenter l'humanité en énergie ou la réduire en cendres. N'y a-t-il pas des savants qui, au lieu de mettre leur talent au service de la médecine et des autres, consacrent leurs facultés à la destruction ? Ils sont allés jusqu'à inventer des substances bactériologiques dont une simple petite fiole peut anéantir les habitants d'un pays comme la France. Certaines armes atomiques pourraient, dit-on, détruire les populations en laissant intactes toutes les constructions. Merveilleuses sociétés qui semblent avoir oublié que le monde est fait pour l'homme et non l'inverse !

Alors courons le risque d'une mauvaise utilisation de la morphopsychologie et misons sur les services qu'elle peut rendre. Mais pour cela, il faut encore insister sur l'importance du travail sur soi car il n'y a qu'en arrivant à une connaissance de soi que l'on peut arriver à connaître les autres.

5. L'importance du travail sur soi-même

Tant que nous restons guidé par nos sentiments, nos sympathies et nos antipathies, nous restons complètement subjectif dans notre approche des autres, ce qui non seulement nous expose à de graves déceptions, mais encore fausse le regard que nous portons sur eux. Très souvent cette sympathie ou cette antipathie n'est que le fruit du manque de connaissance que nous avons de nous-même et qui fait que, inconsciemment, nous ne pouvons supporter chez les autres nos propres défauts que leur image nous renvoie : c'est le **mécanisme de la projection.**

Ou bien, toujours inconsciemment, nous ne supportons pas qu'ils manifestent des qualités que nous aimerions bien avoir mais que, malgré nos efforts, nous n'avons pu acquérir. Enfin, s'ils sont trop différents de nous, nous ne les comprenons pas et les rejetons.

Essayons alors de prendre conscience de ces réactions épidermiques et d'en atténuer les manifestations ; c'est possible.

6. Le rôle de la volonté dans ce travail

Si nous arrivons à réaliser qu'en chaque être humain sommeillent des qualités extraordinaires qui ne sont encore qu'à l'état de germe et que chacun de nous, par le simple moyen de la prise de conscience et de la volonté, a le pouvoir de les développer, alors nous n'avons plus de cesse que de les faire fructifier en nous et d'aider les autres à faire de même.

L'être humain n'est pas fixé une fois pour toutes à un degré d'évolution. Il est mutable, transformable. On sait que notre cerveau n'est utilisé qu'à un faible pourcentage de son rendement futur. Comment développer ce potentiel qui est en nous ; c'est la clé de notre existence ! Et alors, au fur et à mesure des découvertes intérieures et des changements qui s'opèrent, une certitude s'impose, de plus en plus lumineuse et inébranlable : « *Rien n'est impossible à l'être humain.* »

L'être humain a tout en lui pour se transformer dans la mesure où il le souhaite. Nos propres limites, c'est nous-même qui nous les fixons. Prenons l'image d'un groupe de gens aux pieds d'une montagne. Certains ne penseront même pas à l'escalader ; certains ne la regarderont d'ailleurs même pas. D'autres diront : « *Ce sommet est trop haut pour moi, je n'y arriverai pas* » et ils n'essaieront même pas. Comment savoir si l'on peut si l'on n'essaie même pas ? Seuls ceux qui se mettront en route courageusement auront une chance un jour d'atteindre le sommet. Qu'importe d'ailleurs si, du premier coup, on n'y arrive pas ; on pourra toujours recommencer et aller plus loin la fois d'après. Et quelle joie extraordinaire des mondes traversés, des visions du sommet que ceux qui n'ont pas essayé ne pourront jamais goûter !

Et ainsi, les humains sont tristes et pleurent de n'avoir rien à manger alors qu'il leur suffirait de tendre la main pour cueillir des fruits dont ils ne soupçonnent pas les parfums. Mais le fait de penser à ces qualités extraordinaires qui sommeillent en chacun de nous et qui peuvent nous permettre d'atteindre certains sommets symboliques a aussi pour conséquence de changer notre regard sur les autres.

7. L'importance du regard sur les autres

Le concept de tolérance est indissociable de celui d'évolution. Ce qu'est l'autre à un certain moment n'a aucune importance dès que l'on admet que **l'être humain est en mutation permanente.** Il suffit de voir à quel point la civilisation de l'audiovisuel a transformé le regard de l'enfant sur le monde qui l'entoure, et donc toute sa structure psychique, pour admettre que le mot mutation n'est pas trop fort.

Combien de personnes que nous avons connues ou que nous avons pu aider se sont, au bout de quelques années, de quelques mois parfois, tellement transformées qu'on ne pouvait plus savoir qui elles avaient été ? Combien notre regard se serait limité s'il s'était arrêté à leur apparence d'alors.

Et on se refuse ainsi à voir dans l'autre uniquement le présent. Non, c'est la vie en lui que l'on sent ! Et ce qu'on peut l'aider à développer de son potentiel qui compte.

La conséquence merveilleuse est la tolérance, car on ne juge plus une personne pour ce qu'elle est maintenant. Que nous importe le gland si l'on sait le chêne dedans ! Et ainsi on accepte l'autre tel qu'il est à un moment donné ; on apprend à l'aimer ! Petit ou grand, noir ou blanc, riche ou pauvre, brillant ou déshérité, peu importe car **à l'intérieur de toi tu es grand.** Même si tu ne le sais pas, je le sais et rien que pour cela tu as droit à mon respect et à mon amour.

Il faut simplement être conscient que **l'amour sans la connaissance est incomplet** et devient même une faiblesse, qui expose aux pires déconvenues. Il nous vient à ce sujet la parabole des Évangiles : « *Si on te frappe sur la joue droite, tends la gauche.* »

Le Christ ne voulait sans doute pas dire qu'il faut tout accepter des autres. Il voulait vraisemblablement dire qu'à la violence, la destruction, il faut répondre par l'autre côté de nous-même, le côté divin, sublime et généreux. Alors, quand on considérera que le meilleur moyen d'aider l'autre, de lui faire comprendre est de lui rendre le coup, on pourra le faire, mais sans esprit de revanche : **par amour**. Pas sous le coup de la colère, mais après réflexion.

On rapporte que Socrate, devant s'absenter quelque temps, laissa sa maison aux soins de ses domestiques qui, pendant son absence, ne firent rien d'autre que de prendre du bon temps. A son retour, Socrate trouva la maison dans un état déplorable et eut ces mots : « *Je reviendrai vous punir quand je ne serai plus en colère !* »

Si l'on reste sans réaction, l'autre recommencera et on ne l'aidera pas. Aimer c'est savoir ce qui est bon pour l'autre, ce qui implique la connaissance. Quand on voit tant d'êtres humains chloroformés qui n'ont rien développé d'autre que la résignation et parfois la violence et la haine, on peut trouver ces propos utopiques. Mais c'est qu'on ne leur a pas appris autre chose. Le respect des autres et l'amour, cela s'apprend par l'exemple avant tout, mais aussi par la connaissance de ce monde aux mille facettes que chacun de nous porte en lui.

Et parmi tous les moyens d'arriver à cette connaissance, la morphopsychologie est sans doute l'un des plus remarquables.

8. Les grandes lois de la morphopsychologie

a) La nécessité d'une synthèse

La grande difficulté, quand il s'agit d'étudier l'être humain, est la diversité extraordinaire dans la forme et dans le comportement que l'on peut observer. Comment trouver les points communs à tous les hommes ou à un groupe d'êtres humains en respectant l'individualité, la spécificité de chacun ?

On a vu qu'en partant de l'analyse, comme le fait la physiognomonie, on risque fort de tomber dans la caricature. Où trouver des lois applicables à tous ? Eh bien, dans la vie de chaque jour !

L'extraordinaire de la méthode de Corman est d'avoir établi une typologie en rapport avec les différents âges de la vie dont la clarté peut sauter aux yeux de chacun. Cette typologie permet de faire un portrait synthétique d'une personne ; après quoi on peut passer à l'analyse sans plus courir le risque d'oublier l'ensemble et de se perdre dans les détails.

b) Le visage, reflet de l'âme

Étymologiquement, *psyché* veut dire âme. La psychologie est donc la connaissance de l'âme, c'est-à-dire de ce qui n'est pas visible dans l'être humain, que la forme (le corps physique) recouvre d'un voile. Ce monde invisible est constitué de nos pensées et de nos sentiments. L'être humain est donc plongé en permanence dans ce monde invisible constitué par ses propres pensées et ses propres sentiments. Ses cinq sens étant orientés vers la connaissance du monde physique, matériel et tangible, il est complètement désemparé lorsqu'il s'agit d'étudier ce domaine qu'il ne peut ni peser, ni mesurer, ce domaine qu'il ne peut percevoir avec ses sens physiques. Cela est vrai pour ses propres pensées et sentiments. Que dire alors des pensées et des sentiments des autres ? Ce sont de tels casse-tête que l'on ne connaît même pas le plus souvent ses propres enfants et que les réactions du conjoint sont des énigmes sans cesse renouvelées.

La morphopsychologie part du postulat qu'**il existe un rapport étroit entre la forme de l'être humain et sa vie intérieure :** la forme révèle l'être intérieur, cet être énigmatique qui plonge ses racines dans un monde mystérieux. Ce monde mystérieux, inaccessible à nos organes des sens, invisible à nos yeux physiques, ce monde des pensées et des sentiments, c'est lui que nous appellerons le monde de l'Ame.

Pour la tradition initiatique issue des temples égyptiens et grecs, il y avait trois mondes. Le **monde de l'Esprit** d'où tout ce qui existe tire son origine. Il peut être appelé monde des principes ou des archétypes. Ce monde de l'Esprit, de l'Essence, tellement subtil qu'on peut à peine l'imaginer, donne naissance à un autre monde moins subtil, composé de tout un tas de régions, d'états de conscience, que l'on regroupe sous le terme d'Ame. C'est le **monde des lois.** Les pensées et les sentiments de l'être humain sont reliés à ces régions de la création. Enfin, l'Ame elle-même se condense et donne naissance à la matière dont le corps humain est une expression : c'est le **monde des phénomènes.**

Mais quel que soit le plan de manifestation, ces trois mondes sont dirigés par les mêmes règles et le monde des phénomènes est le reflet du monde des lois qui est lui-même le reflet du monde des principes. C'est en quelque sorte le taux vibratoire qui change aux différents degrés de la manifestation et le monde de l'Esprit, qui est perfection absolue, perd peu à peu de sa beauté et de sa perfection au fur et à mesure qu'il se reflète dans les plans plus denses de la manifestation, un peu comme au fur et à mesure que l'eau devient plus trouble, le reflet du visage qu'elle nous renvoie est de plus en plus trouble lui aussi, au point que celui qui regarde finit par ne plus pouvoir se faire la moindre idée du visage ainsi imparfaitement reflété. Pire, il ne sait même plus que l'eau est trouble et pense que l'image du visage qu'il contemple est le vrai visage.

Pour le morphopsychologue, le visage qu'il a sous les yeux n'est pas seulement une image plus ou moins esthétique. Ce visage a une histoire, il parle, et c'est tout le monde lointain et presque oublié de l'Ame et de l'Esprit qui s'y reflète.

Le visage est le reflet de l'âme. Et dès lors, en observant le visage, on peut retrouver les lois qui gouvernent les sphères lointaines de l'Esprit. Alors se rétrécit un peu la distance entre l'homme et l'Esprit.

Alors le monde mystérieux des pensées et des sentiments entrou-vre enfin ses portes.

CHAPITRE II

Dilatation et rétraction

1. La loi de dualité

Le deux est la force émanée par la substance originelle, la Vie, l'Esprit, le Un qui serait à l'origine de tout dans l'univers et que les hommes ont appelé Dieu. Dès que cette force est émanée, elle vient opposer une résistance au Créateur et cette dualité Créateur/création va générer le mouvement qui sera l'origine du Trois : la créature.

Cette dualité est donc la représentation des deux forces contraires qui font tourner la Roue de la vie et qui, par leur antagonisme apparent, provoquent le mouvement dans l'univers. Ces deux forces peuvent être représentées par le symbole du cercle avec le point au milieu. Le point est le Un, le Centre, le Créateur. Le cercle est la création, la manifestation aux aspects aussi multiples qu'il y a de points dans le cercle.

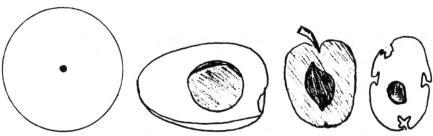

Le symbole du point et du cercle.

Ce symbole n'est rien d'autre que la représentation des principes masculin et féminin dont les organes génitaux de l'homme (le point) et de la femme (le cercle) sont un reflet. Il est manifesté partout dans l'univers et, à chaque fois que le cercle rencontre le point, l'enfant naît. On le trouve dans le visage au niveau des yeux, et l'enfant est la vue, outil précieux s'il en est ; au niveau de la bouche où les deux principes réunis (les lèvres sont le cercle et la langue le point) donnent naissance à l'enfant : la parole, reflet imparfait du Verbe originel dont toutes les traditions font état.

Au niveau du tronc, on le trouve aussi dans la poitrine, par où la femme donne le lait. Au niveau des organes génitaux, les deux principes sont séparés et, dans une quête incessante, l'être humain recherche la partie qui lui manque.

On le trouve aussi dans l'œuf où le point qui est jaune donne la vie à son tour et dans le fruit dont le noyau est le point qui donne naissance à un enfant qui renaît sans arrêt de ses cendres : l'arbre chétif ou majestueux.

On le trouve aussi dans le microcosme : la cellule composée d'une membrane (le cercle) et d'un noyau (le point), le cytoplasme servant d'intermédiaire entre les deux.

Toujours d'après la tradition, cette cellule est le reflet du macrocosme, le système solaire dont le centre est le soleil et le cercle le zodiaque. Cette loi de dualité est donc présente partout dans l'univers. Les Orientaux l'ont appelée le Yin et le Yang et on la retrouve dans la loi qui sert de base à la morphopsychologie : la **loi de dilatation-rétraction**. La dilatation c'est le cercle et la rétraction c'est le point ou la ligne qui est la projection du point dans l'espace. Mais cette loi se présente sous des facettes multiples et nous la trouverons à l'origine d'un autre des mouvements antagonistes de la vie : celui du conscient et de l'inconscient qui sera étudié dans le chapitre III.

2. La loi de dilatation-rétraction ou d'expansion-conservation (1)

La morphopsychologie exige deux degrés de lecture : d'abord la lecture de la forme (qui demande un certain entraînement) et, ensuite,

---

1. Les deux livres de base sont : Louis Corman : *Visages et caractères* et Françoise Courtin-Duroux : *Morphopsychologie*.

l'établissement des correspondances entre la forme et les comportements psychologiques qu'elle révèle.

On retrouve ces deux degrés de lecture dans les deux lois de base :
— la loi morphologique de dilatation-rétraction ;
— la loi psychologique correspondante : la loi d'expansion-conservation.

La morphopsychologie part de la constatation qu'il y a deux forces fondamentales dans l'être humain qui s'opposent :
— Une **force d'expansion** qui le pousse à croître, à se développer, à absorber ce que le monde lui apporte à partir de la conquête du milieu extérieur ; cette force domine dans la petite enfance.
— Une **force de conservation** qui le pousse à se fermer, à protéger son organisme quand sa vie est en danger. Cette force domine dans la vieillesse.

A la force d'expansion correspond la forme ronde, dilatée de l'enfance. A la force de conservation correspond la forme allongée, rétractée de la vieillesse.

3. L'enfance et la force d'expansion

La morphopsychologie n'exige pas d'apprendre par cœur toute une série de règles. Elle implique seulement de percevoir peu à peu les correspondances qui existent partout dans la nature et de déchiffrer le sens caché, l'essence des choses que les formes nous révèlent. Ainsi cette force de vie manifestée à son maximum dans l'enfance va-t-elle nous permettre d'établir la relation entre la force d'expansion et la forme dilatée.

a) Les premiers âges de la vie et l'expansion passive

Dans les premiers âges de la vie, c'est la force d'expansion qui pousse l'enfant à se développer, car la force de conservation n'est pas encore éveillée. Avant de devenir active, volontaire, cette expansion est d'abord passive, c'est-à-dire que l'enfant absorbe sans choix tout ce qui se présente à lui, même si sa vie s'en trouve mise en danger. Il engloutit même les épingles si on le laisse faire. Cette expansion passive se retrouve à deux moments :

Pendant la gestation : il est extraordinaire de constater l'accroissement considérable en taille et en poids de l'enfant pendant la période fœtale à partir de la cellule originelle. L'expansion dépend des nourritures absorbées par la mère pendant cette période. Et tout est nourriture. Ainsi, par exemple, les sons perçus par elle, s'avèrent-ils déterminants pour le développement de la sensibilité de l'enfant. On admet maintenant qu'ils sont perçus directement par l'enfant dans le ventre de sa mère et que les états de conscience vécus par la mère pendant la gestation vont jouer un rôle déterminant dans l'éveil de l'enfant, dans son équilibre et son épanouissement ultérieurs.

Pendant les premiers mois de la vie : l'accroissement considérable en taille et en poids continue puisque le poids de plusieurs kilos à la naissance doublera après cinq mois de vie terrestre et quadruplera au bout de deux ans. Cette période est donc marquée par une expansion considérable, mais c'est une expansion essentiellement passive. L'enfant se contente, en effet, d'emmagasiner et d'assimiler les nourritures captées par ses cinq sens et fournies par la nutrition, l'air respiré, les sons perçus, les images reçues et les attentions prodiguées au moyen des caresses par son entourage. Cette expansion passive a pour corollaire dans la forme, la dilatation avec atonie, c'est-à-dire la forme ronde avec les chairs qui tombent.

Ainsi, de la forme dilatée avec atonie qui peut apparaître dans une partie (ou plus rarement la totalité) d'un visage à un moment quelconque de la vie, on peut déduire chez l'individu les composantes psychologiques (et notamment la passivité) du petit enfant. Celui-ci va peu à peu passer du stade d'expansion passive au stade d'expansion active.

b) L'enfance et l'expansion active

La nature ayant tout prévu, l'enfant, tant qu'il doit téter, n'a en principe pas de dents. Peu à peu se développent les muscles masticateurs et les dents. Apparaissent aussi le développement de la locomotion, puis la maîtrise des sphincters. La relation de l'enfant avec le monde extérieur se modifie et il peut désormais partir à la découverte active du monde, vers une aventure dont le champ d'action ne va plus cesser désormais de s'élargir.

*
* *

c) L'évolution physique de l'enfant

Le corps : au stade d'expansion passive, la fonction orale d'assimilation est privilégiée et s'accompagne d'une expansion de la zone digestive. La région abdominale est alors prédominante. Ensuite, le développement de la motricité dépouponne le bébé. Les membres s'affermissent et s'allongent, la zone digestive perd de son importance au profit des membres.

Le visage : il manifeste à ce stade de la vie la rondeur du dilaté et l'atonie de l'expansion passive. Cette atonie va peu à peu se modifier au fur et à mesure que le dynamisme vital va se manifester. Notamment, l'apparition des muscles masticateurs, puis des dents, modifie la structure de la mâchoire qui va devenir de plus en plus sthénique, plus dynamique. Le reste du visage est aussi très souvent modifié et le regard devient de plus en plus vif et scrutateur, ce qui correspond à l'étape de l'expansion active dans le monde.

4. Du visage de l'enfant à la psychologie du dilaté

L'analogie établie entre l'enfant et la forme de son visage va nous permettre de déduire la psychologie de tous les individus dilatés. *A priori,* la forme dilatée, ronde, caractérise le petit enfant, mais elle peut se retrouver à tous les âges de la vie. Nous déterminerons d'abord les caractéristiques du dilaté au niveau morphologique avant d'en déduire les correspondances psychologiques.

a) Morphologie du grand dilaté

Le corps et l'ossature sont larges avec prédominance du tronc sur les membres. Plus il y a passivité, plus l'appareil digestif domine. Les chairs sont abondantes.

Le visage de face est large, arrondi. Le visage du dilaté est soit rond, soit carré ; la règle veut qu'il soit aussi large que haut. Le visage de profil est convexe, ouvert, ce qui correspond à l'ouverture, la réceptivité de l'enfance.

Les récepteurs (yeux, nez, bouche) sont grands, proéminents, charnus et ouverts, caractéristiques des récepteurs du petit enfant.

b) Psychologie du grand dilaté

Elle se déduit de ce que l'on peut observer chez le petit enfant.

Comportement de base : le petit enfant a besoin de protection, de contacts et d'échanges ; il se nourrit de ceux que le monde lui procure. On en déduit la première dominante du dilaté : il cherche à établir des contacts, des échanges de façon passive d'abord, puis active dès que son visage s'affermit.

D'autre part, la **sensibilité** du dilaté est lente à s'éveiller. Le petit enfant n'a pas encore développé la force de conservation qui lui permet d'être prévenu de ce qui met sa vie ou son organisme en danger. On peut dire que toute personne reçoit des agressions du monde extérieur. Simplement, la capacité de réaction à ces agressions varie avec chaque individu. On en déduit qu'une personne dont le modelé reste dilaté en avançant en âge ne subit pas la rétraction que ces agressions devraient entraîner. C'est donc que sa sensibilité n'est pas très vive ; la sensibilité profonde du dilaté est moins grande que chez le rétracté et elle s'éveille plus difficilement. On constate d'ailleurs que les dilatés ressentent peu la douleur et que souvent, quand ils sont atteints d'une maladie grave et s'en aperçoivent, il est trop tard.

Chez le dilaté, la **pensée** est essentiellement concrète. Le petit enfant appréhende le monde par le toucher ou en portant les objets à sa bouche. Ainsi, le dilaté est à son aise dans ce qui est tangible, dans le monde matériel.

En même temps, l'enfant est très réceptif. Il se fond dans le monde qui l'entoure, ne prend pas encore conscience qu'il a une existence indépendante, séparée de son environnement. Ainsi, le dilaté se fusionne facilement avec ce qui l'entoure, ce qui se traduit par une perception des autres très intuitive, très réceptive. Il n'en deviendra conscient que s'il a une tonicité suffisante et des indices de rétraction dans le visage. Le plus souvent, cette fusion fera qu'il adhère complètement avec ce qui l'entoure. Il ne prendra pas de distance avec la famille ou la société. Il sera plutôt traditionaliste : il adoptera les idées dominantes de son entourage pendant son enfance, qu'elles soient conservatrices, libérales ou révolutionnaires.

Ainsi les hommes politiques de la IIIe République, république très traditionaliste, sont toujours représentés comme des méridionaux, des dilatés joviaux, parlant fort et haut. C'est une république de dilatés qui se disputent la tribune de l'Assemblée.

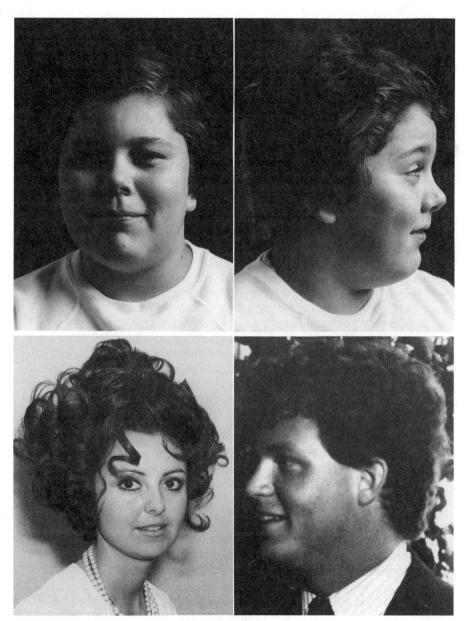

Les dilatés.

La dilatation est toujours un signe que la force d'expansion prédomine ; elle est fréquente durant l'enfance.

c) Les grandes lignes du caractère

Les atouts : la dilatation, surtout sthénique, est un gage de force physique, de résistance. Le caractère est, le plus souvent, euphorique. Un dilaté dans une assemblée mettra souvent une ambiance fort joyeuse. Plusieurs dilatés, et quelle soirée réussie ! L'individu est docile, sociable et donc agréable en société. Le sens du concret et le contact facile lui permettent une bonne adaptation et un bon sens pratique, d'autant plus que sa sensibilité peu vive lui permet de supporter assez bien les agressions du monde extérieur qui glissent sur ses rondeurs sans angles. Il est « *bon enfant* ».

Les carences : il manque de maîtrise et cède à ses instincts comme le petit enfant. Il est influençable et sa passivité lui fait absorber sans discernement ce que le monde extérieur lui présente. Son champ de conscience étant très large, il est intéressé par tout mais ne se fixe sur rien par manque de contrôle de soi. Il n'a pas de suite dans les idées. Il faut donc le stimuler, son activité ne répondant qu'aux nécessités et aux sollicitations de l'instant.

On peut prendre l'image de la pièce de monnaie : toute qualité a son revers. C'est à nous de nous en servir au mieux, profiter des avantages sans être victime des inconvénients. La grande ouverture donne la facilité des contacts et des échanges, mais aussi la dispersion et la dépendance par rapport aux autres. On pourrait multiplier les exemples. A chacun de tirer le meilleur parti des outils qu'il a en main.

L'orientation professionnelle : le dilaté est porté vers les métiers qui le mettent en contact avec les êtres et la matière, mais son adaptation facile lui permet d'exercer presque toutes les professions que son degré d'intelligence rend possibles.

Le sexe : le dilaté correspond au cercle, à la fonction réceptive, à la femme en charge de la maison et des enfants. On retrouve cette constante en peinture et, jusqu'au XIXe siècle, le canon de la beauté féminine est la femme forte, enrobée, dont l'embonpoint n'est que la projection, inconsciente sans doute, du rôle social qui lui est attribué.

Quand le rôle social change, l'image de la femme change à son tour ; de nos jours, le canon de la beauté féminine est la femme presque androgyne avec sa silhouette élancée et ses longues jambes, capable de s'adapter à la fois par sa composante féminine à son rôle de mère et d'épouse traditionnelle et, par sa composante masculine indiquée par la rétraction, au rôle social qu'elle revendique et qu'elle tend à occuper.

5. La vieillesse et la force de conservation

A l'autre bout de l'échelle des âges, on trouve la vieillesse dont les caractéristiques sont, par bien des côtés, exactement opposées à celles du petit enfant. Bien sûr, pour présenter le plus clairement possible le sujet, nous sommes obligé de schématiser, tous les vieillards n'étant pas comme celui que nous allons décrire.

a) L'apparition de la force de conservation

Plus un être aura développé ses facultés et se sera épanoui durant son existence, plus il aura de chances d'éviter cette courbe descendante. N'oublions pas que dans l'Antiquité, le sage était le vieillard qu'on allait consulter car il était dépositaire de la sagesse universelle. Mais il était surtout le modèle de cette sagesse et de la plus haute réalisation de soi. Le monde de la matière est régi par la loi de désagrégation alors que le monde de l'esprit est soumis à la loi de l'évolution sans fin. Ainsi, celui qui ne se lie pas aux forces de l'esprit s'identifie à son corps physique régi par cette loi de désagrégation et, peu à peu, ses facultés déclinent. Au fur et à mesure que le corps vieillit et que les forces vitales diminuent et se désagrègent (en commençant par celles du corps physique), la force d'expansion laisse une place de plus en plus importante à la force de conservation.

La force de conservation est celle qui conduit l'individu à se protéger lorsque sa vie ou sa sécurité sont mises en danger. Au niveau symbolique, elle est donc représentée par le point qui condense alors que le cercle dilate, ou par la droite qui est la projection du point dans l'espace.

b) Force de conservation et peur

Prenons l'exemple de l'enfant qui met ses doigts dans une prise de courant ou qui se brûle en touchant un bol bouillant ; aussitôt la sensation de douleur va créer un mouvement de recul. Cet instinct de conservation peut engendrer la peur qui est un instinct positif destiné à prévenir l'individu des dangers qui le menacent. Mais l'être humain a été doté d'une raison qui lui permet de prendre conscience de ses peurs inconscientes et de les surmonter. La prise de conscience de nos peurs est une des clés du développement de soi et un des objectifs de la morphopsychologie.

Ainsi, un enfant qui aura eu un premier contact difficile avec l'eau, risquera d'être pris d'une peur panique à chaque fois qu'on l'emmènera se baigner, peur instinctive que seules la raison et l'expérience lui permettront de surmonter. Dans le cas contraire, à chaque fois qu'il sera devant l'obstacle, il devra recourir à la force de conservation. Celle-ci se traduira par un mouvement de recul qui s'inscrira peu à peu dans la forme elle-même.

c) Force de conservation et rétraction

Ce besoin de se protéger, dont le degré varie avec les individus et les circonstances, produit dans tous les cas un mouvement de recul qui amène l'individu à se fermer à chaque fois que les circonstances l'exigent.

Nous dirons que la force d'expansion est l'accélérateur alors que la force de conservation est le frein. Les deux sont nécessaires ; l'individu le mieux adapté est celui qui sera capable d'accélérer quand les circonstances l'exigent et de freiner en cas de nécessité.

Quand la force de conservation est commandée par la peur, elle risque de paralyser l'individu et de lui faire perdre ses moyens devant les difficultés. Elle entraîne alors une fuite. Nous verrons qu'elle débouche sur ce que la psychologie appelle les régressions et les formations réactionnelles. Cette force de conservation se développe en tout cas dès la plus tendre enfance. Mais c'est à partir du moment où les forces d'expansion commencent à fléchir qu'elle va peu à peu prendre le dessus jusqu'à devenir la force dominante, particulièrement en cas de maladie ou de diminution des facultés physiques.

6. Les manifestations extrêmes de la force de conservation

C'est donc dans la vieillesse que le phénomène devient dominant. Il reste à voir quelles en sont les manifestations au niveau de la forme, puis d'en tirer les conséquences psychologiques.

a) Morphologie du grand rétracté

Le **corps** est étroit et d'ossature fine ; les Anciens l'appelaient
« le nerveux ». L'individu est sec comme si la source de vie s'était
en partie tarie. Cette morphologie correspond aux individus mala-
difs et desséchés qui, très jeunes, semblent voués à une mort prochaine.
Mais ce dessèchement des forces vitales correspond au développement
des forces de conservation qui permettent de repousser les atteintes
de la maladie et de déjouer les attaques de la mort, quand le bouclier
que représente la rétraction est suffisamment solide. Et ainsi notre
grand rétracté enterrera tous les dilatés puissants et joviaux. Cela
s'explique par le fait que le dilaté se dépense sans compter et gaspille
ses forces, alors que le rétracté les dépense avec beaucoup de parcimonie, au compte-gouttes. D'où l'expression : « *Ce sont les bons qui
s'en vont et les méchants qui restent* », qui n'est pas dénuée de fondement si l'on considère que les dilatés en public sont plutôt sympathiques, donc « *bons* », alors que les rétractés sont souvent distants
et antipathiques, donc « *méchants* ».

Le rétracté a un **visage** qui, de face, est étroit, en lame de cou-
teau et, de profil, est redressé ou tourmenté. Cette structure de visage
s'accompagne de récepteurs petits, enfoncés et minces, éléments qui
démontrent la limitation de ses échanges avec l'extérieur.

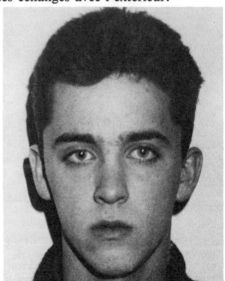

Jeune homme au visage très
allongé ; la rétraction est donc
importante. Les récepteurs grands
et plutôt ouverts, donc de type
dilaté, maintiennent le contact
avec le monde extérieur.

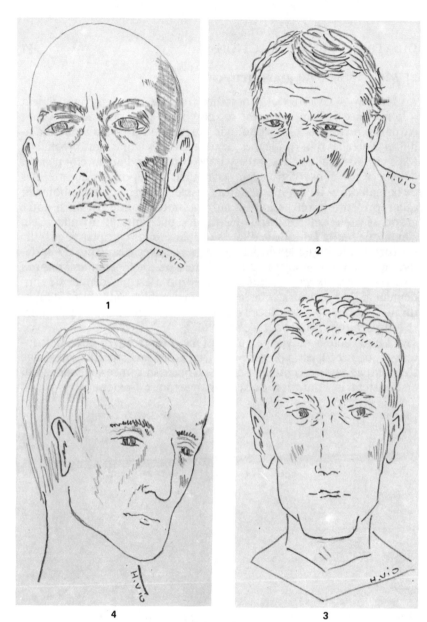

La rétraction.

L'allongement du visage et l'abritement des récepteurs confèrent la rétraction. C'est le signe que la force de conservation prédomine.
1 et 2 : deux rétractés ; la rétraction se voit à l'allongement du cadre et à la fermeture des récepteurs.
3 : rétraction extrême avec modelé plat.
4 : rétraction extrême avec amenuisement du bas du visage.

b) Psychologie du grand rétracté

Règles de conduite : autant le dilaté (comme l'enfant) cherche à établir le contact et les échanges, autant le grand rétracté (comme le vieillard) cherche à les rompre et les limiter ; en effet le monde le fatigue et il n'a plus la force d'assumer des échanges constants. Ses forces vitales amoindries limitent ses rapports avec le monde extérieur. La règle est que son adaptation au monde et aux autres est difficile.

Sa pensée : il privilégie la vie intérieure à la vie extérieure et sa vision du monde en devient subjective. L'abstraction est son domaine privilégié, ce qui peut l'amener à se couper totalement du monde et à se réfugier dans une chambre close, comme Proust qui a fini sa vie en reclus dans une chambre tapissée de liège ne prenant plus, dans les derniers temps, que des croissants et du lait, puis du lait seulement pour toute nourriture.

La sensibilité est très vive et immédiatement alertée. On peut même dire qu'il est sur le qui-vive comme le chat. Un rien le ramène dans sa coquille comme l'escargot.

c) Les grandes lignes du caractère

Les atouts : la rétraction traduit la capacité de prendre de la distance par rapport au monde extérieur, de ne pas se laisser emporter par des élans irréfléchis. Rester seul ne le dérange pas. Il peut s'isoler du monde et entrer en soi ; son extrême sensibilité est un élément de développement intérieur. Ses plus grandes qualités sont le contrôle et la maîtrise de soi.

Les carences : ses contacts et ses échanges sont difficiles, ce qui le rend peu adapté à la vie en société. Son insertion est plus difficile et souvent plus tardive que celle du dilaté, surtout quand la rétraction est précoce. Sa sensibilité très vive l'amène à épuiser facilement ses faibles réserves de force ; il est souvent fatigué ou souffrant. De plus, une maîtrise de soi excessive paralyse la spontanéité et l'adaptation à des circonstances nouvelles. Il manque de souplesse. Son manque de contacts et d'échanges limite son sens pratique et peut lui ôter tout contact avec le monde concret.

Conseils : il faut éviter de heurter sa susceptibilité. Il a tendance à se refermer très facilement et communique peu. Il faut le mettre en confiance pour l'amener à s'ouvrir. Mais ceux qui arrivent à se faire ouvrir les portes de son jardin intérieur reçoivent tous les trésors accumulés par lui en secret.

L'orientation professionnelle : ce sont les professions solitaires ou au contact humain limité et aux dépenses de force réduites qui lui conviennent. Par exemple, le dilaté est plus à l'aise dans les sports d'équipe, le rétracté dans les sports individuels.

Le sexe : le rétracté représente le point ou la droite, le sexe masculin, la fonction émissive de l'adulte qui, après avoir développé une activité de conquête du milieu extérieur, protège ses acquis matériels et affectifs.

7. Synthèse de la loi de dilatation-rétraction

De l'opposition de ces deux typologies, on peut tirer beaucoup d'enseignements.

a) Dilatés et rétractés devant la maladie

Le dilaté peut être comparé au chêne, le rétracté au roseau. Le chêne ne tremble pas au souffle du vent, alors qu'à la moindre brise, le roseau se met en mouvement. Ainsi, le dilaté dont la sensibilité de surface est beaucoup moins vive que celle du rétracté ressentira la douleur et les atteintes de l'extérieur beaucoup moins vivement que lui.

Dans le cas d'une maladie, le rétracté voit sa force de conservation tout de suite éveillée ; le dilaté, lui, est alerté beaucoup plus tard, souvent quand la maladie est entrée dans une phase beaucoup plus avancée.

b) Le dilaté, le rétracté et l'école

Un enfant dilaté sthénique, de par son besoin de contacts et d'échanges, est particulièrement à l'aise dans le groupe. L'école est pour lui un milieu d'élection. Même en cas de difficultés scolaires, il participe facilement à la vie de la classe.

Pour l'enfant rétracté, entrer dans un groupe de plus de deux personnes est un traumatisme. Alors trente camarades avec, en plus, un instituteur nouveau ou un groupe de professeurs inconnus, représentent chaque année une véritable épreuve.

Les enseignants seront bien inspirés de ne pas avoir la même attitude envers les deux types d'enfants. Et, par-delà les différences propres à chaque enfant, ils devront savoir faire preuve de beaucoup de pédagogie, particulièrement avec le rétracté qui a besoin de prendre confiance en lui, de s'identifier à un modèle. L'enseignant devra donc aider l'enfant à participer progressivement à la vie de la classe. Des remarques sévères au départ pourront l'amener à se fermer jusqu'à la fin de l'année. La capacité d'amour de l'enseignant est la clé de la pédagogie ; l'exemple d'écoute et de compréhension qu'il sera susceptible de montrer accompagnera les enfants dans leur vie et ils ne l'oublieront jamais.

Par contre, le dilaté ayant tendance à se diluer et à se disperser, intéressé et distrait qu'il est par tout ce qui se passe autour de lui, il faudra le stimuler et faire preuve de plus de fermeté à son égard.

Ajoutons qu'un enseignant ou un parent dilaté aura beaucoup de mal à comprendre un enfant rétracté et *vice versa*.

Dans tous ces cas la morphopsychologie est d'une aide fondamentale.

c) Dilaté atone et dilaté sthénique

On distingue deux sortes de dilatés : l'atone et le sthénique. Le premier est le bébé dans sa première année, avant que les formes du corps et du visage ne commencent à s'affermir. Le deuxième est l'enfant qui marche et qui commence à acquérir une certaine maîtrise de lui-même et du monde, les deux étant liés.

Plus on passe de l'atonie à la sthénicité, plus on passe des manifestations négatives passives de la dilatation à ses manifestations positives actives, encore qu'il faille rester prudent dans nos jugements du négatif et du positif. Nous devons imaginer les deux plateaux de la balance : s'il y a trop de poids dans l'un, nous n'arriverons plus à équilibrer la balance. Plus un individu représente un extrême, plus il présente, de façon presque caricaturale, les défauts et qualités de son type.

Entre le dilaté extrême (c'est-à-dire atone, passif) et le rétracté extrême se situe toute une gamme de possibilités que nous examinerons par la suite.

Le but du morphopsychologue est d'aider à la recherche des équilibres. Une des règles fondamentales est : **Tout ce qui est excessif est défavorable**, ce qui amènera l'individu à un recentrage d'autant plus grand que l'excès est important.

Entre les deux extrêmes, il y a le centre qui représente l'harmonie, la paix intérieure qui se répercutent, par ricochet, sur le monde extérieur.

L'opposition dilatation/rétraction.

Page de gauche : opposition d'un dilaté et d'un rétracté (face).
Page de droite : opposition d'une dilatée et d'une rétractée (face et profil).
Ces 6 photos illustrent bien la différence existant entre les individus de dominante dilatée et ceux chez qui domine la rétraction.

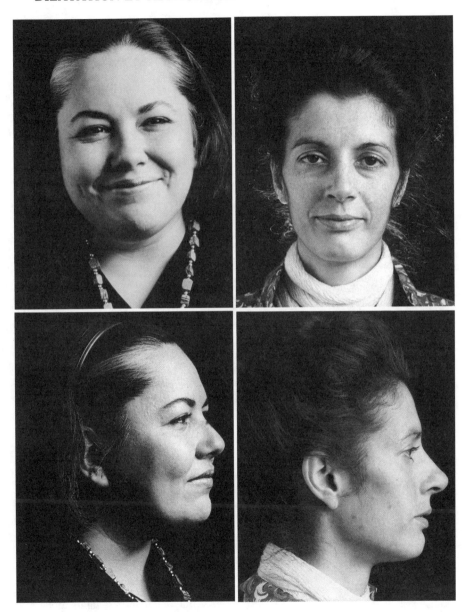

1

2

3

4

5

L'univers des dilatés : de l'atonie à la sthénicité.

1 et 2 : dilatés atones (face et profil).
3 : dilaté moyennement sthénique.
4 : dilaté sthénique.
5 : dilaté très sthénique.
Ces dessins montrent bien l'évolution qui se fait entre le dilaté atone et le dilaté sthénique, aussi bien au niveau des chairs qui s'affermissent qu'au niveau des récepteurs qui sont de plus en plus tenus.

d) Tableau récapitulatif

MORPHOLOGIE	
Dilaté	**Rétracté**
Yin	Yang
Cercle	Point
Principe féminin	Principe masculin
Réceptivité	Émissivité
Ouverture	Fermeture
Forme ronde	Forme étroite et allongée
Corps large	Corps étroit
Ossature large	Ossature fine
Chair abondante	Chair peu abondante
Visage ouvert	Visage fermé, redressé

PSYCHOLOGIE	
Dilaté	**Grand rétracté**
Atone : le laisser-aller. L'être tire peu parti des qualités liées à la dilatation.	
Sthénique : l'énergie. L'être tire parti de ses qualités.	
Ouverture des autres.	Fermeture aux autres.
Besoin de contacts et d'échanges.	Fuite des contacts et échanges.
Insertion familiale et sociale facile.	Insertion familiale et sociale difficile.
Monde concret, tangible.	Monde abstrait.
Monde objectif.	Monde subjectif.
Monde extérieur.	Monde intérieur.
Le paraître, la tradition.	L'être, la remise en question.
L'accélérateur, l'absence de frein.	Le frein.
L'absence de contrôle.	La maîtrise de soi, pouvant aller jusqu'au blocage.
La force vitale.	Le manque de réserves vitales.
Profession en contact avec les êtres vivants et la matière.	Métier solitaire avec contacts humains limités et peu de dépenses de forces.

Une illustration de la dominante
de rétraction

Le conscient et l'inconscient

Ce sont aussi deux manifestations de la polarité, du deux, du monde de la matière (l'inconscient) et du monde de l'esprit (le conscient).

1. Les manifestations dans la nature

On sait que la matière, le monde minéral, a une conscience apparemment tellement limitée qu'on l'assimile à l'inconscient, à l'absence totale de conscience, d'où l'expression : « *Avoir un cœur de pierre.* »

Chez l'être humain, c'est le système osseux qui est constitué de la matière la plus dense. Il peut être assimilé au monde minéral et l'être humain n'a pratiquement aucun contrôle sur lui. Quand on a une fracture, on ne peut que plâtrer et attendre que le temps fasse son travail.

Le végétal a une conscience plus étendue qui lui donne la capacité de croître, de se développer et de mémoriser les choses, conscience s'accompagnant d'une sensibilité plus vive que l'on peut assimiler au subconscient (1).

La conscience proprement dite caractérise le règne animal à sang chaud. On pourrait dire que c'est l'instinct de responsabilité. Une des

---

1. Peter Tompkins et Christopher Bird : *La Vie secrète des plantes* (Laffont).

premières manifestations de cette conscience apparaît quand l'animal commence à s'occuper de sa progéniture. On sait que le poisson pond ses œufs et les abandonne. Sa conscience est donc beaucoup plus limitée que celle des mammifères et des oiseaux. Néanmoins, la conscience de l'animal reste très limitée car il n'a pas conscience d'exister indépendamment de ce qui l'entoure ; il n'a pas la conscience du « Je suis » qui caractérise l'être pensant, l'être humain. Cette conscience du « Je suis » s'accompagne de la conscience d'exister indépendamment du monde environnant. Désormais, existent deux mondes, un monde extérieur et un monde intérieur. L'étape du « Je suis » est liée à l'apparition de la parole et de la position verticale. On pourra l'appeler étape de la « soi-conscience » pour distinguer les états de conscience de l'animal et de l'être humain.

Le passage à la position verticale libère l'être humain de la domination des forces terrestres en le mettant désormais en contact avec les forces cosmiques ; c'est le moment où le libre arbitre apparaît avec la possibilité de s'élever au-dessus d'une conception purement terrestre de la vie. On retrouve ici la dualité sous une autre forme : c'est la dualité entre l'homme terrestre et l'homme cosmique, la terre et le ciel, la matière et l'esprit. L'homme est quelque part entre les deux et peut désormais en prendre conscience. Et le libre arbitre de l'être humain n'est sans doute rien d'autre que la possibilité qu'il a de rétablir le pont entre ces deux mondes qui, pour l'instant, l'écartèlent.

Mais la conscience de l'être humain ne s'arrête pas là. On sait que le cerveau humain est encore fort peu développé (on l'évalue à 10 % de son potentiel futur). Le développement des 90 % restants est ce que l'on peut appeler la super-conscience qui implique l'éveil des facultés humaines encore latentes. Tous ces états de conscience cohabitent dans l'être humain mais, pour simplifier, on les a ramenés à deux : le conscient avec ces différents degrés et l'inconscient.

2. Les différents états de conscience et la psychologie

Pour expliquer ces notions, prenons l'exemple de quelqu'un qui vient d'avoir un grave accident et se retrouve dans le coma (2). Il n'a plus aucun contact avec le monde physique, c'est l'inconscient. Il serait

2. Docteur Moody : *La Vie après la vie* (Flammarion).

plus exact de dire que sa conscience ne passe plus par son corps physique, mais qu'elle subsiste vraisemblablement dans un autre plan. Prenons le moment où cet individu se réveille. Il a une simple perception de son corps, le sentiment d'exister mais qu'il ne peut rattacher à rien. Il sent son corps, mais aussi les tuyaux qui l'entravent, le gênent et qu'il essaie d'arracher ; il ressent aussi la douleur ; sa sensibilité entre en jeu, mais toujours pas la pensée : c'est le subconscient. Ensuite, il se rend compte qu'il y a des murs, qu'il est dans un lit, il « prend conscience » de ce qui l'environne, des objets, mais est incapable de dire ce qu'il fait là ni où il est. La pensée apparaît : c'est la « conscience ». Enfin, il se souvient qu'il a eu un accident et des circonstances de l'accident ; il comprend qu'il est dans une chambre d'hôpital, qu'il est vivant. Il retrouve la conscience de la place qu'il occupe par rapport au monde qui l'entoure : c'est la « soi-conscience ».

a) Le subconscient

L'être humain vit simultanément dans les différents mondes. Le jour, il vit dans une soi-conscience relative. Un autre monde est celui de la nuit, celui du sommeil pendant lequel l'être humain vit dans un état subconscient, un état de rêve. Le subconscient c'est le pont, le point d'intersection entre l'état soi-conscient et l'état inconscient. Il transmet les informations dans les deux directions par l'intermédiaire de la sensibilité.

b) Le passage de l'inconscient à la conscience

Certaines informations suivent ce cheminement vers le haut. Ainsi, une grande partie de nos rêves demeure hors d'atteinte pour nous alors que, certaines fois, leur souvenir s'impose au réveil. Parfois, on les saisit au vol. Le subconscient les communique ainsi au conscient, mais souvent ils disparaissent, notre vigilance n'ayant pas été assez grande. Pour la plupart d'entre nous, cette faculté de rappel des rêves est très limitée et nécessiterait un entraînement très particulier et très long, avant de pouvoir être maîtrisée convenablement. Nul doute cependant que cette démarche sera poussée plus avant dans le futur et ouvrira à l'être humain des perspectives éblouissantes (3).

Dans le passé, c'est par le biais de l'initiation (en Égypte dans les pyramides ou en Grèce dans les temples comme à Delphes) que

---

3. Pierre Fluchaire : *La Révolution du rêve* (Éditions Dangles).

l'on arrivait à se rendre maître de son subconscient. L'initié pouvait ainsi se diriger consciemment dans « *l'au-delà* » pendant son sommeil.

c) Le passage du conscient à l'inconscient : la répression

Ici des images qui font partie du conscient sont renvoyées dans l'inconscient car elles provoquent chez le sujet une souffrance qu'il ne peut assumer. Ces souffrances sont le plus souvent le résultat d'un désaccord entre les désirs profonds, inconscients, de l'individu et les idées dominantes de son environnement (famille ou société). Ces désirs profonds, au moment où ils arrivent à sa conscience, sont alors combattus par le sujet qui les rejette, ce qui conduit à leur répression et au refoulement de l'information que le sujet ne peut pas regarder en face.

Réprimer, c'est empêcher de passer et, dès lors, ce qui ne peut passer et s'élever à la conscience est renvoyé, refoulé dans les profondeurs de l'inconscient : c'est le processus du refoulement. L'intensité de la répression varie selon les sujets. Dans les cas les plus graves, la répression aboutit à ce que l'on appelle « *les formations réactionnelles du Moi* ». Elles seront envisagées, avec leurs conséquences sur le comportement de l'individu et par rapport à son visage, dans un chapitre ultérieur. Dans ces cas-là, la faculté de rappel du sujet devient très difficile et justifie le recours à des techniques comme la psychanalyse.

d) La sélection des informations

Notre cerveau est tellement bombardé d'informations, qu'il n'est ni utile ni souhaitable qu'il retienne tout. Certaines informations sont alors mises dans les tiroirs de la mémoire. Ainsi, une fois que l'on a appris à écrire, il n'est pas utile de se souvenir de toutes les difficultés rencontrées pendant cet apprentissage. Cela se traduit par l'oubli mais, en général, on peut retrouver assez facilement ces informations quand on en a besoin. Dans les cas de répression et de refoulement, en revanche, on ne le peut plus. Pour les faire remonter à la surface, on peut préconiser deux méthodes.

La méthode de descente dans l'inconscient la plus utilisée de nos jours est la **psychanalyse.** Celle-ci implique le recours à une personne extérieure, le psychanalyste, et suppose une connaissance la plus étendue possible de ce monde mystérieux qu'est l'inconscient. Elle n'est pas dénuée de risques : il faut beaucoup de lumière pour explorer les ténèbres et pouvoir s'y diriger. Le mythe d'Eurydice et Orphée en est une illustration ; il montre à quel point il faut rester vigilant jusqu'à la victoire définitive sur soi-même. Dans cette quête des profondeurs, c'est en fait son âme (celle qu'il aime) qu'Orphée va chercher (étymologiquement l'âme est le véhicule de l'Amour, l'épouse de l'Esprit). L'être humain a perdu son âme, symbolisée par Eurydice. Il ne sait plus comment communiquer avec elle. S'il est assez fort, il va pouvoir essayer de la retrouver, mais sur sa route il va trouver les plus grands obstacles symbolisés par les monstres ou les gardiens du seuil qu'Orphée doit combattre ou convaincre. Mais ces monstres et ces « *gardiens du seuil* » sont en nous, et c'est en nous que cette bataille pour la reconquête de l'âme se livre. Pour les vaincre, il faut être un héros (étymologiquement « porteur de Éros », l'Amour). C'est donc par l'Amour que l'être humain triomphe de tous ses obstacles intérieurs et il fallait qu'Orphée aime éperdument Eurydice pour qu'il puisse la ramener à la lumière.

On voit que cette quête de l'âme dans les profondeurs de l'être n'est pas évidente puisque même Orphée a échoué ; avant de s'y engager, il y a intérêt à prendre de sérieuses précautions.

La deuxième méthode consiste à prendre conscience de ce qui, dans notre comportement, nous gêne et produit des tensions et des déséquilibres. Il s'agit alors de **changer son comportement**. En modifiant ce comportement, on change les conséquences, on rétablit les déséquilibres et ainsi, peu à peu, la cause se révèle à nous, remonte à la surface.

Le fait de fumer peut avoir des causes multiples, mais chaque fois qu'une tension se manifeste, le fumeur a tendance à soulager la tension par l'acte de fumer. L'action est d'une efficacité limitée et empêche seulement le sujet de prendre conscience des causes de cette tension qui est en quelque sorte anesthésiée. En renonçant à l'action de fumer, le sujet déchire un voile, ce qui permet à la cause de ses tensions de remonter à la surface. Il peut alors en prendre conscience et y remédier définitivement. Cela demande un important effort de volonté, mais peut être appliqué pour des choses beaucoup plus simples. Ainsi, quand on se sent très mal, démoralisé, on peut se forcer à sourire, au besoin en se souvenant d'un épisode agréable vécu récemment. On est alors dans un état d'esprit totalement différent qui permet d'avoir un recul suffisant pour comprendre ce qui n'allait pas. Cette méthode qui consiste à transformer un comportement en son contraire, peut être appliquée de façon extrêmement bénéfique par chacun. C'est la meilleure thérapie et une source de progrès individuel considérable. Elle a de plus l'avantage de ne pas faire dépendre d'un tiers, comme dans la psychanalyse, et d'éviter les transferts. Simplement, elle demande une certaine lucidité, une capacité d'introspection, la conviction que l'on peut se transformer et la volonté d'y arriver.

3. Le conscient et l'inconscient dans le visage

Ils vont être indiqués par la structure du cadre et des récepteurs et, plus accessoirement, par le modelé.

a) Le cadre

Le cadre est constitué par les parties osseuses du visage. Il est l'expression du système osseux, son prolongement. Ce système dont nous n'avons pas la maîtrise représente l'inconscient. Mais le cadre est en même temps le reflet de l'organisme tout entier et de ses nombreuses fonctions inconscientes. Il indique donc à la fois l'inconscient et les réserves de force, la puissance vitale de l'individu. On peut le comparer à une citerne ou à un réservoir : plus il est important, plus il a de contenance et plus la personne a la force de faire face aux situations imprévues ou aux situations exigeant une durée dans l'action. Chez le dilaté, le cadre est large, puissant et indique des forces vitales importantes, un inconscient très fort. Chez le rétracté, il est étroit et dénote des forces vitales limitées, des forces inconscientes moins tyranniques, plus facilement contrôlables.

Les questions que l'on se posera sont : Comment est la citerne ? Quelle est sa contenance ? A-t-on affaire à quelqu'un qui a une forte vitalité et des instincts puissants, ou inversement ?

b) Les récepteurs

Ces récepteurs sont les robinets du réservoir. Ce sont les **portes** qui relient l'être humain au monde qui l'entoure. Selon que ces portes sont ouvertes, fermées ou entrebâillées par exemple, on pourra déduire certaines conséquences. Il y a douze « portes » dans l'être humain :
— sept au niveau de la tête (deux yeux, deux oreilles, deux narines, une bouche) ;

LE CONSCIENT ET L'INCONSCIENT

Gauguin : type fermé.

Pelé : type ouvert.

Les récepteurs.

Les récepteurs peuvent être de type ouvert ; c'est le cas de Pelé, footballeur célèbre.
Ils peuvent être de style fermé ; c'est bien visible chez Paul Gauguin. L'intériorisation est alors très forte.

— cinq au niveau du corps (deux à la poitrine, le nombril, le sexe et l'anus).

On retrouve dans ce nombre une des clés de la symbolique avec les douze mois de l'année, les douze signes du zodiaque, les douze travaux d'Hercule, les douze apôtres notamment.

Disons simplement que dans le monde physique chaque porte a une double fonction : émissive et réceptive.

— La **bouche** est émissive par la parole et réceptive par sa fonction d'absorption des aliments.

— Le **nez** inspire et expire.

— Les **oreilles** reçoivent les sons mais sont aussi le centre de l'équilibre, ce qui peut être considéré comme une fonction émissive. Les malentendants ont du mal à garder l'équilibre. Quand on sait qu'en astrologie l'équilibre est régi par le signe de la Balance, que la Balance est sous l'influence de Saturne et que des mauvais aspects de Saturne font courir un risque de surdité, on voit à quel point la loi des correspondances est passionnante.

Dans la symbolique, Saturne est identifié au temps, c'est le régent du temps « Chronos ». La racine *Sat* est liée aussi à Satan, le grand ennemi du genre humain qui peut être ramené au temps. Tant qu'il est totalement prisonnier du temps, l'être humain est sous la dépendance de Satan, il est fossilisé, pétrifié par sa peur du temps qui passe et de la mort. Or, on peut maintenant mesurer des galaxies distantes de 14 milliards d'années lumière de la terre. Nos 70 ans d'âge terrestre paraissent bien mesquins en comparaison et pourtant, comment ne pas s'émerveiller de cette faculté qu'a l'être humain, de s'arracher par la pensée à la limitation de sa condition terrestre et de communiquer avec l'éternité cosmique. Et ce n'est qu'en se détachant de cette emprise du temps que l'être humain peut se libérer de ce qui l'emprisonne, échapper à l'emprise de Satan ; par la pensée et la connaissance, il le peut. On voit que Satan n'est le mal que si l'être humain est faible et limité dans ses conceptions ; sur la notion de bien et de mal il y aurait des développements extraordinaires à faire.

— Les **yeux** reçoivent la lumière et sont émissifs par le regard qui est considéré comme le reflet de l'être intérieur. Même si l'individu porte un masque, son regard, pour celui qui sait regarder, ne trompe pas.

— On peut ajouter la **peau**, organe du toucher, qui reçoit les impressions tangibles mais qui a aussi une fonction respiratoire.

On peut aussi dire que chacun de nos sens nous met en relation avec un des éléments de la nature :
— Le toucher avec l'élément terre.
— Le goût avec l'élément eau. La nourriture, en effet, doit être transformée en liquide pour pouvoir être assimilée.
— L'odorat avec l'élément air.
— L'ouïe, avec des vibrations encore plus subtiles. L'ouïe se nourrit du son qui est à mi-chemin entre l'air et l'éther.
— La vue, enfin, se nourrit de la lumière, le quatrième élément dans la tradition alchimique, l'expression du feu primordial.

4. Le modelé du visage

Nous avons vu que le petit enfant dans les premiers mois de la vie a des chairs molles et tombantes, puis que ces chairs s'affermissent peu à peu. La structure des chairs du visage est ce qu'on appelle le modelé qui se distingue de la peau elle-même.

La **peau** représente le cinquième sens, le toucher, le point de contact physique entre le monde extérieur et le monde intérieur. La consistance de la peau va donner certaines indications. Un grain de peau fin et délicat indique la finesse, la délicatesse dans les sentiments et les actes. Un grain de peau terne, rugueux ou épais indique la rudesse ou du moins une certaine absence de sensibilité, et parfois la débauche.

Les **chairs**, elles, sont liées dans le corps au système musculaire. Il en est de même dans le visage. Le modelé est la partie musculaire du visage qui peut prendre des formes diverses.

a) Modelé atone ou asthénique

L'atonie est l'absence de tonus, l'asthénie l'absence de force. On va utiliser les deux termes.

Les chairs sont molles et tombantes comme chez le bébé. Un pareil modelé indique donc le laisser-aller (ce qui tombe), une vitalité déficiente, une absence de force. Mais il indique aussi l'ouverture, la réceptivité avec, pour conséquence, souvent des qualités de créativité.

b) Modelé sthénique ou tonique

Ici les chairs sont fermes, correspondant souvent à une musculature ferme dans le corps. Chez l'enfant, l'apparition du modèle sthénique correspond à la phase de découverte du monde extérieur et de conquête de l'environnement liée à l'apparition des dents et à l'apprentissage de la marche. L'enfant passe alors de la réceptivité à l'activité. En conséquence, il aura d'autant plus de vitalité et de tonus que son modelé sera plus ferme et tonique. Il aura donc les meilleurs atouts pour dominer les situations qui se présentent à lui.

On trouve le plus souvent les deux composantes présentes dans le visage de chaque individu. Il peut toutefois arriver qu'une des deux composantes domine exclusivement. On utilisera alors la règle : « **Tout ce qui est excessif est défavorable.** »

c) Le défaut de tonicité

Modéré, il devient un élément qui enrichit la personnalité. Il indique la capacité de lâcher prise et des qualités de réceptivité.

Très poussé, il conduit au laisser-aller, à la démission devant l'obstacle, à la dépendance et à l'incapacité de prendre en main sa destinée. Le sujet est gouverné par la loi du moindre effort. Il est très influençable et se laisse facilement entraîner. Son seul frein vient de l'incapacité qu'il a de s'intéresser aux autres et à ce qui se passe autour de lui. Cela entraîne dans tous les cas une inadaptation à la vie en société.

d) L'excès de tonicité

Il se marque par un modelé très sthénique à tous les étages et dans les moindres détails, avec souvent une mâchoire puissante et un menton projeté en avant. C'est la description d'un individu qui est incapable de s'arrêter d'agir, de se donner le temps de récupérer. Il donne une grande impression d'efficacité dans sa vie extérieure et est toujours en mouvement, mais il a peu de profondeur dans sa vie intérieure. Tout caractère excessif conduit à des comportements extrêmes. Dès qu'il s'arrête d'agir, il est désemparé et ne supporte pas de se retrouver seul face à lui-même. Cela conduit à la fuite dans l'action et à l'incapacité de recharger ses accus. Quand ce type de comportement est très marqué, il peut entraîner des déséquilibres importants. Aux phases d'excitation extrême et non contrôlée (hypersthénie), vont succéder des phases d'abattement provoquées par la fatigue. L'individu refuse cette fatigue physique, ce qui entraîne la dépression morale. C'est ce que l'on appelle l'hypersthéno-asthénie. Le sujet repartira de plus belle dès qu'il aura repris des forces. Il est particulièrement sujet à l'hypertension et aux maladies cardiaques.

Le docteur Corman insiste beaucoup sur le côté normal et même salutaire de la fatigue qui constitue la sonnette d'alarme d'un organisme trop sollicité. L'expression « *reprendre son souffle* » est très appropriée. On trouve normal de le faire après un effort sportif, parfois pour un simple 100 mètres, mais pour le marathon de la vie quotidienne on s'y refuse. Ce n'est pas très logique.

*

* *

Le degré de tonicité.

1 : atonie.
2 : tonicité moyenne.
3 : tonicité forte.

La loi de tonicité est l'une des bases de la morphopsychologie ; on voit ici trois visages qui peuvent être rapprochés de la planche page 33.
Plus les chairs s'effondrent, plus les récepteurs tombent et plus il y a atonie. Celle-ci peut aussi se rencontrer chez les rétractés.

Il faut se garder des jugements de valeur. Une société basée sur la productivité à outrance, comme la société occidentale, a tendance à survaloriser le modelé sthénique et à dévaloriser les qualités liées à l'asthénie, considérées comme non rentables. En Orient, au contraire, c'est le non-agir qui est la marque du plus haut degré de réalisation de soi.

Il faut toujours garder en mémoire que ce qui est important, c'est l'**équilibre**. L'individu le mieux adapté est celui qui sait quand agir et quand ne pas agir. Cela se marquera dans son visage par un alliage de tonicité et d'asthénie relatives.

e) Autres caractéristiques du modelé

On distingue aussi le modelé rond et le modelé plat. Le **modelé rond** que l'on peut rapprocher du dilaté indique une large ouverture, un caractère sans angle et une facile adaptation. Un ballon rond roule beaucoup plus facilement qu'un ballon ovale dont les caprices sont souvent déconcertants. Le **modelé plat** est un indice de rétraction ; il indique une vive sensibilité de défense, une sensibilité à fleur de peau et une tendance à la fermeture. Toute zone du visage très aplatie peut être comparée à un bouclier, une paroi que le sujet met entre le monde et lui.

Entre ces deux extrêmes il y a des degrés intermédiaires. Le **modelé ondulé** ou **plat ondulé** indique un alliage de douceur (ondulation) et d'activité (aplatissement) car une rétraction modérée dynamise. L'action se fait donc en douceur. Dans le **modelé rétracté bossué**, l'action est plus heurtée car le frein et l'accélérateur représentés par des creux et des bosses très marqués sont les plus difficiles à contrôler. Le rétracté bossué sera étudié dans un autre chapitre.

5. Le rapport entre le cadre et les récepteurs

Il indique comment les forces conscientes et inconscientes du sujet vont coexister. S'il y a un rapport harmonieux entre le cadre et les récepteurs, cette coexistence est harmonieuse. Elle est difficile quand le rapport entre le cadre et les récepteurs est contrasté. C'est presque un problème d'architecture qui se pose au morphopsychologue. Le cadre, c'est la façade du bâtiment ; les récepteurs sont les portes et

Modelé rond.

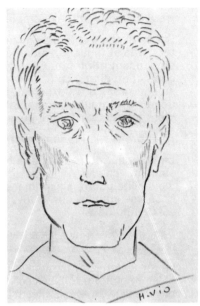

Modelé plat.

Modelé rétracté-bossué.

Modelé ondulé.

Haut gauche : Shirley Temple, le **concentré harmonieux.**

Sur ce visage d'enfant do dilaté sthénique, les récepteurs sont plutôt petits et tenus. Cela confère à Shirley Temple une puissance de concentration rare pour son âge qui s'ajoute à la facilité de contact du dilaté. La finesse des récepteurs ajoute une vive sensibilité propice à l'expression artistique. L'ensemble du visage dénote un équilibre remarquable et, devenue adulte, Shirley Temple a pu poursuivre une belle carrière dans la diplomatie.

Haut droite : jeune femme cantatrice, le **réagissant.**

La grandeur du nez et de la bouche confère la tendance réagissante sur ce cadre allongé. Ici aussi, l'extériorisation facile de la sensibilité pourra s'exprimer par le chant. Les structures de bouches très grandes sont souvent un indice de ce qu'on appelle « la voix naturelle ».

Bas gauche : Marc Cuadrado, graphiste-illustrateur (B.D.), le **rétracté.**

La rétraction est marquée par le visage allongé, les yeux abrités et le nez plutôt étroit. Les échanges se font par les narines découpées, indice de sensibilité, et la bouche charnue et pas très tenue, ce qui est un indice de dilatation ; la qualité des contacts et des échanges n'est donc pas absente.

Bas droite : jeune femme **dilatée.**

Le cadre est large, les récepteurs plutôt grands et ouverts. La finesse des récepteurs et la délicatesse de leur dessin donnent une vive sensibilité qui peut être propice à l'expression artistique, surtout avec le grand front intuitif.

LE RAPPORT
ENTRE LE CADRE ET LES RÉCEPTEURS.

Le rapport entre le cadre et les récepteurs.

les fenêtres. Quel va être le style de la maison ? De l'immeuble moderne aux grandes baies vitrées, au château fort moyenâgeux ne laissant filtrer la lumière que par quelques meurtrières, les combinaisons sont multiples. Nous en distinguerons quatre :

Le cadre est large, les récepteurs sont larges et ouverts : c'est le *dilaté*. Il manifeste l'ouverture, la réceptivité de la petite enfance, qu'il soit sthénique ou asthénique. Un abritement relatif des récepteurs vient enrichir la personnalité en lui apportant des éléments de contrôle.

Le cadre est étroit, les récepteurs petits et minces, fermés : c'est le *rétracté extrême* avec dominante de fermeture. Les réserves de forces sont peu importantes et le sujet les dépense avec parcimonie. L'ouverture plus grande d'un des récepteurs va permettre d'enrichir la personnalité par des échanges plus abondants avec l'environnement.

Le cadre est petit, les récepteurs grands, larges et ouverts. Les réserves de forces sont limitées, l'individu les dépense sans compter. Il réagit instantanément à tous les stimuli du monde extérieur sans aucune possibilité de contrôle. Le docteur Corman a appelé ce type d'individu le *réagissant*.

Le cadre est large, les récepteurs petits. La citerne a une contenance importante, mais les robinets s'ouvrent difficilement. Cela correspond à des réserves de force importantes que le sujet aura tendance à garder pour lui. Les échanges avec le monde extérieur se font difficilement. Par contre, il a une grande faculté de concentrer ses forces dans une direction déterminée. Il peut facilement diriger toutes ses énergies vers les buts qu'il s'est fixé. On l'appelle pour cela le *concentré*.

Le concentré et le réagissant feront l'objet d'un chapitre spécifique.

6. La croix de Polti et Gary

Polti et Gary sont deux physiognomonistes du début du siècle. Leur croix est une autre illustration de cette loi de dualité entre le conscient et l'inconscient.

Dans la symbolique, la face est liée au monde conscient et à la lumière, alors que le dos est lié à l'inconscient et aux ténèbres. Cela s'explique par le fait que l'on n'a pas les yeux dans le dos et qu'il

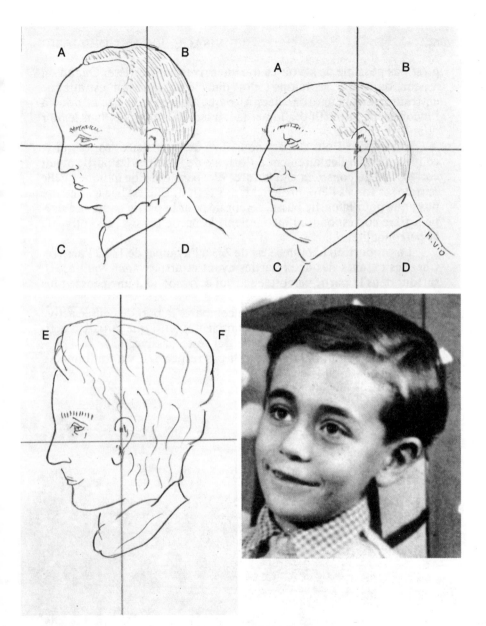

Croix de Polti et Gary (répartition des quadrants)

A : activité cérébrale
B : réceptivité imaginative
C : activité physique
D : réceptivité instinctive
E : activité
F : réceptivité

Photo : réceptivité dominante chez un enfant, avec un arrière du crâne très important.

n'est pas possible de savoir ce qui va arriver par-derrière. Quand on
a peur, on tourne les talons ; c'est dans le dos que l'on est attaqué
en traître. Les peurs sont liées à ce que l'on ne voit pas et donc à
l'inconscient ; il suffit d'allumer la lumière quand on est dans le noir
pour être rassuré.

La croix de Polti et Gary consiste à dessiner deux droites qui se
coupent perpendiculairement à l'origine de l'oreille. La **partie avant**
correspond au conscient et à la force d'expansion. Elle indique quelle
part de ses forces l'être projette dans l'action. Elle est liée à l'activité
physique pour la partie basse, cérébrale pour la partie haute. La **partie arrière** correspond à l'inconscient, la partie passive, réceptive de
la personnalité.

La proportion habituelle est de 2/3 à l'avant et de 1/3 à l'arrière.
Chez les enfants, les deux parties avant et arrière sont équilibrées,
surtout dans la partie cérébrale, ce qui correspond à une pensée plus
réceptive qu'active.

Ce qui est intéressant, c'est de comparer la part de pensée active
et la part de pensée réceptive (inconsciente) ainsi que la part d'activité projetée dans l'action et celle qui reste passive.

Quand le rapport 2/3-1/3 n'est pas respecté, il y a toujours des
enseignements à en tirer.

PORTRAIT :

Michel Simon, un dilaté atone.

S'il est une destinée étonnante, c'est celle de cet acteur qui, malgré un physique particulièrement ingrat, a réussi une carrière de premier plan et a surtout réussi à s'y maintenir (peut-être grâce à ce physique d'ailleurs).

Michel Simon est un dilaté comme en témoignent son cadre large et plutôt massif et ses récepteurs particulièrement épais : la bouche et le nez sont lourds et charnus, les yeux presque à fleur de peau.

Du dilaté, il a donc le sens du contact et des échanges, la bonne adaptation au monde concret et social ainsi que la spontanéité et sans doute le sens de l'à-propos marqués par l'ouverture des récepteurs.

Mais ce qui frappe, c'est l'importante atonie, décelée par les chairs qui tombent particulièrement à l'étage instinctif, et la bouche plutôt relâchée. Il y a donc un étonnant contraste entre la force marquée par la solidité du cadre, et l'impression générale de laisser-aller au niveau de la musculation.

Ajoutons que le visage un peu aplati sur les côtés donne une touche de rétraction latérale qui vient le dynamiser.

La question clé de ce portrait va donc être : comment cette force et cette atonie vont-elles coexister ?

Au niveau des étages, la dominante instinctive est très nette avec la mâchoire qui a son maximum de largeur au niveau de la bouche et qui fait corps avec le cou massif. L'étage affectif et l'étage cérébral plus rétractés (creux des joues et front petit) vont se mettre au service de l'étage dominant.

Notons que l'étage affectif est plutôt conflictuel. Il y a conflit entre le nez large et charnu qui indique le besoin de contact et de compagnie et le resserrement des narines qui marque la difficulté de se laisser aller sur le plan des sentiments. De profil, le nez est plutôt court et ramassé, ce qui pourrait indiquer une certaine immaturité sur le plan affectif, comme s'il y avait fixation à un certain stade de l'enfance. De plus, il y a une rétraction latéro-nasale marquée par l'aplatissement très visible de la zone qui encadre le nez. Cette rétraction est forte au point de creuser la joue de profil et d'entraîner au niveau des joues un resserrement de l'étage affectif en largeur, resserrement bien visible sur la photo de face.

On peut en déduire une vie affective difficile, surtout que le nez est resserré en plusieurs endroits, ce qui représente comme des goulots d'étranglement empêchant les sentiments de s'exprimer. On sait, dans ces cas-là, que ce qui ne peut être vécu au niveau affectif va être transposé dans un des deux autres étages. L'étage cérébral étant en rétraction a peu de chances de servir de soupape de sécurité.

Le front resserré indique plutôt une pensée de spécialiste qui se met au service de l'étage dominant, donc l'étage instinctif. Mais les yeux, presque à fleur de peau, peuvent emmagasiner les informations assez facilement. De plus, les sourcils hauts sur l'œil et clairsemés indiquent une facilité à se laisser pénétrer spontanément par les images reçues mais aussi de la dispersion qui contraste avec le front rétracté, d'où le sillon vertical entre les deux sourcils qui mentionne les efforts faits pour se concentrer. La forme de pensée est donc assez particulière. La zone imaginative fait défaut, ce qui fait qu'il ne peut s'évader devant les difficultés. D'où le front ridé qui révèle une tendance à l'inquiétude, au tourment qui devait venir en partie des difficultés affectives.

La zone de refuge va donc être l'étage instinctif. Les lèvres charnues et lourdes laissent supposer que, dans les phases de difficultés, il peut y avoir régression au stade oral avec la volonté d'absorber les nourritures, et le risque de se laisser aller à la manifestation débridée des instincts, ce qui est amplifié par l'atonie et la lourdeur des chairs à cet étage. Mais ce qui est extraordinaire dans l'être humain, c'est cette circulation des forces intérieures qui fait que tout trait de caractère peut se transformer en son contraire. Et c'est ce même laisser-aller instinctif qui a fait de Michel Simon un grand acteur.

C'est l'atonie qui lui a permis de se laisser totalement aller à l'interprétation de ses rôles, à pouvoir se mettre sans aucun frein dans la peau de ses personnages. C'est la vitalité extraordinaire et la puissance marquées par la massivité du cadre qui lui ont permis de concrétiser les facultés de mimétisme et de créativité liées à l'atonie.

Et c'est cette atonie qui donne l'adaptation aux circonstances et l'oubli de soi et de ses souffrances l'espace d'un moment pour endosser les souffrances des autres, mais aussi leurs joies et d'accéder à une libération par le métier d'acteur.

CHAPITRE IV

Le visage aux différents âges de la vie

Nous avons présenté le dilaté et le rétracté extrême comme types représentatifs du début et de la fin de la vie. Mais entre ces deux moments extrêmes, l'être évolue et nous allons voir qu'il va passer par un certain nombre d'étapes, tant sur le plan psychologique que sur le plan physiologique.

1. Les grandes étapes de l'existence

Il est fondamental de réaliser que l'être humain est en évolution permanente et que l'existence est basée sur la transformation : de l'enfance à l'adolescence, à l'âge adulte, à la maturité, à la vieillesse et à la mort, l'être subit des métamorphoses successives. La mort, comme terme final, n'est pas considérée comme une perspective réjouissante dans le monde occidental, mais ne dit-on pas que les vieillards retombent en enfance ? N'y a-t-il pas quelque part l'amorce d'un éternel recommencement ? Comme le fruit qui, tombé à terre, va permettre au noyau de donner naissance à un autre arbre, comme le printemps qui s'enfuit et reviendra après l'intermède d'un automne et d'un hiver, pourquoi n'en serait-il pas ainsi de l'être humain, par-delà les apparences de la vie et de la mort ? En tout cas notre vie terrestre est suffisamment riche pour rendre passionnante l'étude de tous ces changements. La compréhension de cette évolution est fondamentale pour que nous puissions prendre conscience de nos mécanismes intérieurs. Seule cette prise de conscience peut amener l'être humain à se diriger dans le monde extérieur et le conduire à une transformation radicale et essentielle pour sa survie, à la transmutation de l'être limité en être réalisateur de ses potentialités.

Dès lors, le regard que nous portons sur notre passé change totalement et le futur nous ouvre des perspectives insoupçonnées. La vie s'inscrit dans une dynamique où chaque étape a un sens et offre quelque chose à découvrir. Quelles sont donc ces grandes étapes de la vie ?

a) La petite enfance

De la naissance à la septième année, c'est essentiellement le corps physique qui se développe. On a vu à quel point ce développement était important pendant la grossesse et la première année de la vie. L'enfant est alors totalement réceptif aux forces cosmiques qu'il absorbe pour se développer. C'est le dilaté asthénique. Même si au fur et à mesure qu'il grandit et qu'il devient plus sthénique sa sensibilité se développe, c'est toujours l'activité du corps qui est au premier plan.

La sensibilité du petit enfant est d'ailleurs essentiellement tournée vers ce que ses sens peuvent lui procurer de plaisir physique. Dans les premières années, il est égocentrique ramenant tout à lui ; les autres n'ont d'intérêt que dans la mesure où ils apportent ce plaisir (manger, caresses).

L'enfant ne prend que peu à peu conscience qu'il a une existence séparée de ce qui l'entoure. Ce n'est que quand il commence à situer les autres à l'extérieur de lui, qu'il prend conscience de leur existence d'abord, de leur importance ensuite et qu'il peut développer la faculté d'amour. A ce moment-là l'amour n'est encore qu'un attachement instinctif lié à la recherche du plaisir. Mais de plus en plus l'évolution va se faire, de l'égocentrisme à un sentiment d'amour plus altruiste. Cette évolution aboutit à la sixième année qui était jadis appelée âge de raison ; il correspond à l'apparition de la deuxième dentition.

Dans la symbolique, les dents représentent l'énergie, les germes de nos qualités, les semences de la sagesse. Sans doute est-ce la raison pour laquelle l'enfant qui met sa dent sous l'oreiller reçoit une pièce, symbole du prix que l'on doit attacher à ces divines semences. Dans les rêves, la perte d'une dent représente la perte d'une qualité ou de quelque chose de précieux. Si toutefois cette dent est mise en terre, elle apporte la manifestation future de ces qualités. Les autres images du rêve indiqueront de quelle qualité il s'agit.

Quelqu'un avait rêvé que lui poussaient trois rangées de dents. Ce n'était pas sans inquiétude que ce songe nous fut rapporté, car le résultat esthétique d'une dentition à trois étages laisse plutôt à désirer. Nous nous sommes empressé de rassurer la personne, les trois rangées de dents correspondant au développement des qualités de la personne dans les trois dimensions de son être : le plan physique, le plan de l'âme et celui de l'esprit que l'on appelle aussi plans physique, psychique et spirituel. Le rêve était donc, malgré les apparences, de fort bon augure.

La perte d'une fausse dent, en rêve, représente la perte de quelque chose de faux, donc d'un défaut, de quelque chose qui nous entrave dans notre évolution intérieure.

L'apparition de la deuxième dentition marque le début d'un nouveau cycle de la vie qui correspond à l'entrée à l'école.

b) L'enfance

De sept à quatorze ans, l'enfant développe essentiellement sa sensibilité, son éveil au monde par l'intermédiaire de ses sens supérieurs.

Jusque-là, c'est le toucher et le goût qui ont prédominé. C'est maintenant l'ouïe et la vue qui vont le faire entrer dans la danse des merveilles de notre monde. C'est l'âge où tout est beau, où la vie se manifeste dans toute sa force, où la curiosité de l'enfant lui fait percevoir les moindres nuances de ce qui l'entoure. C'est l'âge de l'éveil artistique, celui où cette sensibilité exacerbée ne demande qu'à se manifester sous forme de dessin, de musique, de sculpture, de danse, qu'à s'épanouir. Il est absolument vital pour son développement ultérieur que tout être humain apprenne à donner à sa sensibilité un moyen de se manifester.

L'œuvre d'art est un fruit que chacun de nous porte en lui. C'est l'âge où la créativité doit commencer à s'exprimer, car chaque fruit que nous ne pouvons donner est une partie de nous qui disparaît. L'éveil à l'art devrait donc être rendu possible pour chaque enfant, car chacun de nous a au moins un domaine où il peut arriver à créer.

Précisons que le corps physique continue son développement pendant cette période, mais il ne constitue plus le centre essentiel du développement de l'être. C'est la sensibilité qui a pris la première place. Pour la clarté des explications, nous sommes obligé de simplifier mais, de même que le printemps n'arrive pas du jour au lendemain, qu'il s'annonce déjà à la fin de l'hiver et qu'il ne s'installe complètement le plus souvent qu'après la date officielle de sa venue, de même les étapes du développement de l'être humain se chevauchent, s'emboîtent les unes dans les autres. Mais des dominantes existent et il serait fondamental d'en tenir compte dans l'éducation et les programmes scolaires.

c) L'adolescence

Elle est marquée par l'apparition de la puberté vers la quatorzième année. Sur le plan psychologique, le rapport avec le monde se modifie de façon considérable. La façon dont on voit les autres change. Le monde des sentiments arrive au premier plan ; avec lui s'exacerbent les désirs et les premières passions. L'amour des autres prend de nouvelles formes. Le groupe devient fondamental pour l'adolescent. Sa vision du monde, jusqu'alors concentrée sur la famille et sur les proches, s'élargit et va peu à peu s'étendre à la société tout entière. C'est l'âge où l'amour doit être canalisé.

L'adolescence est l'âge de l'idéalisme. Cet amour qui soudain jaillit n'a pas de bornes, pas de frontières ; il est prêt à englober la terre entière. Il est fondamental que les énergies de l'être qui, à cet âge se cherche, puissent trouver le chemin vers un idéal. Cet idéal peut se résumer dans la formule : **être utile**. C'est ce besoin de se rendre utile qu'il faut développer afin que l'amour puisse se manifester à l'échelle la plus vaste, jusqu'à l'humanité tout entière si possible. Autrement il y a de grands risques que la tendance opposée (devenir égoïste) se renforce de plus en plus et fasse des parents les premières victimes, celles sur qui cet égoïsme naissant et grandissant fera ses premières armes.

L'adolescent en sera le premier touché, sa conception du monde se concentrant sur lui-même au lieu de s'épanouir vers des dimensions toujours plus grandes, vers un épanouissement sans limites.

d) L'âge adulte

A vingt et un ans la pensée commence à se structurer. Elle devient une faculté autonome qui peut prendre ses distances avec le monde des sentiments. L'individu peut commencer à penser en se démarquant des structures familiales et sociales dans lesquelles il a grandi. Cela se marque parfois par une totale remise en cause des valeurs reçues. Cette remise en cause qui commence souvent à l'adolescence est liée à la nécessité pour l'individu de trouver le chemin destiné à lui permettre de développer ce pourquoi il se sent le plus apte. Plus l'éducation aura été pesante, plus les parents auront eu tendance à ce que l'enfant fasse ce qu'ils pensent bon sans tenir compte de sa personnalité et de ses aspirations profondes, plus la révolte risque d'être forte. Dans ces cas-là, s'il n'y a pas révolte, il risque d'y avoir asservissement ; l'adulte suivra le chemin qui a été tracé pour lui souvent au détriment de ses propres aspirations. Tant que les adultes n'auront pas conscience de leurs projections, c'est-à-dire de leurs tendances à vouloir pour leurs enfants ce qu'ils n'ont pas pu obtenir pour eux-mêmes, l'éducation fera des ravages et la révolte des jeunes grondera, proportionnelle à l'étouffement qu'ils auront subi.

La fixation de la majorité à vingt et un ans était la marque du passage à l'âge adulte. L'âge de la majorité était lié à la faculté qui était reconnue à l'individu de penser par lui-même à partir de ce moment. Le passage de la majorité à dix-huit ans est peut-être le reflet de l'accélération de ce processus. Est-ce un reflet réel ou illusoire ? Cette période correspond à la recherche d'un équilibre entre les exigences du monde extérieur et la recherche des clés du monde intérieur, entre la force d'expansion et la force de conservation.

Cet équilibre, en principe, se trouve en bonne voie à l'âge de vingt-huit ans.

e) La maturité

A partir de vingt-huit ans, on peut situer le début de la participation à la vie sociale active de l'individu. Il est alors censé s'être structuré individuellement et peut désormais se consacrer à la vie du groupe : familial d'abord, social ensuite par le métier et la position qu'il occupe. C'est à ce moment que s'établit l'équilibre entre « prendre » (mécanisme qui est à son maximum chez le petit enfant) et « donner » (ce qu'il apprend à faire dès son plus jeune âge, mais qui se trouvera réalisé, en principe, à la fin de sa vie). On commence par donner l'amour à ses enfants, on y ajoute des cadeaux plus matériels pour les petits enfants, et on distribue tout ce que l'on a acquis quand on quitte ce monde (et quelquefois avant, dans le meilleur des cas).

f) L'apogée

On peut la situer entre quarante-deux et quarante-neuf ans. Le rapport entre les forces physiques et psychiques ou spirituelles de l'individu se trouve alors à son point d'équilibre. On sait que l'évolution du corps physique s'arrête peu avant vingt-huit ans, après quoi notre organisme commence à subir l'érosion lente du temps. Il subit la loi de désagrégation progressive de la matière et chemine lentement vers la rétraction, parfois extrême.

En attendant, l'individu se trouve en possession de tous ses moyens. L'apogée, dans la symbolique, c'est le sommet de la montagne, le point au milieu du cercle. Ce point, projeté dans l'espace à trois dimensions, devient le sommet du cône dont les Égyptiens ont fait la pyramide qui a une base carrée représentant la matière et ses quatre états. Le point, dans la pyramide, est le degré ultime auquel chaque être humain peut accéder pendant sa vie sur terre ou pendant ses vies successives, pensait-on en Égypte et dans tout l'Orient antique. Le côté de la pyramide représente le chemin que chacun doit parcourir pour atteindre ce sommet. Chaque être humain se trouve à un point quelconque de la pyramide. Il est amusant, ou triste, de noter que plus on monte vers le sommet, moins il y a de monde. En Égypte, c'est donc par l'initiation, qui se passait dans les pyramides, que l'être humain accédait au sommet de lui-même. Rares étaient les candidats, ceux qui avaient le courage de surmonter tous les obstacles, de passer par les pires épreuves et les plus grands sacrifices. Mais ceux qui y accédaient, qui touchaient enfin ce sommet, voyaient se manifester devant eux des mondes tellement éblouissants, que leur enseignement et les récits merveilleux des victoires par eux remportées ne se sont

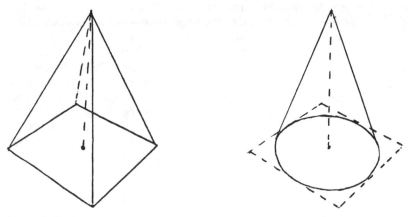

Le symbole du cercle et du point avec projection dans l'espace : le cône et la pyramide.

pas effacés. C'est la mythologie qui nous les transmet ; les victoires que les héros remportent sur les dragons et les monstres les plus effrayants, c'est le récit des victoires que l'Initié avait aussi remportées sur les dragons et les monstres qui sont à l'intérieur de lui et de chacun de nous, que la Bible a immortalisés sous les traits du serpent tentateur dans le jardin d'Éden.

Cet apogée, il y a toujours un moment où l'être humain peut le goûter ; c'est le plus souvent dans le monde extérieur qu'il le fait. C'est parfois, pour quelques-uns, dans les mondes intérieurs qu'est remportée la victoire. Pour ceux-là, point de déclin car toutes leurs facultés sont éveillées, développées ; de prisonniers qu'ils étaient des forces de la matière, ils deviennent des dieux détenteurs de tous les pouvoirs de l'Esprit et la matière leur obéit. Pour les autres, c'est la matière qui prend le dessus et l'être humain, identifié à son corps physique, à son propre corps, s'achemine vers la porte étroite et mystérieuse de la mort.

g) Le déclin

L'individu va voir peu à peu ses forces décliner. Il est intéressant de noter que c'est ce qui lui a d'abord été donné qui va disparaître en premier. Le corps physique est le premier atteint. L'être perd peu à peu sa mobilité et son allant. Sa sexualité diminue et souvent disparaît. Après quoi, parfois, la fonction sociale se rétrécit à son tour et finit par se limiter à un espace réduit aux murs d'un appartement. Enfin la pensée, la dernière venue, se sclérose à son tour. Ce schéma, Dieu merci, n'est que la caricature du pire parcours possible. Plus on entretient ces fonctions, plus on les conserve. De même qu'une machine bien entretenue dure plus longtemps qu'une autre dont on n'aura pas pris soin, de même, les fonctions que nous aurons privilégiées nous accompagneront plus longtemps. Les personnes qui entretiennent leur mental en garderont le plus souvent une parfaite maîtrise jusqu'à leur mort. Ainsi Bergson, paralysé dans les dernières années de sa vie, avait-il gardé intacte toute sa vivacité de pensée. Ainsi Proust réfugié, à bout de souffle entre les quatre murs d'une chambre enfumée, a-t-il pu, jusqu'au bout, laisser glisser sa plume vers les sommets de l'œuvre littéraire.

Ces différentes phases, nous allons les suivre au travers des grands types morphologiques humains du docteur Corman.

Nous avons déjà vu qu'aux deux extrémités de la vie, l'enfance

et la vieillesse, on trouve deux types morphopsychologiques opposés : le dilaté et le rétracté extrême. Il nous reste à envisager les étapes intermédiaires. Ces étapes vont se caractériser par le passage de
la dilatation à la rétraction qui s'accentue de plus en plus, à mesure
que, de l'enfance, on s'achemine vers des âges plus avancés.

2. Le rétracté latéral et l'adolescence

Au fur et à mesure que le rapport de l'enfant avec le monde extérieur se transforme, sa morphologie se transforme aussi. On a vu que
de dilaté asthénique il devient peu à peu dilaté sthénique, mais le processus ne s'arrête pas là.

a) Le processus morphologique de la rétraction

On peut dire que ce qui crée la rétraction, ce sont les heurts que
la vie nous fait subir. Comme chaque coup du sculpteur sur le burin
modifie peu à peu le bloc de matière indifférenciée, de la même façon
le sculpteur incomparable qu'est la vie s'applique, par les frustrations
et les chocs qu'elle nous fait subir, à transformer la matière peu différenciée du petit enfant en produit fini plus ou moins réussi. Nous
essaierons de voir, en fin de livre, si l'homme prenant sa destinée en
main peut arriver à modeler consciemment sa propre matière. Y a-t-
il un moyen de ne plus abandonner la sculpture aux intempéries et
de la protéger, en quelque sorte, de l'intérieur ?
Quoi qu'il en soit, cette transformation de la matière par la vie
se traduit par la rétraction. On a vu que celle-ci est la résultante de
la force de conservation qui pousse l'individu à se protéger quand
un danger quelconque se présente. Cette force de conservation entraîne
un mouvement de recul qui va provoquer une contraction des muscles, donc des chairs du visage, et en même temps une fermeture des
récepteurs. Ainsi, quand le vent souffle violemment et soulève la pous-
sière dans ses tourbillons, fermons-nous la bouche, plissons-nous les
yeux et essayons-nous de fermer nos narines aux particules indésira-
bles.
Le docteur Corman a bien mis en relief ces mouvements successifs qui vont amener le passage du dilaté au rétracté extrême.

b) Définition de la rétraction latérale

C'est une rétraction modérée (aplatissement) qui touche les côtés du visage et qui dynamise l'être. C'est la morphologie de l'adolescence. Pour en expliquer le mécanisme, on peut prendre l'exemple d'un individu jouant des coudes pour se frayer un passage dans la foule. C'est un processus exigeant un certain dynamisme et qui va entraîner dans le visage un certain nombre de caractéristiques.

De face, le visage s'aplatit sur les côtés. Cet aplatissement est particulièrement marqué au niveau des tempes et des joues. La rétraction latérale étant toujours synonyme de dynamisme, l'aplatissement des tempes indique toujours une dynamisation de la pensée. De même, l'aplatissement du visage au niveau de l'étage affectif va provoquer la saillie du visage et des récepteurs en avant, ce qui est la marque d'un grand dynamisme, dans la vie affective et sociale. Le visage du rétracté latéral est ainsi plus allongé que celui du dilaté.

Le visage est sthénique ; c'est une des conséquences du dynamisme du rétracté latéral. Il faut noter toutefois que le visage n'est pas forcément sthénique dans ses trois parties. La sthénicité peut être marquée surtout à l'étage instinctif ; le dynamisme se manifeste alors dans le domaine des activités physiques et manuelles. Si c'est l'étage affectif qui est sthénique, l'élan se produit au niveau affectif et social. Si c'est l'étage cérébral, la pensée est privilégiée. Mais la rétraction latérale implique toujours une sthénicité importante.

De profil, le visage est projeté en avant. C'est comme si l'aplatissement du visage sur les côtés faisait saillir en avant la matière comprimée. Le front est incliné, le nez est projeté en avant.

Tous ces éléments sont caractéristiques de la rétraction latérale. C'est surtout de profil qu'elle apparaît de façon évidente et il ne faudra jamais oublier de regarder le profil ; il est souvent la clé de voûte du portrait.

D'autres caractéristiques secondaires peuvent apparaître. Le menton est parfois lui aussi projeté en avant. Le plus souvent il est légèrement en retrait par rapport à l'étage affectif, ce qui donne un élément de frein favorable chez le rétracté latéral.

Les récepteurs, eux, sont principalement de type ouvert. Au fur et à mesure que des éléments d'intériorisation vont apparaître, ils vont s'abriter. On passe alors à un type mixte rétracté latéral-rétracté de front qui se contrôlera mieux que le rétracté latéral pur.

La rétraction latérale.

On retrouve dans ces dessins l'allongement du visage, l'inclinaison du profil et la tonicité du modelé qui sont les caractéristiques de la rétraction latérale.

La rétraction latérale.

Photos du haut : de face, le visage reste bien dilaté ; la rétraction latérale se marque par l'aplatissement du visage sur les côtés. Elle est surtout visible de profil, par l'inclinaison générale.

Photo bas gauche : la rétraction latérale est bien visible de face avec l'allongement du cadre, l'ouverture des récepteurs et le modelé sthénique.

Photo bas droite : rétraction latérale chez Helmut Berger.

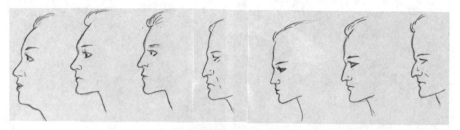

L'évolution du dilaté au rétracté extrême.

On voit bien sur ces dessins successifs comment le redressement du profil entraîne la fermeture des récepteurs et comment on va de la dilatation à la rétraction extrême en passant par la rétraction latérale.

D'autre part, les oreilles sont elles aussi inclinées. Si on a des doutes parce que le front se trouve caché par les cheveux ou par un chapeau, on peut regarder les oreilles. Si elles sont obliques on peut conclure à la rétraction latérale.

c) Psychologie de la rétraction latérale

La rétraction latérale est donc la morphologie de l'adolescence. Ce qui est passionnant dans la morphopsychologie, c'est qu'il n'y a pas à apprendre par cœur tout un tas de détails ; il faut simplement comprendre la relation qu'il y a entre la forme et ce qu'elle signifie aux différents âges de la vie qui lui correspondent. En examinant les éléments du caractère propres à l'adolescence, on aura les clés psychologiques du rétracté latéral et celles du rapport entre le corps et l'âme, entre la matière et l'esprit.

Le besoin de mouvement, le dynamisme vital

Ce qui caractérise l'adolescence, c'est ce besoin de mouvement, de changements, cet élan incessant vers les autres et vers ailleurs, l'impulsivité difficilement maîtrisée. C'est la projection du visage en avant qui indique le besoin de mouvement, l'élan. Le dynamisme vital, lui, est marqué par le côté sthénique du visage, qui permet à ce besoin de mouvements de s'actualiser. Il permet le passage à l'acte.

L'importance du groupe, l'élan vers les autres

L'apparition de la puberté modifie totalement les rapports de l'adolescent avec son environnement. Il a besoin de passer à une structure relationnelle plus vaste que la famille, ce qui se traduit par un élan affectif le poussant à participer à la vie sociale, particulièrement celle de son groupe d'âge.

Cela se marque par la saillie de l'étage affectif et particulièrement du nez ; cette saillie marque toujours l'élan vers les autres. Quand l'étage affectif est extrêmement projeté en avant, on a une structure que l'on peut qualifier de « en museau » qui donne des réactions particulièrement spontanées, comme chez l'animal, et qui confère aussi le flair, c'est-à-dire la perception sensitive immédiate des autres. L'ouverture des récepteurs facilite encore cet élan. En revanche, leur fermeture relative apporte un élément de contrôle, de maîtrise de soi qui permet d'atténuer les pulsions incontrôlables de l'affect.

Le besoin de conquête

Il est toujours présent chez le rétracté latéral mais à des degrés divers ; c'est le prolongement du dynamisme vital. Quand la projection en avant et le modelé sthénique sont très prononcés, le dynamisme vital se transforme en activité inlassable et même en hyperactivité. Dans ce cas, le menton lui-même suit le mouvement du nez, ce qui donne un profil que l'on peut appeler « aérodynamique ». On ne peut toutefois jamais porter de jugement *a priori* car, en morphopsychologie, ce qui est important c'est l'ensemble du visage et non le détail.

Ainsi, un menton projeté en avant sur un visage atone, ou présentant beaucoup d'éléments de frein, de maîtrise de soi, va permettre un apport de dynamisme, de projection vers l'extérieur, d'élan qui pourra en partie compenser les éléments d'inhibition.

Par contre, chez un individu très marqué de sthénicité avec, de plus, une structure de rétracté latéral et les récepteurs ouverts, la projection du menton va parachever l'extraversion, l'absence de maîtrise ; le sujet, privé de tout barrage, est porté à l'action de façon permanente au détriment de la vie intérieure. Le plus souvent il est réduit à agir d'abord et à réfléchir ensuite, à mesurer seulement après les conséquences de ses actes, au moins dans la première partie de la vie.

Dans les cas les plus graves, il est malade de l'inaction et toute inaction amènera une phase de dépression car il refuse la fatigue physique considérée comme une faiblesse et pourtant inévitable car l'organisme soumis à un mouvement permanent finit par avoir besoin de se reposer. Nous avons vu, dans le paragraphe sur la tonicité excessive, qu'on appelle ce type de sujets « les hypersthéno-asthéniques ». Il est bien évident que rétraction latérale + sthénicité donnent les meilleurs terrains pour ce qu'on appelle communément des « hauts et des bas ».

Survalorisés à notre époque, recherchés à certains postes de travail, les tempéraments hyperactifs sont les sujets les plus propices à l'hypertension et aux maladies cardiaques. Leur incapacité à doser leurs efforts en fait des terrains à haut risque de mort instantanée et brutale.

On voit donc à quel point l'évaluation des équilibres est fondamentale dans le diagnostic ; c'est la clé de la morphopsychologie.

d) Résumé de la rétraction latérale

La rétraction latérale c'est l'accélérateur. Dès qu'on la détecte dans un visage, on doit conclure aux traits de comportement **potentiels** suivants : grand dynamisme vital, impulsivité, spontanéité, besoin de mouvement, besoin de contacts et d'échanges, si possible dans le groupe, pensée vive, spontanée, tournée vers le concret et le social.

Les **carences** sont : manque de contrôle et de maîtrise de soi, élans difficiles à canaliser, la spontanéité et la vivacité peuvent donner les « coups de tête ».

3. La rétraction de front et la maturité

C'est une rétraction intériorisante. Jusqu'ici la rétraction n'a affecté que les côtés du visage. Avec la rétraction de front, le phénomène va toucher le visage de face, comme si les chocs avaient été subis de plein fouet, ou de plein front, d'où le terme choisi par le docteur Corman. On aurait pu aussi l'appeler la rétraction de face ou la rétraction frontale.

a) Le processus

Au fur et à mesure que l'on subit des difficultés, des épreuves, on est obligé de penser, de réfléchir pour y remédier, trouver les solutions les meilleures. La réflexion peut se définir comme la capacité de regarder dans le miroir de notre passé les images qu'il nous réfléchit afin de résoudre les difficultés présentes. Cette étape se traduit par le redressement du visage de profil et l'enfoncement des récepteurs.

Le rétracté de front.

L'allongement du cadre et la fermeture des récepteurs marquent la rétraction de front. Celle-ci est manifeste chez Sigmund Freud (photo haut gauche), le fondateur de la psychanalyse et maître de l'introspection.
Les mêmes caractéristiques se retrouvent chez Van Gogh à 13 ans (photos haut et bas droites) ; une rétraction de front précoce entraîne une maturité précoce mais aussi une difficulté à communiquer avec le monde extérieur. Le dessin (bas gauche) en est aussi une illustration.

b) Le visage

Le visage, donc, se redresse, c'est à dire que les lignes de profil, obliques chez le rétracté latéral, deviennent verticales. Le front est droit. Le redressement du front entraîne l'abritement des récepteurs ; les yeux s'enfoncent dans l'orbite. Le nez ouvert chez le dilaté se ferme ; il peut devenir aquilin. La bouche aussi se rétracte. Cela peut aller jusqu'à une bouche en « fermeture Éclair ». L'oreille se redresse jusqu'à la verticale.

Quand la rétraction est très forte, le menton peut paraître projeté en avant comme pour protéger la bouche qui se cache. La saillie de certaines parties juxtaposées à la rétraction des autres produit le modelé rétracté-bossué qui sera présenté dans un autre chapitre.

Il faut noter qu'il y a rétraction de front à chaque fois qu'un de ces éléments apparaît. Très souvent, au début, quand on fait un portrait, on commet l'erreur de ne regarder que le front. Il y a confusion de vocabulaire. Des récepteurs abrités sont aussi un élément marquant de rétraction de front.

c) Le comportement du rétracté de front

La règle est :
— *Une rétraction relative dynamise.*
— *Une rétraction importante intériorise.*
— *Une rétraction très forte paralyse.*

La rétraction de front correspond à l'âge adulte, au moment où la pensée commence à maîtriser les impulsions impétueuses de l'adolescence.

Le redressement du front correspond au passage d'un comportement vif, spontané et primesautier indiqué par le front incliné, à un comportement réfléchi où le contrôle et la maîtrise de soi priment. La rétraction latérale c'est l'accélérateur ; la rétraction de front c'est le frein.

L'abritement des récepteurs indique que la spontanéité, l'impulsivité liées à l'ouverture et à la projection en avant des récepteurs font place à la fermeture et à la maîtrise de soi. Plus les récepteurs se redressent et se ferment, plus la maîtrise est grande.

Ce passage de l'ouverture à la fermeture marque aussi le passage de l'extraversion à l'introversion. L'intérêt porté aux choses exté-

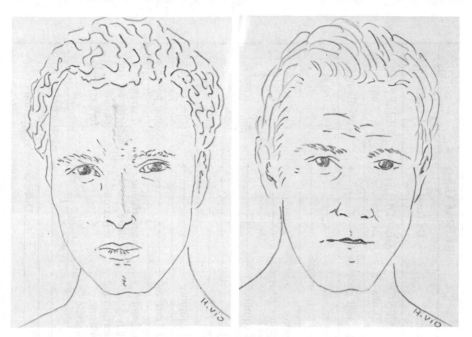

Le rétracté de front

La rétraction de front est marquée de face par la rétraction du cadre et l'abritement des récepteurs ; de profil, par le redressement du cadre.

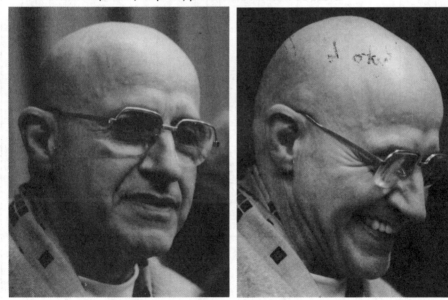

Un rétracté de front : **le professeur A. Tomatis.**

Le front très redressé et les récepteurs abrités font du professeur Tomatis un rétracté de front typique. L'intériorisation que cette typologie entraîne explique ses recherches dans le domaine du son. Il a été le premier à dire que le fœtus entendait dès le troisième mois ce qui se passe à l'extérieur. Le redressement du front est bien visible de profil.

TABLEAU RÉCAPITULATIF

MORPHOLOGIE	DILATÉS		RÉTRACTÉS		
	Atones, asthéniques	Toniques, sthéniques	Latéral	De front	Extrême
AGE	ENFANCE De 0 à 7 ans	ENFANCE De 7 à 14 ans	ADOLESCENCE De 14 à 21 ans	AGE ADULTE De 21 ans à …	VIEILLESSE … ans
CADRE	Rond ou carré	←—— Phases d'allongement progressif ——→			Très allongé
PROFIL	Très ouvert	Ouvert ←— Phases de redressement progressif —→	Ouvert	Abrité	Très fermé
RÉCEPTEURS	Très ouverts	Ouverts ←— Phases de fermeture progressive —→	Abrités	Fermés	Très fermés
Oreilles, yeux :	Grands ouverts, écartés		Point d'équilibre ——→		Petits, fermés, rapprochés
Nez :	Ouvert, lourd		Narines fines ——→		Fermé, fin
Bouche :	Grande, épaisse		Point d'équilibre ——→		Petite, fermée
REMARQUE	Atonie générale ——→		Sthénicité extrême ←——		Atonie possible
PSYCHOLOGIE	Asthénique Passivité, dépendance, besoin de protection	Sthénique Facilité de contacts, d'échanges	Dynamisante Besoin de mouvement, grand dynamisme, impulsivité	Intériorisante Maîtrise de soi, réflexion	Extrême Maîtrise externe, inhibition, fermeture
	Monde concret ————————————————→ Abstraction				
	Extraversion ————————————————→ Introversion				
	Facilité d'adaptation ————————→ Difficulté d'adaptation aux choses et aux êtres				

rieures se transforme et se porte graduellement vers le monde intérieur. Un équilibre harmonieux entre les éléments d'ouverture et de
fermeture marque la capacité d'aller dans les deux mondes indifféremment, au gré des nécessités. Il représente l'équilibre entre la force
de conservation et la force d'expansion. Une des règles fondamentales est en effet que l'individu le plus efficace est celui qui a toujours
l'attitude la mieux adaptée aux circonstances qu'il rencontre.

Cela implique une rétraction de front modérée. Quand elle devient
très prononcée, l'intériorisation prend le pas sur l'extériorisation du
dilaté et du rétracté latéral et peut aboutir à une maîtrise extrême,
voire une rigidité si grande que le sujet devient inadapté à la vie extérieure. On rejoint alors le comportement du rétracté extrême.

d) Résumé du rétracté de front

Quand on conclut, en étudiant un visage, à la dominante de rétraction de front, on peut tirer immédiatement les conclusions suivantes :
— Le contrôle des instincts et la maîtrise de soi sont importants.
— Les contacts et les échanges sont sélectifs.
— La réflexion, la prise de distance et le recul prennent le pas
sur l'impulsivité et la spontanéité.
— Le sens de l'abstraction prend le pas sur le concret et l'introversion sur l'extraversion. C'est la rétraction intériorisante.

4. Tableau récapitulatif (voir ci-contre)

A partir de ce tableau schématique, on est obligé de constater
que les êtres humains présentant un type pur en morphopsychologie
sont rares. Chaque individu a en lui des composantes des différents
âges de la vie. Par exemple, le cadre peut être celui d'un dilaté et les
récepteurs marqués de degrés de rétraction divers, ce qui va donner
des personnes à la fois plus riches et plus complexes que les types simples.

L'analyse morphopsychologique s'en trouve compliquée mais
aussi enrichie, et toute la finesse de l'analyste entre alors en jeu pour
capter ces nuances, souvent si fines, qui font la spécificité de chaque
individu.

La morphopsychologie est un travail qui consiste à retrouver les clés de l'architecture d'un visage. Elle requiert deux conditions : la **lecture des formes** puis l'**interprétation psychologique.** Il s'agit, par l'observation, de retrouver le plan d'ensemble pour comprendre ensuite ce que l'architecte a voulu exprimer jusque dans le moindre détail. Ainsi l'édifice va livrer tous ses secrets à l'amateur d'art.

PORTRAIT :

Bernard Tapie, un alliage de dilatation et de rétraction latérale.

De face, Bernard Tapie est un dilaté au cadre puissant mais moins sthénique que ce que l'on s'attendrait à trouver. De profil, c'est un rétracté latéral avec le front très incliné en arrière et le nez projeté en avant. La dilatation indique la facilité de contact et d'échanges, le sens du concret, l'aisance dans le monde matériel et social. La rétraction latérale montre un grand dynamisme, un élan spontané vers l'extérieur. La dilatation et la rétraction latérale sont deux types d'expansion. On peut en déduire un accélérateur d'autant plus puissant que les réserves vitales sont importantes. Il aura donc une efficacité remarquable dans tout ce qui concerne la réalisation matérielle et sociale.

Cette efficacité est confirmée par la double dominante affective et instinctive. De la dominante instinctive marquée par la mâchoire large et puissante et la bouche grande, on peut déduire que Tapie est un bâtisseur et un homme de terrain. Une dominante instinctive indique une aisance dans le quantitatif et explique sans doute un besoin de s'élargir au niveau de ses entreprises.

Cela dit, la finesse des lèvres ajoute une vive sensibilité qu'on va retrouver de profil dans les narines vibrantes, ce qui fait qu'il y a une exigence de qualité et d'esthétisme (arc de Cupidon de la lèvre supérieure) dans cette tendance à s'élargir. La finesse rend sélectif et permet donc d'opérer des choix. Le quantitatif est en partie corrigé. Ajoutons que la structure de la bouche donne la parole facile et précise.

L'étage affectif est large avec des pommettes importantes. Le nez est aussi très large de face ce qui indique de grands besoins d'épanouissement affectif et social, mais aussi une grande aisance dans ces domaines. On a ici aussi des éléments qui vont dans le sens du quantitatif au niveau des échanges avec la dilatation générale à cet étage, mais une sélection peut s'opérer grâce à la sensibilité des narines vibrantes.

La facilité des contacts et des échanges est d'autant plus grande que le nez est projeté en avant ce qui donne l'élan et le dynamisme conquérants. Une grande dilatation et des éléments de charnu aussi importants indiquent aussi une grande générosité à laquelle la finesse des récepteurs ajoute une délicatesse dans les sentiments. Ajoutons que le dilaté a besoin aussi d'être aimé et apprécié ce qui peut être un des moteurs du Tapie, homme public.

L'étage cérébral vient en troisième position. Tapie n'est donc pas un homme de pensée. Celle-ci se met au service des réalisations concrètes et sociales. Les bosses susorbitaires sont très marquées, ce qui dénote un grand sens de l'observation et des prises de décision. La zone de réflexion est aussi bien dessinée. Par contre, la zone haute est peu importante. La pensée est ici surtout tournée vers le concret. Cela donne une bonne connaissance des dossiers, des situations sur le terrain. Par contre, le sens de la synthèse et de l'imagination sont peu présents. Tapie n'a sans doute pas une foule d'idées, mais il sait les appliquer. Ce qui l'intéresse ce n'est pas l'idéologie, c'est la réalisation pratique.

Il est plus à l'aise dans le court que dans le long terme. Sa dominante d'expansion lui permet de saisir au vol les occasions quand elles se présentent, surtout de par la rétraction latérale. Ce qui lui manque, c'est peut-être la vision à long terme. Mais il est difficile de posséder toutes les cartes dans son jeu et la valeur des chefs d'entreprises dépend de leur faculté de s'entourer de collaborateurs qui ont les qualités qui leur manquent.

A ce niveau, Bernard Tapie a un grand atout, c'est le flair. La projection en avant des deux étages inférieurs et la structure du nez lui confèrent une perception immédiate des êtres, des choses et des situations qui lui tiennent lieu de baromètre et de radar.

Une autre question se pose : nous avons vu que l'accélérateur est chez lui extrêmement puissant. Mais où est le frein sans lequel il ne peut y avoir de réalisations importantes ? Le frein est marqué par l'abritement des récepteurs qui va domestiquer l'élan et l'impulsivité de l'expansion vitale. Ce frein est présent aux trois étages : les yeux sont abrités ce qui permet une prise de distance et un approfondissement au niveau de la pensée ; de même le nez, à son extrémité, amorce un mouvement de fermeture qui va atténuer l'impulsivité au niveau des contacts avec les autres. Il y aura ici aussi un temps d'arrêt avant de se livrer, ce qui va augmenter la puissance à cet étage.

Enfin, à l'étage instinctif, la bouche est tenue et la sthénicité moins importante que ce qu'on aurait pu supposer. La mâchoire est enrobée et le menton puissant de face n'est pas projeté en avant. Il y a donc à la fois la puissance, une grande vitalité (puissance du cadre et du menton) et une pondération liée à la lourdeur relative des chairs qui vient empêcher les élans de se manifester de façon inconsidérée.

Ajoutons que le secret du succès de Tapie au niveau des médias s'explique certainement en grande partie par son sens du contact et des échanges, mais aussi par une grande joie de vivre fréquente chez les dilatés mais qui est ici mise en relief par la structure de la bouche dont les coins remontent particulièrement, même au repos, et par le dessin des yeux qui va dans le même sens. Ce sont les signes d'un grand dynamisme mais surtout d'un optimisme qui fait cruellement défaut de nos jours et dont il est réconfortant de trouver l'image chez certains de nos contemporains. C'est, à n'en pas douter, une clé qui ouvre beaucoup de portes et Bernard Tapie ne nous contredira certainement pas sur ce point.

CHAPITRE V

La structure triple de l'être humain

1. Les trois étages du visage

Jusqu'à présent nous avons surtout mis l'accent sur la dualité de l'être humain avec l'étude des dilatés et des rétractés. Mais cette division en deux laisse encore beaucoup de questions en suspens. Pour approfondir notre étude, il faut nous appuyer sur d'autres éléments parmi lesquels la division en trois du visage est fondamentale.

La physiognomonie l'utilise depuis longtemps et partage le visage en trois étages : cérébral, affectif et instinctif-actif. Nous allons voir que cela correspond aux trois fonctions essentielles de l'être humain héritées de sa structure triple qui sont : la pensée, le sentiment et l'action.

Ces trois fonctions ne sont pas développées de façons identiques chez tout le monde, ce qui va nous permettre d'étudier les cas où l'un des étages domine, mais également ceux où deux étages prévalent par rapport au troisième.

Chaque étage comprend à la fois des éléments du cadre qui, on l'a vu, correspond à l'inconscient, et un des récepteurs (yeux, nez ou bouche). Chaque récepteur est une porte qui indique comment chaque personne va s'emparer des informations et comment elle va les retransmettre. Chacune de ces portes renseigne sur la façon dont les forces inconscientes vont se manifester à la surface, dans le quotidien du sujet.

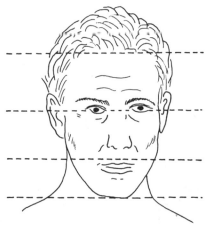

**ÉTAGE SUPÉRIEUR
CÉRÉBRAL**

**ÉTAGE MÉDIAN
AFFECTIF**

**ÉTAGE INFÉRIEUR
INSTINCTIF**

Les trois étages du visage.

2. L'étage instinctif

On l'appelle aussi **étage digestif**. Il est en relation avec le système digestif par la bouche qui en est la porte d'entrée et par le cadre dont les fonctions inconscientes correspondent aux fonctions inconscientes de l'organisme, particulièrement la digestion.

Il comprend la mâchoire inférieure, le menton et la bouche. Celle-ci est donc la porte d'entrée des nourritures qui sont transformées par le système digestif. Cet étage est particulièrement en relation aussi, avec le système osseux, par la mâchoire. C'est l'étage où les forces inconscientes de l'être vont se manifester. Il régit tout le monde des instincts.

Les principaux instincts sont au nombre de trois. On les classe par ordre d'apparition dans le courant de la vie.

a) Le siège des instincts

On différencie l'instinct de nutrition, celui d'activité et enfin celui de reproduction. Il faut noter que ces instincts sont neutres, ni bons ni mauvais. On peut même dire que ce sont, pour l'être humain, des instruments indispensables à la conservation de la vie.

L'instinct de nutrition apparaît le premier, à la naissance. Ensuite vient l'instinct d'activité, enfin celui de reproduction qui émerge des profondeurs à la puberté.

Si l'instinct de nutrition fait défaut, l'être se laisse mourir de faim ; cela se produit dans certains cas d'anorexie à la naissance. On a même récemment détecté des cas de dépression à moins d'un an pour des enfants complètement rejetés à la naissance ou même pendant la gestation par la mère, dépression accompagnée d'anorexie : c'est le refus de vivre.

De même, si l'instinct d'activité faisait défaut nous serions incapables même de tendre la main vers l'arbre gorgé de fruits pour cueillir les nourritures nécessaires à notre subsistance.

Enfin l'instinct de reproduction est indispensable à la continuation de l'espèce.

L'individu équilibré de façon idéale garderait un parfait contrôle de ses instincts et ne s'en servirait que pour les fonctions indispensables à la vie. Néanmoins, en cas de difficultés (particulièrement de tensions intérieures dont on sait que personne n'est exempt de nos jours), des mécanismes se mettent en mouvement qui font régresser l'individu à ces étapes antérieures de son évolution. C'est ce qu'on appelle les régressions.

b) Les régressions

Le principe de la régression est que, en cas de malaise, l'individu va avoir inconsciemment tendance à se réfugier dans un moment antérieur de son évolution où il était satisfait. C'est toujours la recherche du plaisir qui guide les comportements inconscients. La première régression possible donnera la tendance à se réfugier dans la sexualité, ou plutôt dans un moment quelconque de l'apprentissage de la sexualité, de préférence le moment ayant procuré le plus de plaisir. Cela peut conduire à une quête permanente du partenaire. Mais dans le cas de recours régressif à la sexualité, celle-ci devient indépendante du sentiment d'amour. La sexualité sans amour provoque un vide croissant que le sujet veut combler de plus en plus, d'où dans certains cas une conduite obsessionnelle.

Mais les régressions, manifestant toujours un déséquilibre, peuvent aussi conduire au comportement diamétralement opposé : rendre impossibles les rapports sexuels.

La psychanalyse a étudié soigneusement les régressions qu'elle regroupe sous différents termes. Dans la **régression au stade anal**, l'instinct d'activité de l'individu se transforme en force de destruction ou bien en incapacité à agir, et la sexualité en sadomasochisme. L'activité et la sexualité prennent alors un chemin détourné des voies constructives. On peut penser que tout individu qui n'arrive pas à exprimer le potentiel qui est en lui en ressent une frustration inconsciente qui se transforme soit en destruction des autres (d'où la violence), soit en destruction de soi (d'où le recours à la drogue ou l'alcoolisme ou autre forme de suicide).

L'individu au modelé tonique et dilaté, donc extraverti et actif, aura tendance à régresser de façon active. L'individu atone ou asthénique se réfugiera, lui, dans un mécanisme passif.

La dernière régression est la **régression au stade oral**. Dans ce cas, toujours d'après la loi des déséquilibres, l'individu soit mangera pour compenser ses frustrations, soit sera incapable d'absorber les moindres nourritures. On peut rajouter une autre forme de régression qui est le refuge dans le sommeil ; elle correspond à la **régression au stade fœtal** et à la fuite du monde.

Il est à noter que la régression est une recherche d'un plaisir vécu antérieurement pour compenser les souffrances du moment. Si les deux premières années ont été malheureuses avec un rejet de l'enfant par la mère, la régression ramènera à cette souffrance de la petite enfance au lieu de ramener à un plaisir compensateur. C'est alors qu'il y a tendance à régresser au stade fœtal. Mais si la gestation a été vécue aussi de façon négative par la mère, si la mère a rejeté l'enfant dans son sein, il n'y a plus de porte de secours. La régression mène alors à une souffrance d'autant plus insoutenable qu'elle est inconsciente. Le sujet est le plus souvent incapable de remonter aux causes de son mal être, ce qui peut conduire à des états suicidaires ou à des états psychiques pathologiques.

c) Tableau des régressions

On peut se servir de l'image de la balance. Au centre il y a le point d'équilibre et, de chaque côté, des déséquilibres qui s'opposent mais aussi qui s'attirent. Ainsi le sadisme s'allie au masochisme et l'obsession sexuelle est souvent liée à l'impuissance.

De même l'activité refoulée de l'individu incapable de passer aux actes peut se libérer en agressivité incontrôlée, comme une Cocotte-

Minute dont la vapeur ne peut se dégager et qui finit par exploser. D'où des comportements imprévisibles que le morphopsychologue essaiera de prévenir.

Les régressions

Régressions liées à l'atonie et à la fonction anima	Régressions liées à la sthénicité et à la fonction animus
Positions d'équilibre :	
Régressions passives.	Régressions actives.
Sexualité :	
Masochisme. Impuissance.	Sadisme. Sexualité obsessionnelle.
Activité :	
Passivité, laisser-aller, inhibition de l'action.	Agressivité, violence.
Oralité :	
Anorexie.	Boulimie, drogue, alcool.
Stade fœtal :	
Sommeil.	Suicide.

Mais une régression n'est pas seulement quelque chose de négatif. Il ne faut pas perdre de vue que ce sont des mécanismes qui permettent à chacun de reprendre son souffle en cas de difficulté. Ce sont les soupapes de sécurité du monde psychique ; en cela elles sont indispensables. Elles sont aussi très bénéfiques quand elles ne durent pas trop longtemps. Il n'y a pas lieu de s'en culpabiliser, il faut seulement les considérer comme un phénomène naturel. Ainsi le petit enfant qui commence à marcher se précipite-t-il dans les bras de sa mère aussitôt qu'il a fait quelques pas ; le repos est nécessaire après l'action. Il faudra simplement rester vigilant et essayer de savoir ce que la régression cache de plus profond.

d) Le siège de la volonté

Cet étage n'est pas seulement le siège des instincts ; il est aussi celui de la volonté qui est la capacité d'agir ou de ne pas agir consciemment. On peut le comparer à une citerne : plus la structure de l'étage instinctif est importante, plus il révèle une grande puissance d'action. Plus l'étage est sthénique, plus cette puissance est susceptible de se manifester de façon effective.

Le cadre indique ce que le sujet peut faire, le récepteur comment il le fait. D'après la structure de cet étage, on saura si l'action va se faire de façon fine et délicate ou bien lourde et pesante *(« venir avec ses gros sabots »)*.

3. L'étage affectif

Il occupe le centre du visage et joue donc une place centrale. Il est souvent au cœur des conflits qui se livrent dans l'individu, ou au cœur des réalisations et des satisfactions qu'il peut rechercher ou obtenir.

a) Structure

On l'appelle aussi **étage respiratoire,** car le nez qui en est le récepteur en est aussi la porte. Il comprend les pommettes, les joues et le nez.

Il commande la vie affective et sociale. On sait à quel point il existe un rapport étroit entre le monde des sentiments et la respiration. Quand on subit un choc émotif, ne dit-on pas qu'on a le souffle coupé ? Les appareils respiratoires et circulatoires communiquent par le cœur et les poumons. Ils réagissent aussi l'un sur l'autre et la maîtrise de la respiration permet de contrôler ses sentiments et de s'en rendre maître.

Les sentiments et la sensibilité qu'ils impliquent nous mettent en rapport avec les autres, et cet étage qui régit la vie affective régit aussi, par extension, la vie sociale qui concerne nos rapports non plus seulement avec le couple et la famille, mais avec le groupe social tout entier.

b) Le nez

Le nez comme tout le reste du visage et du corps est entièrement soumis à la loi de dilatation-rétraction. Nous allons proposer un tableau montrant l'évolution du nez du dilaté au rétracté extrême. Cette évolution rejoint là aussi l'évolution de l'enfant au vieillard. On passera ainsi progressivement du nez d'enfant ouvert et concave au nez du vieillard convexe et fermé. Nous le proposons seulement comme une donnée indicative qui permettra de comprendre les asser-

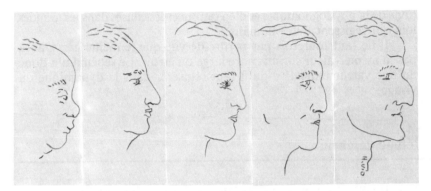

L'évolution des fronts et des nez.

On voit bien comment, au fur et à mesure que le profil se redresse, la structure du front et du nez se transforme.

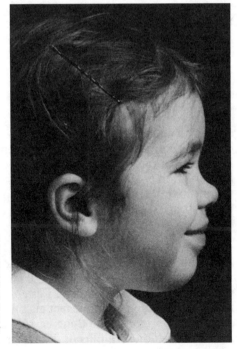

Exemple de nez enfantin retroussé. Le front, lui aussi arrondi, indique que la pensée est réceptive plus que réfléchie, ce qui est normal à cet âge (4 ans). De face, les méplats dynamisent la pensée, de même que les tempes incurvées, indice de rétraction latérale, donc de dynamisme (voir portrait de face p. 171)

tions de la physiognomonie et d'en retrouver les causes dans les grandes lois qui régissent l'être humain.

Il ne faut toutefois pas perdre de vue que le même nez n'aura pas la même valeur sur un cadre large ou étroit. Le schéma n'a donc qu'une valeur indicative qu'il faut réinsérer dans la dynamique du visage.

4. L'étage cérébral

Il comprend le front, les tempes, les arcades sourcilières et les yeux. C'est l'étage de la pensée ; il révèle le degré et la forme de l'intelligence.

Définir l'intelligence n'est pas quelque chose de facile tant ses facettes sont multiples. Même les tests psychologiques ont du mal à en cerner les contours. Traditionnellement, le front est divisé en trois parties qui correspondent à trois fonctions différentes de l'intelligence. On peut aussi distinguer entre intelligence réceptive et intelligence émissive.

a) La structure du front

On le divise donc en trois parties :

La zone des bosses sus-orbitaires est située au-dessus des sourcils. Il y a en cet endroit, au-dessus de l'œil, deux proéminences plus ou moins marquées. Cette zone représente la base de l'étage cérébral, la partie qui rattache l'intelligence au concret. Elle révèle le sens de l'observation et aussi des prises de décisions. C'est un élément de dilatation, manifestant donc la force d'expansion au niveau de l'intelligence, toute saillie indiquant un élan, ici vers le monde extérieur et concret.

La zone de réflexion : on peut souvent voir au-dessus des bosses susorbitaires un creux, surtout visible de profil, qui correspond à la zone de réflexion. La réflexion est un mécanisme qui nous ramène vers l'intérieur de nous-même. Les creux dans le visage sont des éléments de rétraction qui ramènent aussi l'individu à l'intérieur. Ce creux au niveau du front joue donc ce rôle au niveau de la pensée.

La réflexion sera plus ou moins grande selon que cette zone est inexistante ou bien finement dessinée. Quand elle est très fortement marquée, le passage à l'intérieur devient heurté ; il ne se fait plus de façon harmonieuse et peut entraîner un blocage de la pensée. On l'appelle alors « *barre d'arrêt* ». On retrouve l'interprétation d'après laquelle tout ce qui est excessif dans le visage devient dysharmonieux et appelle donc une interprétation négative.

La zone haute du front : au-dessus de la barre de réflexion, il arrive que le front continue sa marche vers les hauteurs et forme ce qu'on appelle la zone d'imagination ou de conceptualisation. Cette zone indique aussi la capacité de voir les ensembles, la capacité de synthèse du sujet.

La zone basse du front est liée au monde de l'analyse. Cette partie haute du front, quand elle existe, est une survivance du front arrondi de l'enfance, de la partie enfantine qui relie l'individu au monde des archétypes, de l'irrationnel et de l'inconscient collectif. Nous avons déjà vu que l'intelligence de l'être humain est encore peu développée par rapport à ses potentialités. C'est dans cette zone et par rapport aux notions d'imagination et d'intuition si difficiles à définir, que l'être humain a encore certainement beaucoup à découvrir. Ce n'est pas un hasard si cette zone est totalement absente chez les animaux. Elle constitue donc l'apanage de l'humanité pensante et tous les germes de la conscience que l'être humain doit développer s'y trouvent certainement enfouis, prêts à croître et à multiplier.

On peut aussi trouver dans cette partie supérieure du front, deux bosses que l'on appelle les bosses du rêve. Elles révèlent la tendance du sujet à basculer dans le rêve quand la réalité le fatigue.

b) L'inclinaison du front

Le front, lui aussi, passe par toutes les phases de la dilatation à la rétraction, du front arrondi du bébé, à un front qui se différencie peu à peu par l'apport de zones plates, de creux et de bosses. Les temps s'aplatissent aussi et se creusent. Tous ces éléments de rétraction permettent à l'intelligence d'évoluer, de l'enfance à l'âge adulte, et de devenir de plus en plus active et consciente.

De profil, l'inclinaison du front est un des éléments de la rétraction que l'on appelle latérale. Elle donne l'élan, le dynamisme de la pensée qui est alors vive et primesautière. Quand le front est droit, redressé, l'élan laisse la place à la prise de distance, au recul et la pensée est beaucoup moins spontanée mais plus profonde.

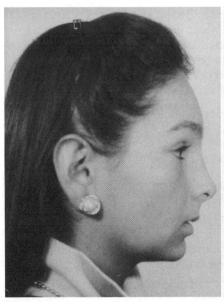

1   2

Front solaire et front lunaire.

1 : front lunaire chez une jeune fille.
2 : expansion cérébrale de type lunaire. La partie basse du front est aplatie ; c'est une marque de rétraction qui vient dynamiser la pensée et permet de prendre conscience des images de rêve. C'est une structure particulièrement propice à la médiumnité.
3 : front solaire (Charles Trénet).
4 : expansion cérébrale différenciée (professeur Tomatis). Les trois zones sont bien marquées.
5 : front rétracté mais bien différencié. Les bosses sus-orbitaires et le creux de la réflexion sont bien visibles.

c) Fronts lunaire et solaire

Le front lunaire est dominé par les fonctions réceptives inconscientes. C'est le front arrondi indifférencié du petit enfant. On appelle différenciation l'apport constitué par des éléments de rétraction qui permettent de passer de l'inconscience de l'enfance à un stade de conscience plus développée. Le front lunaire confère une mémoire exceptionnelle du fait de la très grande réceptivité. Le sujet absorbe

3

4

**FRONT SOLAIRE ET
FRONT LUNAIRE.**

5

tout, comme l'enfant. S'il n'y a pas un minimum de différenciation, la pensée restera une pensée de rêve. Avec des éléments de dynamisme, l'intelligence revêtira une forme très particulière, avec notamment une mémoire prodigieuse.

Le front solaire est un front qui s'évase vers le haut. L'élargissement de la partie haute du front montre que c'est la zone haute qui va jouer le rôle le plus important. Une zone de conceptualisation dominante va donner une imagination riche, une faculté de synthèse et très souvent aussi l'idéalisme. L'individu vivra les unes après les autres les fonctions de sa partie haute du front dans le cours de sa vie. La deuxième partie de la vie, de par l'idéalisme du front solaire, voit le sujet s'ouvrir aux questions philosophiques et souvent à la recherche spirituelle. Dans tous les cas l'idéalisme donne une attirance pour le monde de la beauté, donc pour l'art. Ces différentes aspirations peuvent apparaître à un très jeune âge.

Le symbolisme Lune/Soleil : on retrouve, dans l'opposition traditionnelle entre la Lune et le Soleil, les polarités féminines et masculines. Le Soleil représente le jour, le conscient, la Lune la nuit, l'inconscient.

Le Soleil est le point, le centre, le un qui transmet la lumière partout autour de lui ; il est émissif. La Lune, elle, est réceptive ; elle reçoit la lumière du Soleil et la reflète. Elle a deux faces : une tournée vers le Soleil, une vers la Terre ; elle symbolise, par là, le deux et le principe féminin.

Le Soleil est l'Esprit, la Lune la matière. Le Soleil est l'homme, la Lune la femme. Il est d'ailleurs intéressant de noter que la femme est régie par le cycle lunaire et que la menstruation se fait d'après des cycles de 28 jours, ce qui confirme cette relation femme/Lune.

Le Soleil est le point qui vient féconder le cercle (la Lune) et on retrouve donc toujours ce même symbole du cercle avec le point qui est une des manifestations de la force d'expansion et de la force de conservation que l'on retrouve au niveau des yeux.

d) Les yeux et les paupières

Il est passionnant de constater que l'on peut assimiler l'œil au Soleil et les paupières à la Lune. Nous avons donc un Soleil et deux Lunes. Il est intéressant de voir que le jour, quand le Soleil se lève, l'homme ouvre les yeux. C'est son Soleil à lui qui lui donne conscience de ce qui l'entoure. La nuit, la paupière recouvre l'œil, la Lune prend

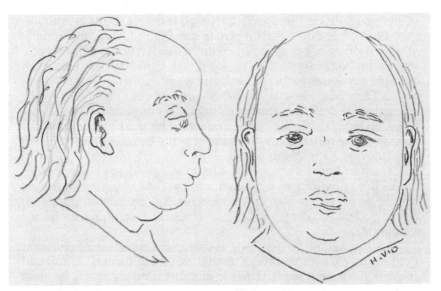

Front lunaire.

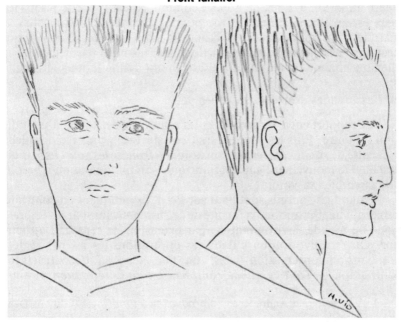

Front solaire.

la place du Soleil et l'inconscient reprend le dessus. Dans la symbolique, l'œil est le Soleil mais il reflète aussi le zodiaque tout entier.

En iridologie, par exemple, on divise l'œil en douze parties représentant les douze constellations, les douze signes de l'astrologie. Et chacune des douze parties est en correspondance avec certains organes de l'être humain. Par les taches que l'on peut observer sur une des parties de l'œil, on saura que l'organe correspondant à cette partie est malade (1). On voit donc que « *tout est dans tout* ». L'infiniment grand se reflète dans l'infiniment petit. Le zodiaque et le Soleil se retrouvent dans l'homme.

Hermès Trismégiste, que la Tradition considère comme le fondateur des initiations en Égypte, disait : « *Tout ce qui est en bas est comme ce qui est en haut et inversement.* » C'est la plus grande clé de compréhension des principes gouvernant l'univers qui a été laissée à l'homme.

La Lune étant liée au rêve, une paupière supérieure recouvrant l'œil est un élément de rêve, d'atonie au niveau mental. L'individu se laisse facilement pénétrer par le monde extérieur, ce qui est aussi propice à la manifestation de qualités artistiques. Une paupière inférieure importante, que l'on appelle communément « poche » sous les yeux est aussi un élément de réceptivité, de rêve. C'est toujours la marque d'une importante composante anima, féminine, réceptive, qui peut apporter un élément de séduction indéfinissable, particulièrement chez un homme, car tout ce qui est anima donne le magnétisme.

e) Les arcades sourcilières et les yeux

Le rapport entre les arcades et les yeux varie beaucoup d'un individu à l'autre. Plus les sourcils sont bas sur l'œil, plus ils indiquent la faculté de se concentrer. L'expression « *froncer les sourcils* » indique bien le mouvement automatique que l'on fait quand on a besoin de rassembler sa volonté.

Quand les sourcils sont haut sur l'œil, ils indiquent au contraire la réceptivité, l'intuition, la faculté de se laisser envahir par les impressions du monde environnant et, par extension, le sens de l'esthétique. On retrouve toujours dans ces oppositions les mêmes règles. L'expansion-conservation, c'est un peu aussi la décontraction-contraction. « *Tout ce qui se contracte est de la rétraction* », ainsi

---

1. Voir le livre d'André Roux : *Introduction à l'iridologie* (Éditions Dangles).

les sourcils bas sur l'œil. « *Tout ce qui se décontracte est de la dilatation* » et indique la faculté de se laisser pénétrer par le monde environnant, ainsi les sourcils haut sur l'œil.

Des sourcils épais sont un élément de vitalité, de dynamisme et d'impulsivité ou d'hyperactivité selon le cas, surtout si les sourcils se touchent. Des sourcils minces révèlent les éléments contraires. C'est un facteur anima, toujours d'après la même loi d'expansion (l'abondance) ou de rétraction (la rareté).

Le fait de s'épiler les sourcils équivaut à une recherche inconsciente d'une féminité plus grande. Plus cette épilation est prononcée, plus on perd de la force toujours d'après la loi des équilibres. Il est intéressant de noter que la mode des sourcils épilés était liée à une vision de la femme hyperféminine et même de la femme objet.

Précisons que le système pileux et les cheveux sont liés à la végétation. Ce sont des antennes qui captent les forces de la nature qui leur correspondent. Le mythe de Samson s'en fait l'écho. Il tirait toute sa force de sa chevelure qui le rendait invincible. Le jour où Dalila s'en empara, ses pouvoirs lui furent retirés et il redevint simple mortel. On peut supposer que les cheveux sont les racines de l'être humain dans le plan spirituel, les antennes qui lui permettent de capter les informations transmises par le cosmos.

f) Les yeux et le front

Les yeux sont les portes de l'étage cérébral. A fleur de peau, ils vont indiquer l'ouverture, la faculté d'être au contact du monde extérieur, de toucher du regard tout ce qui se présente. Cela correspond à un champ de conscience large qui donne la faculté de voir tout ce qui se présente. Rien n'échappe. En revanche, les informations étant très nombreuses, le sujet a du mal à faire le tri, à sélectionner les images reçues, ce qui conduit au risque d'être superficiel, c'est-à-dire de rester à la surface des choses.

Les yeux très enfoncés sont un indice de rétraction ; ils donnent la faculté d'aller à l'intérieur, donc une certaine profondeur. Et s'ils sont vraiment très enfoncés, ils montrent un champ de conscience très étroit ; l'être sélectionne les informations au maximum, il ne voit que ce qui lui convient. Cela peut conduire à une coupure avec la réalité du monde d'où, à l'extrême, la schizophrénie qui doit quand même s'accompagner de certains signes de déséquilibre supplémentaires. Le sujet ne voit plus la réalité des autres, il ne voit que la sienne, ce qui peut conduire au fanatisme.

Des yeux très enfoncés sur un cadre très rétracté et un front redressé, droit, correspondent à une fermeture extrême donc à une intelligence très limitée.

g) Les yeux, miroir de l'être tout entier

L'expression du regard est toujours très révélatrice de ce que vit l'être à un moment donné. Le regard est-il vif, rêveur ou absent ? Autant d'éléments qui constitueront des renseignements précieux pour le morphopsychologue.

Il est intéressant de noter que dans les bals masqués les yeux sont la seule chose que l'on ne peut cacher. Le masque, en psychologie, s'appelle « la persona ». La persona c'était le masque que portaient les acteurs dans l'Antiquité ; ce terme a été repris en psychologie. Nous portons tous un masque à tel ou tel moment, car la société nous oblige à jouer un rôle. C'est un phénomène tout à fait naturel, mais qui devient pathologique quand l'individu s'identifie au personnage qu'il joue. Ainsi Johnny Weissmuller qui interpréta le rôle de Tarzan dans les années 30, finit sa vie dans un asile spécialement aménagé, à rêver qu'il continuait à sauter d'arbre en arbre en poussant son célèbre cri.

Tout le monde ne s'identifie pas à ce point à son rôle social, heureusement. Mais dès qu'il y a une identification importante, cela entraîne une rigidité dans le comportement. Un observateur attentif le verra très vite et le regard en sera le baromètre, le révélateur. On dit dans la Tradition qu'il est le miroir de l'âme, comme le visage en est le reflet. C'est le miroir magique, révélateur d'une vie intérieure intense, de troubles momentanés ou de déséquilibres plus fâcheux. Tous les états d'âme passagers s'y inscrivent instantanément. Dans le cas du fléchissement du système nerveux, on aura ce qu'on appelle « *l'œil qui chavire* ». Un des deux yeux va perdre son intensité et basculer comme dans un autre monde, ce qui va laisser apparaître le blanc de l'œil. C'est toujours l'indice d'une dépression à un stade plus ou moins avancé. Dès qu'un œil chavire, il faut immédiatement être vigilant, être sur ses gardes. L'individu ne regarde plus la réalité en face. Il y a démission, fuite de cette réalité.

Une grande fixité du regard indique par contre une grande rigidité, une absence d'adaptation et de souplesse qui peut refléter des problèmes psychologiques importants pouvant aller jusqu'à l'idée fixe, la névrose obsessionnelle.

L'œil qui chavire. Cette caractéristique se retrouve dans l'œil gauche de Magdalith, qui laisse apparaître le blanc de l'œil. C'est en général un indice de dépression. Avec un front lunaire comme le sien, il peut ne signifier que le basculement habituel d'une partie de l'être dans le rêve (voir chap. VII).

h) L'intuition

Il n'est pas facile de définir l'intelligence. Étymologiquement *intelligere* veut dire comprendre. L'homme ne sera donc véritablement intelligent que quand il sera en état de se comprendre intérieurement, c'est-à-dire de se connaître et de connaître aussi le monde qui l'entoure. Alors seulement il intégrera la relation avec l'univers. Dans les initiations antiques, cette recherche était orientée dans deux directions : rétablir le lien entre le microcosme (l'homme) et le macrocosme (le cosmos) et permettre à l'homme de se connaître dans toutes ses dimensions : c'est le « *Connais-toi toi-même* ».

Et pour cela, comme dans nos deux forces d'expansion-conservation liées à l'Esprit et la matière, l'homme est doté de deux instruments pour connaître ces deux mondes. L'**intellect** permet d'appréhender la matière, de disséquer, de couper en morceaux, d'analyser. La synthèse c'est l'**intuition** qui la rend possible. Elle fait voir en un clin d'œil l'édifice tout entier et permet de comprendre sa signification.

Par l'intellect, on va disséquer la pyramide, la peser, analyser même le sable prélevé à l'intérieur des pierres pour arriver à savoir comment elle a été construite et à quoi elle servait. L'intuition permet, elle, d'avoir ces réponses instantanément car elle donne accès au monde de l'Esprit.

Cette intuition est impossible à définir si on n'accepte pas l'existence du monde invisible qui crève les yeux puisque, nous l'avons dit, nos pensées et nos sentiments sont invisibles ; il est impossible de les peser, de les découper. Et bientôt nous aurons les appareils qui prouveront cette existence, comme par certains procédés photographiques, l'effet Kirlian, on peut maintenant photographier les auras.

Le docteur Corman fait de la zone haute du front la sphère de l'intuition. Il est étonnant de constater que des femmes à petit front sont souvent plus intuitives que des hommes à grand front. Comment expliquer cela ? D'après la tradition initiatique, cette intuition n'a pas son siège dans le cerveau, mais dans le cœur. L'être humain a des centres spirituels appelés *chakras* (2) qui le mettent en relation avec ces mondes invisibles, lui permettant ainsi d'acquérir des facultés nouvelles. Le troisième œil est plus ou moins admis, c'est le centre qui donne accès à la clairvoyance. C'est un des chakras, qui sont au nombre de sept.

L'intuition, elle, a son centre dans le chakra du cœur qui a douze pétales. Pour ouvrir ce chakra, le rendre opérationnel, il faut manifester les qualités de cœur, pratiquer l'amour désintéressé et la bonté. Alors ce chakra se met à vibrer et permet à l'être humain de recevoir les vibrations du zodiaque lui-même, chaque pétale étant en relation avec les signes du zodiaque.

La structure profonde de l'être humain est quelque chose d'inouï, d'indescriptible. Il est dommage de constater qu'il passe son temps à se lamenter, à se plaindre, au lieu d'essayer de développer toutes ces qualités qui sont en lui.

On peut sans doute distinguer une intuition cérébrale liée à la partie haute du front, permettant de comprendre les ensembles et d'accéder au monde des Idées, et une intuition du cœur qui permet d'entrer dans l'autre et de le comprendre de l'intérieur. Cette deuxième forme d'intuition est plutôt liée à l'étage affectif. Mais si elle n'est pas équilibrée par la connaissance, elle risque d'être plus proche du

---

2. Leadbeater : *Les Chakras* (Adyar) et Omraam Mikhaël Aïvanhov : *Centres et corps subtils* (Éditions Provesta).

flair que de l'intuition qui est, en fait, la faculté d'accéder à l'essence des choses, au monde des causes, ce que les hindous ont appelé l'*akasha* et Platon « *le monde des archétypes* ».

Ce qui est certain c'est que sans l'amour, et si possible un amour complètement détaché de l'attraction de l'ego, complètement tourné vers le service des autres, il n'y a pas d'intuition véritable possible. C'est pour cela que « *aimer son prochain comme soi-même* » est aussi la clé du monde des archétypes et du développement des facultés psychiques en sommeil.

*
* *

Nous avons proposé certaines interprétations sur la façon dont on peut analyser les différentes composantes de l'étage cérébral. Il ne faut pas oublier que ces éléments d'analyse ne peuvent être utilisés que par rapport à l'ensemble, et qu'un récepteur doit toujours être resitué par rapport au cadre. Un nez n'est jamais grand ou petit en soi, il l'est par rapport à la structure de l'étage affectif. De même, il est plus ou moins ouvert ou fermé, mais on ne peut en tirer des conséquences psychologiques que par rapport au tout. Cela ne s'improvise pas, et cette évaluation des proportions dans le visage, elle aussi, exige de la pratique, une habitude du portrait et de la méthode morphopsychologique.

5. Les types d'expansion et de rétraction

Si le visage est divisé en trois parties correspondant à la structure trinitaire de l'être humain, que se passe-t-il quand une partie du visage est soit nettement plus, soit nettement moins importante que les deux autres ?

La structure idéale est représentée par trois étages équilibrés qui représentent des potentialités équivalentes dans le domaine de la pensée, du sentiment et de l'action. Quand une partie domine, c'est qu'elle est en expansion. On peut en déduire que c'est dans le domaine correspondant que l'individu sera le plus à l'aise, d'où la règle : **c'est dans le domaine correspondant à l'étage en expansion que l'individu pourra s'épanouir et se réaliser le mieux.**

On peut en déduire trois cas :

— Avec un étage cérébral en expansion, la réalisation se fera dans le domaine de la pensée.

— Avec l'étage affectif dominant, dans le domaine social et sentimental.

— Avec l'étage instinctif dominant, dans le domaine de l'action et des instincts.

Il peut arriver aussi que deux étages soient en expansion ; c'est ce qu'on appelle la double dominante. La règle joue alors pour ces deux étages, ce qui correspond à une possibilité de choix plus grande, un plus grand rayon d'action. Dans ce cas, le troisième étage peut être en rétraction plus ou moins accusée. La rétraction indique que la force de conservation est importante à cet étage. Elle va provoquer des réactions de défense par hypersensibilité dans la zone du visage considérée. La règle est :

C'est dans le domaine correspondant à l'étage en rétraction que l'individu est le plus vulnérable et c'est donc dans ce domaine que les chocs qu'il subit vont se répercuter le plus vivement.

6. Les types d'expansion

On est dans le cas où un des étages domine dans le visage, ce qui conduit à distinguer trois cas. Mais auparavant, pour déterminer la ou les zones en expansion, il faut arriver à évaluer quelle zone domine en hauteur et en largeur. Il ne s'agit pas de mesurer ces zones mais de voir quelle place elles occupent proportionnellement à l'ensemble du visage.

En général, l'étage dominant chez le dilaté est celui qui occupe le plus de place en largeur. Chez le rétracté, c'est celui qui occupe le plus de place en hauteur. Le plus souvent on tient compte à la fois de la hauteur, de la largeur et aussi de l'importance des récepteurs. L'évaluation des dominantes demande un certain entraînement dans la lecture des formes.

a) L'expansion de l'étage instinctif

La forme du visage est celle d'un trapèze. La dominante instinctive permet de dire que les instincts et l'activité sont forts chez le sujet. C'est dans le domaine instinctif-actif qu'il s'épanouit de préférence.

Pour savoir ce qui va dominer des instincts ou de l'activité, il faut considérer le degré de tonicité. D'autre part, la structure de la bouche va indiquer le degré de maîtrise.

La dominante d'atonie : plus l'atonie domine, plus les instincts l'emportent sur la réalisation. L'individu est gouverné par les plaisirs, souvent de façon incontrôlée, ce qui fera de la table et de la bouteille ses compagnons d'infortune. Le phénomène est accentué par une grande bouche charnue qui est un signe d'avidité. La structure de l'intelligence, donc de l'étage cérébral, permet de déterminer si le sujet peut exercer un contrôle sur ses instincts ou s'il leur est totalement assujetti.

La dominante de sthénicité : plus la sthénicité est forte, plus la capacité de réalisation est grande. En général, le sujet, surtout s'il est dilaté, va mener de front l'activité et les plaisirs.

La dominante de l'étage instinctif donne des personnes à l'aise de leurs mains, ayant besoin de concret et d'édifier des réalisations

L'expansion instinctive.
Chez Michel Simon (photo de gauche) l'expansion est atone.
Chez Albert Féraud (photo de droite) l'expansion est sthénique.

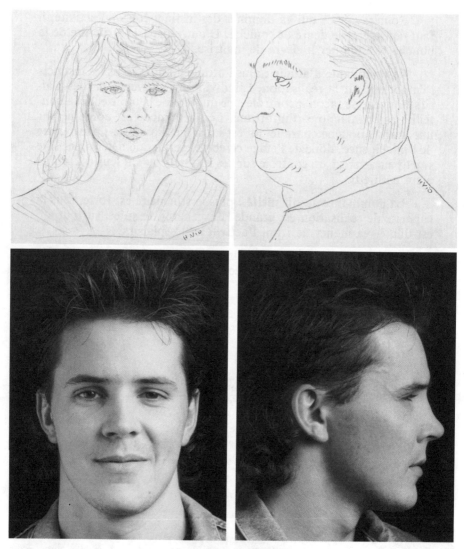

L'expansion instinctive.

Jeune homme de dominante instinctive-active. La mâchoire est haute et importante, bien dessinée de profil. De face, elle s'inscrit sur un cou massif dont on tient compte pour la détermination de la dominante instinctive.

tangibles. Le degré de conscience auquel ils accèdent va dépendre de la forme de leur intelligence. Si celle-ci est limitée, on a affaire à un travailleur manuel qui peut être très efficace, mais qui doit se cantonner dans une fonction subalterne. Plus l'intelligence et la sensibilité sont vives, plus la capacité d'élaborer une œuvre importante apparaît. Quel que soit le domaine où ils évoluent, les individus au cadre large et à la dominante instinctive sthénique sont toujours plus intéressés par le quantitatif que par le qualitatif. C'est la structure type des bâtisseurs, des travailleurs infatigables capables d'édifier de leurs mains, « *à la force du poignet* », des empires à la mesure de leur appétit.

b) L'expansion de l'étage affectif

C'est ici l'étage affectif qui domine, donnant au visage un contour hexagonal. Le visage a sa plus grande largeur au niveau des pommettes qui sont saillantes ; les joues sont larges et le nez occupe une place importante.

On distingue l'expansion active de l'expansion passive. Dans l'**expansion passive**, c'est la réceptivité qui domine. Le modelé est atone, le nez ouvert comme celui du petit enfant. Cela se traduit psychologiquement par le besoin dominant de recevoir ou d'être protégé. Dans l'**expansion active**, le modelé est sthénique avec, parfois, un visage en saillie. Cela provoque l'apparition de creux et de bosses, ce qui donne le type rétracté-bossué qui sera étudié dans un autre chapitre. Le nez est puissant, projeté en avant ou aquilin. Cette structure confère des éléments de dynamisme et de passion. Plus le nez se ferme, plus ce dynamisme va être intériorisé. Plus l'intériorisation augmente, plus il y a constance dans l'effort et profondeur dans les sentiments.

Chez les individus de dominante affective, c'est la vie sentimentale qui joue le rôle essentiel. Les instincts et la pensée se mettent au service des sentiments. Ainsi, chez eux, la relation affective passe au premier plan alors que chez les types de dominante instinctive, l'acte sexuel peut être totalement dissocié des sentiments.

Au niveau psychologique, la règle est qu'ils ont besoin de contacts et d'échanges. Quand la dominante est très forte et très marquée, elle peut conduire à une dépendance très grande par rapport aux autres. Il y a incapacité à rester seul. L'abritement des récepteurs va permettre d'exercer un certain contrôle sur les sentiments. Plus l'abritement

L'expansion affective.

L'expansion affective est marquée par la largeur des pommettes et la grandeur du nez qui saille de profil. Le visage a sa plus grande largeur à ce niveau et souvent la plus grande hauteur.

L'expansion affective.

est fort, plus le contrôle sera fort et plus l'affectivité se manifestera dans un milieu d'élection réduit.

Les individus de dominante affective sont à l'aise dans les métiers de communication et les professions sociales, dans le commerce, en fait partout où les rapports humains dominent. Ils ont aussi des rapports privilégiés avec les animaux. En art, ils expriment leurs impressions assez facilement. En sport, ils pratiquent plutôt les sports d'équipe.

Avec des éléments d'idéalisme et une forme d'intelligence adéquate, ils deviennent des créateurs sociaux, c'est-à-dire que les œuvres auxquelles ils vont consacrer leur vie seront des œuvres sociales, au service des autres.

C'est toujours la structure de leur intelligence qui détermine le degré de responsabilité dans lequel ils évoluent. La structure de l'étage instinctif va permettre d'évaluer leur degré de réalisation.

c) L'expansion de l'étage cérébral

Le visage a plutôt une forme triangulaire, évasée vers le haut. C'est ici la pensée qui constitue le domaine d'épanouissement privilégié. Mais ce n'est pas la grandeur du front ou du crâne qui détermine la valeur de l'intelligence ; celle-ci est plutôt liée à la différenciation du front et à l'harmonie de ses trois parties.

On distingue aussi l'expansion active et l'expansion passive.

L'intelligence passive : le front est grand, mais rond et peu différencié. Les fonctions réceptives de l'enfance dominent et, par conséquent, les fonctions inconscientes sont très fortes. Les yeux sont souvent globuleux, à fleur de visage, l'expression vague. Toutes ses caractéristiques psychiques du petit enfant sont présentes avec, particulièrement, une grande mémoire mais, pour que la fonction de rappel soit efficace, il faut un minimum de différenciation. Le plus souvent, l'intelligence est peu réalisatrice, c'est plutôt une pensée de rêve. Cette structure peut donner des dons pour l'art (particulièrement la musique) et des capacités de médiumnité car elle indique une grande facilité à entrer en relation avec l'inconscient collectif.

L'intelligence active : dans ce cas, le front est différencié dans ses trois parties, ce qui donne à la pensée une grande efficacité. Ce n'est plus la réceptivité inconsciente qui domine. L'intelligence consciente se manifeste à trois niveaux :

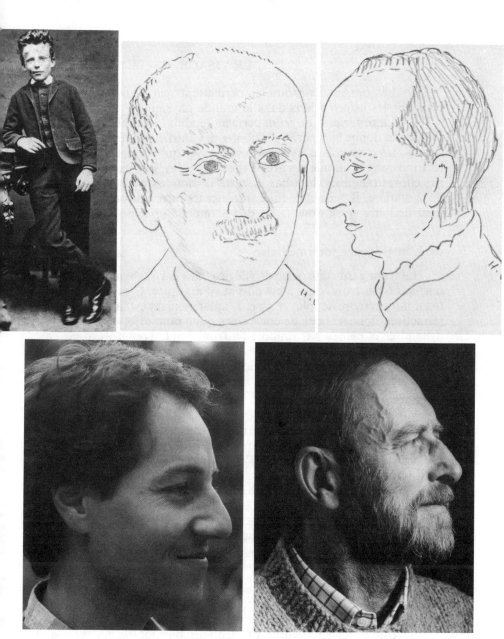

L'expansion cérébrale.

1 : Van Gogh à 13 ans.
2 : Expansion cérébrale vue de face.
3 : Expansion cérébrale vue de profil.
4 et 5 : Vues de profil.
La dominante cérébrale est indiquée par l'ampleur du front qui occupe la plus
grande hauteur et, souvent, la plus grande largeur.

— Les *bosses sus-orbitaires* permettent, par l'observation, de recueillir les informations dans le monde physique.

— La *zone haute du front* permet d'établir la synthèse des informations et donne la capacité d'élaborer des abstractions et l'idéalisme.

— Le *creux de la réflexion* est le pont qui permet d'établir la relation entre le monde des archétypes, des idées, le « haut », et celui des choses tangibles, le « bas », entre le monde de l'Esprit et celui de la matière. Il permet de faire transiter les informations par l'intérieur de l'être et est donc la clé de voûte de la prise de conscience.

d) L'intelligence intermédiaire

Le front garde une place privilégiée dans le visage, mais la différenciation des trois zones n'est plus aussi marquée. C'est souvent un front moyen redressé, plat et lisse. L'aplatissement est un élément de rétraction, donc de prise de conscience qui a pour effet d'activer, de dynamiser la pensée par rapport au front rond. Toutefois, dans ce type de front, la partie haute n'est pas arrondie ; elle est plate, elle aussi. La relation avec le monde de la petite enfance et donc le monde des archétypes, de l'inconscient collectif et de l'irrationnel se fait plus difficilement. « *Ce front caractérise la pensée logique.* » (Voir photo p. 227 haut.)

Cette forme de pensée est particulièrement à l'aise dans les disciplines intellectuelles rattachées au concret ou dans les disciplines plutôt analytiques, comme le droit, l'économie, la gestion, le commerce et l'industrie ou l'informatique.

Ce type de front permettra d'utiliser avec succès les notions acquises, mais autorise difficilement l'accès à des réalisations originales et novatrices. En musique, il donnera des facilités plus grandes pour l'interprétation que pour la composition. La valeur de l'intelligence, son effectivité, est liée dans tous les cas à l'harmonie de l'ensemble du visage.

On ne peut la dissocier de l'activité et de la sensibilité qui sont, pour elle, ce que les racines et le tronc sont à l'arbre : les intermédiaires indispensables à la venue des fruits. Quand une zone du visage domine trop et écrase les autres de façon peu harmonieuse, il est souvent difficile à l'individu d'atteindre à l'équilibre nécessaire à l'expression de toutes ses qualités. On peut dire la même chose dans le cas où un des étages est en rétraction très forte.

7. Les types de rétraction

Cela correspond le plus souvent à la dominante de deux des étages du visage. Les règles que nous avons énoncées pour un des étages dominant vont jouer pour les deux. On parle alors de dominantes instinctive-affective, cérébrale-affective ou instinctive-cérébrale. L'individu s'épanouit simultanément ou alternativement dans ces deux domaines. Dans ce cas, le troisième étage est souvent légèrement en retrait, mais il arrive fréquemment qu'il soit nettement marqué de rétraction. On se trouve alors devant un élément de dysharmonie qui peut traduire un déséquilibre relatif. Comme une rétraction marquée indique de forts mécanismes de défense, cet étage correspond à la fonction la moins valorisée chez le sujet ; c'est la zone où il sera le plus susceptible de ressentir les heurts de l'existence.

a) La rétraction de l'étage cérébral

Le déséquilibre entre les trois étages va rendre difficile l'expression de la pensée. La règle fondamentale est que **l'étage en rétraction va se mettre au service du ou des étages dominants.** La pensée sera donc ici soit au service de l'étage affectif ou de l'étage instinctif, soit au service des deux autres étages dans le cas de la double dominante instinctive-affective. Ce sera une pensée au rayon d'action limitée.

La structure de la pensée

Dans ce cas, seule la partie basse du front existe. La zone imaginative est absente. Cela correspond à la prédominance de l'observation et de l'analyse. C'est ce qu'on appelle le front de spécialiste plus ou moins efficace selon son degré de rétraction et de différenciation. Un petit front avec des bosses susorbitaires bien marquées et une zone de réflexion bien dessinée sera assez efficace dans le domaine concret et fera preuve de logique. Par contre, le sens de la synthèse va faire défaut de même que l'imagination et la capacité d'abstraction.

Cela donne des difficultés à s'élever au-dessus des préoccupations quotidiennes et à prendre du recul quand nécessaire. Lorsque le sujet ne va pas bien, il est toujours ramené au concret et a besoin pour se réconforter d'aller acheter quelque chose par exemple ; il va chercher la solution extérieurement. Le fait de ne pas pouvoir fuir dans l'imaginaire conduit à une perception très aiguë des difficultés dont on ne peut se détacher, ce qui aboutit à la rumination mentale.

Cette structure de front rend peu apte à la poursuite d'études poussées. Elle correspond en général à une double dominante instinctive-affective.

La dominante instinctive-affective

Le sujet est guidé par ses sentiments et ses instincts ; la pensée se met à leur service. Cela se marque en général dans le visage par une saillie en museau qui, dans ce cas, apparente un peu l'homme aux animaux supérieurs. Plus la prédominance de ces deux étages est écrasante, moins la pensée peut freiner l'impulsion des instincts et des sentiments qui se manifestent alors sous forme d'élans incontrôlés. Dans les cas plus équilibrés, la pensée va exercer un contrôle mais qui sera un contrôle *a posteriori*. Le sujet agit d'abord et ensuite seulement tire les enseignements de ses actes.

Il en découle souvent un sentiment de culpabilité et une souffrance, un déchirement intérieur. Une zone cérébrale en rétraction est une zone de prise de conscience aiguë des difficultés. Quand le phénomène est très accentué, il peut y avoir alternance entre deux types

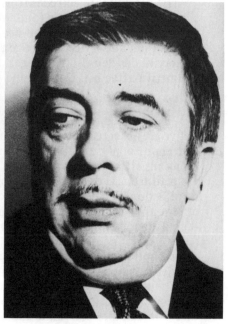

Bernard Tapie   Jean Parades

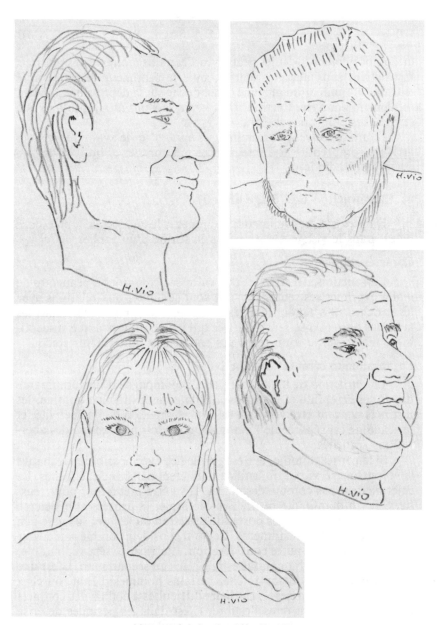

L'expansion instinctive-affective.

La dominante instinctive-affective donne une tendance à privilégier les réalisations concrètes et sociales-affectives. L'étage cérébral est souvent rétracté ; il se met au service des deux autres étages.

de comportement : le sujet peut vivre à certains moments ses pulsions instinctives sans aucune retenue, puis le sentiment de culpabilité entraîne la rumination mentale et débouche sur la dépression qui vient totalement paralyser l'action. L'asthénie va s'installer jusqu'à ce que se manifeste un nouvel élan.

Il faudra souvent de nombreuses années de vie avant que le sujet arrive à comprendre et à intégrer ces mécanismes et qu'il se dégage de ses contradictions.

b) La rétraction de l'étage affectif

Dans ce cas, les pommettes, les joues et le nez occupent un espace réduit dans le visage qui a un peu la forme d'un sablier.

Caractéristiques

La fonction affective est peu valorisée et le sujet a beaucoup de mal à exprimer ses sentiments qui vont se limiter aux relations avec les proches. Il a tendance à ressentir de façon très aiguë toutes les atteintes portées à sa sensibilité, ce qui peut conduire à une susceptibilité maladive ou à un refus des contacts et au repli sur soi.

La dominante cérébrale-instinctive

La rétraction de l'étage affectif s'accompagne d'une dominante des zones cérébrale et instinctive. Si la zone instinctive domine, les instincts peuvent être vécus en faisant abstraction de l'affectivité, et la sexualité est séparée de l'amour. On ne doit pas exclure des aberrations sexuelles.

Si la pensée domine, elle est privilégiée avec possibilité de mettre la volonté au service d'objectifs uniquement personnels, égoïstes. Le sujet ne tient pas compte des autres. Il va être prêt à tout pour réussir. S'il y a dominante instinctive-cérébrale, la pensée est efficiente et permet d'accéder à des postes de direction où le sujet se laisse peu embarrasser par ses sentiments. Ce qu'il considère comme son devoir va primer sur toute autre considération. L'efficacité sera redoutable, les préoccupations humanitaires reléguées au second plan. C'est une structure que l'on rencontre chez certains hommes d'État, ou chez leurs « éminences grises », car leurs difficultés à établir des contacts les rejettent souvent dans l'ombre. C'est dans les périodes de crise qu'ils en sortent et ils sont rarement populaires.

L'expansion cérébro-affective.

Photo de gauche : le père de Foucauld ; la pensée et le sentiment sont ici privilégiés. Photo de droite : la largeur de l'étage affectif et le grand front confèrent la double dominante ; ces mêmes caractéristiques se retrouvent chez le père de Foucauld. Les récepteurs sont beaucoup plus ouverts et la grande bouche confère un côté réagissant chez la jeune femme.

L'expansion cérébrale-instinctive.
On voit bien que l'expansion marque surtout les deux étages extrêmes, ce qui donne un visage en forme de violon. Les sentiments viennent alors en troisième position (photo de droite : Edward Kennedy).

c) La rétraction de l'étage instinctif

Caractéristiques : on la trouve souvent chez les rétractés extrêmes. Le cadre est peu important, la mâchoire gommée et le menton en retrait. Les instincts sont peu importants et la volonté fait défaut. Cela peut aboutir à une attitude timorée, hésitante, un manque d'affirmation de soi et d'ambition. L'intelligence court le risque de se couper du concret et le sens pratique, la capacité de réalisation font défaut.

Quand la rétraction est moins accusée, il peut y avoir détachement de ce qui est matériel. Cela conduit à une sublimation des instincts. Le sujet est beaucoup plus concerné par le qualitatif que par le quantitatif. L'expression créatrice peut être favorisée et il se tourne facilement vers l'idéalisme et le spirituel.

La dominante affective-cérébrale accompagne souvent la rétraction de l'étage instinctif. Pour juger de la valeur d'un individu, de ses capacités créatrices, il faut voir l'harmonie générale. L'étage ins-

La rétractation de l'étage instinctif

On voit chez cette enfant que l'étage instinctif est plutôt amenuisé et pas très sthénique ; il va falloir stimuler sa volonté.

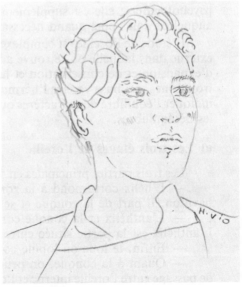

Les étages en rétraction.

Sur chacun de ces dessins, l'étage en rétraction est évident. Il correspond à la zone de plus grande fragilité. Rétraction de l'étage instinctif à gauche, cérébral à droite.

tinctif ne doit pas être écrasé par les deux autres. Il faut voir aussi la structure de l'étage cérébral et la tonicité de l'ensemble.

Une bonne tonicité va contrebalancer l'affinement de l'étage instinctif et permettre à l'énergie de prendre le chemin vers le haut. Les possibilités créatrices sont, alors, fortement valorisées.

8. Les oreilles

La part qui est faite aux oreilles en morphopsychologie est assez particulière. On ne les intègre pas facilement à l'étude dans la mesure où, contrairement aux yeux, au nez et à la bouche, elles ne participent pas à l'expression du visage. D'ailleurs, l'oreille est une entité bien particulière. On dit qu'elle est en forme de fœtus renversé et que l'être humain y est tout entier représenté. En acupuncture, les points de l'oreille correspondent aux points du corps tout entier : il est fascinant de voir que les mains (chirologie), le visage (morphopsychologie), les pieds (réflexothérapie), les oreilles (auriculothérapie) et les yeux (iridologie) sont des résumés de l'être tout entier. L'étude de l'oreille n'est donc pas intégrée complètement dans l'étude morphopsychologique ; elle est supplément ou complément d'information auquel on fait appel quand nécessaire.

L'étude de l'oreille est complexe. Nous n'étudierons que l'oreille externe dans laquelle on retrouve aussi la loi de dualité entre forces d'expansion et de conservation et la loi du trois avec la division en trois zones. La base va être l'harmonie générale de sa forme qui va indiquer l'équilibre des caractères ou la dysharmonie qui va suggérer les déséquilibres.

a) Les trois étages de l'oreille

Les trois parties principales en sont l'hélix, l'anthélix et le lobe.

— L'hélix correspond à la zone cérébrale ; on l'appelle aussi pavillon. Il part de la conque et se termine au lobe.

— L'anthélix et la conque correspondent à la zone affective. L'anthélix est la partie située entre l'hélix et la conque.

— Enfin, le lobe ou lobule correspond à la zone instinctive.

— Quant à la conque, on peut dire qu'elle représente la zone de passage entre l'oreille interne et l'oreille externe. Elle pourrait donc indiquer comment se fait ce passage entre les deux mondes. On peut

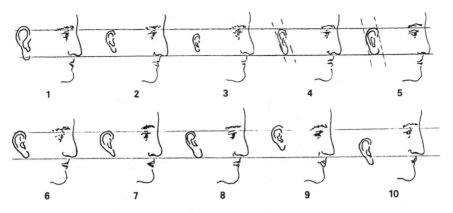

Les formes des oreilles.

1 : *oreille grande :* force d'expansion ; contacts.
2 : *oreille petite :* force de conservation, repli sur soi.
3 : *oreille très petite :* intériorisation extrême, peu d'harmonie dans le comportement.
4 : *oreille étroite :* fermeture, rétraction.
5 : *oreille large :* ouverture, dilatation.
6 : *petite conque :* correspond à un étage affectif en rétraction ; faibles dons musicaux.
7 : *petit lobe :* faible vitalité.
8 : *grand lobe :* bonnes réserves vitales.
9 : *oreille haute :* vivacité d'esprit, idéalisme.
10 : *oreille basse :* matérialité.

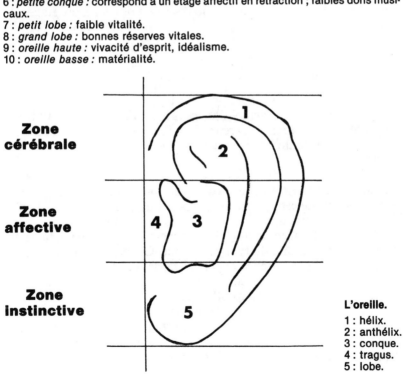

Zone cérébrale

Zone affective

Zone instinctive

L'oreille.
1 : hélix.
2 : anthélix.
3 : conque.
4 : tragus.
5 : lobe.

aussi la rattacher à la zone affective. Elle révélerait des dons musicaux quand elle est grande.

Logiquement, le pavillon occupe 6/12 de l'oreille, la conque 5/12 et le lobe 4/12. Le détail donne de précieuses indications.

L'hélix bien ourlé montre un bon développement de l'intelligence. Mal ourlé, il indique des difficultés.

De nombreuses autres précisions pourraient être ajoutées. Bornons-nous à dire que le lobe important indique une grande vitalité, des réserves de forces importantes et une grande longévité, alors qu'un petit lobe est un signe de faiblesse vitale, d'irritabilité, de difficulté à concrétiser.

Si les trois parties de l'oreille correspondent aux proportions données plus haut, il y a équilibre entre les trois composantes du caractère. Si une des parties domine, on se retrouve dans le cas d'une dominante cérébrale, affective ou instinctive.

On peut aussi trouver un étage en rétraction accusée ou une double dominante. Les règles sont les mêmes que pour les trois étages du visage.

b) La loi de dilatation-rétraction dans l'oreille

Plus l'oreille est grande, plus elle indique la dilatation, la force d'expansion, donc la facilité des contacts et des échanges. Plus elle est petite, plus elle marque la rétraction, la force de conservation, donc le repli sur soi, la difficulté de contacts et d'échanges, mais aussi la sensibilité et la finesse.

La longueur et l'étroitesse peuvent amplifier ou diminuer ces éléments. La largeur est aussi signe d'expansion, d'extraversion, d'ouverture. L'étroitesse est signe d'introversion, de fermeture, de fatigabilité : c'est la rétraction.

L'oreille décollée signifie plutôt ouverture, impulsivité, indépendance. C'est un indice du type réagissant. Collée, elle indique plutôt la fermeture, la rigidité, la dépendance, le manque de souplesse.

Bien sûr, les cas intermédiaires montrent toujours beaucoup moins d'excès, des types beaucoup plus harmonieux et équilibrés.

Les oreilles sont hautes quand elles sont placées plus haut que le nez. C'est un indice de vivacité d'esprit et d'idéalisme, à condition toujours qu'il y ait harmonie de l'oreille elle-même et de l'oreille par rapport à l'ensemble du visage. Leur implantation est basse quand elles sont placées plus bas que le nez. C'est un indice de lourdeur, de matérialité, de tendance à la mélancolie.

c) L'oreille et les différents types morphologiques

L'oreille verticale est un indice de rétraction de front. Elle indique donc la réflexion, le contrôle et la maîtrise de soi. L'oreille inclinée est un indice de rétraction latérale, d'où dynamisme pouvant aller jusqu'à l'impulsivité et l'absence de contrôle de soi quand elle est très inclinée. On retrouve les mêmes règles que dans l'évolution du dilaté au rétracté extrême.

L'oreille se compare en général avec le nez. Elle est grande lorsqu'elle dépasse la longueur totale du nez, petite dans le cas contraire. On voit donc que même l'étude des oreilles ne peut faire abstraction du reste du visage ; c'est un complément d'information. Certaines oreilles peuvent révéler des difficultés ou certaines dégénérescences.

Si l'équilibre général du visage est bon, ça ne le remettra pas en cause. Simplement, quand il y a des contradictions flagrantes entre des éléments de l'oreille et les éléments correspondants du visage, il y aura lieu d'être attentif.

PORTRAIT :

Yaguel Didier, une rétractée de front modérée à tendance idéaliste.

Yaguel Didier est une étoile qui est montée très haut dans le firmament de la voyance internationale depuis le début des années 1980. Ses dons, hors du commun, lui valent l'estime de nombreuses personnalités. Il est toujours passionnant d'étudier ce qui peut être à l'origine d'un don aussi mystérieux que le sien.

Son visage est un étonnant mélange de rétraction de front au niveau du cadre et d'ouverture au niveau des récepteurs. La rétraction de front est indiquée par l'allongement du visage, le redressement du front et l'abritement des récepteurs, surtout les yeux et le nez.

Mais c'est un abritement modéré si bien que le degré de cette rétraction n'est pas très important. La rétraction de front modérée correspond au stade d'équilibre entre la force d'expansion et la force de conservation. Il peut donc y avoir aussi bien dynamisme et aisance dans le monde extérieur que besoin de solitude ou de se retrouver en milieu d'élection avec quelques proches soigneusement choisis. La rétraction de front donne toutefois une certaine réserve, la faculté de prendre ses distances avec les autres et le monde. Le plus souvent, la réflexion précède l'action. Cette rétraction indique un mouvement de fermeture qui est fortement contrebalancé par les éléments d'ouverture que l'on trouve dans le visage. Ouverture au niveau des yeux qui sont légèrement abrités mais grands, au niveau de la bouche qui est grande et charnue, au niveau du nez qui est aussi charnu, en contraste avec la fermeture des narines.

Cette ouverture, cette dilatation qu'on trouve dans les récepteurs lui permet de se laisser pénétrer facilement par toutes les impressions du milieu extérieur, ce qui lui donne une perception d'autant plus fine et délicate des êtres et des choses que le dessin des récepteurs est lui-même fin et délicat avec l'arc de Cupidon très marqué au niveau de la bouche notamment.

Mais cette perception aurait pu se limiter aux choses visibles s'il n'y avait pas eu la structure extraordinaire de l'étage cérébral, qui est l'étage dominant dans le visage. Cet étage est marqué par une zone haute du front extrêmement importante, objectivée par un arrondi particulièrement visible sur la photo de trois quarts. De plus, de face, le front est plutôt en forme d'ogive. On sait que ce type de front est une survivance du front rond indifférencié du petit enfant.

On l'appelle aussi front lunaire, et il a pour caractéristiques de permettre à l'être de se replonger dans cet univers de l'inconscient collectif dans lequel baigne l'enfant et, pour certains, d'accéder au monde des archétypes, ce monde mystérieux où seraient en quelque sorte conservés les plans de tout ce qui a donné naissance aux manifestations de la vie sur la terre.

Au sujet de la clairvoyance, beaucoup admettent qu'on puisse voir le passé des êtres, puisqu'on admet que certains des électrons qui entrent dans la composition de nos cellules sont eux-mêmes porteurs de tout le passé de l'humanité (3). A partir de là, on admet que l'être humain peut accéder à la fois à la lecture de ce passé collectif qu'il porte en lui et à celle du passé individuel vécu en commun par toutes ses cellules depuis sa naissance. Il y aurait donc des archives collectives, et des archives individuelles.

Mais pour la lecture du futur, les sceptiques sont légions. On peut leur avancer que toute chose avant d'être créée a besoin d'être conçue et planifiée. On ne peut construire une maison que si, au préalable, un plan a été fait. On en déduit — si on admet que les mêmes lois régissent toutes les manifestations dans l'univers — qu'en toute chose la pensée, la puissance psychique précèdent la manifestation. Et que donc toute personne susceptible de se plonger par affinité vibratoire dans cette substance psychique invisible, peut arriver à savoir ce qui va se passer.

On peut dire que cette capacité, Yaguel Didier la possède, d'autant plus que la faculté de se laisser pénétrer par les informations venues de ce monde mystérieux est aussi indiquée par les sourcils très hauts

---

3. Jean Charron : *L'Esprit, cet inconnu* (P.U.F.) et *J'ai vécu quinze milliards d'années* (P.U.F.).

sur l'œil et le renflement très marqué de la paupière entre l'œil et les sourcils. Ce renflement est une marque d'expansion qui vient amplifier le côté intuitif indiqué par les sourcils haut sur l'œil qui sont aussi un indice d'esthétisme. De plus, le regard est très particulier et semble sonder un infini inaccessible.

Les éléments d'ouverture et de réceptivité sont donc marqués mais ils sont équilibrés par une puissance vitale, des éléments animus importants qui lui permettent de ne pas se laisser envahir sans contrôle par les images de son mystérieux ailleurs. Ces éléments, on les trouve d'abord dans la rétraction du visage et dans l'abritement des narines. La rétraction signifie toujours contrôle et maîtrise de soi.

De plus, la mâchoire sthénique lui permet de garder les pieds sur terre et d'avoir un côté réalisateur et dynamique. Enfin, le front dans sa partie basse est redressé et d'un modelé plat, ce qui indique un élément de rétraction, donc la faculté de prendre conscience des images qu'elle capte et de sélectionner ce qu'elle peut dire à une personne et ce qu'elle ne doit pas dire. Cette prise de conscience est complètement facilitée par la mâchoire sthénique qui lui permet de toujours garder contact avec sa réalité, mais aussi avec celle des autres.

Rappelons que nous avons dit que le siège de l'intuition est dans le chakra du cœur et que c'est par l'amour transformé en acte que cette faculté se développe. Chez Yaguel Didier, cette dimension d'amour se retrouve dans le modelé vénusien, l'arrondi du modelé, qui donne un apport de dilatation, donc la gentillesse et le sens du contact humain.

On retrouve cette dilatation à l'étage instinctif et aussi dans le charnu de la bouche et du nez (qui vont donner la gentillesse, voire la tendresse dans le domaine affectif). Elle pourra donc toujours enrober d'un manteau de douceur ses paroles, même si elle est aussi capable de ne pas mâcher ses mots quand elle le juge nécessaire. C'est certainement dans la volonté d'aider l'autre toujours plus que Yaguel Didier pourra continuer à développer des facultés dont le champ d'investigation est aussi vaste que l'univers lui-même.

Ajoutons que ce domaine mystérieux de l'intuition dans lequel la clairvoyance entre pour une si grande part demande à la fois un haut degré d'amour et de connaissance. L'intuition véritable n'est pas le sentiment vague et diffus que quelque chose peut être, c'est une certitude absolue que quelque chose a été ou sera. Et cela implique la connaissance.

Elle exige donc l'équilibre le plus parfait possible entre les différentes composantes intérieures de l'être humain. Elle représente un travail de toute une vie et beaucoup plus sans doute. Ceux à qui la Providence a permis de manifester des dons si particuliers avant les autres ouvrent à l'humanité des perspectives éblouissantes. C'est une responsabilité dont il faut se montrer digne.

Grâce à eux, nos conceptions du temps et de l'espace pourront être transcendées un jour prochain. L'être humain accédera alors à une dimension de conscience dont il est encore loin de soupçonner l'éclat.

CHAPITRE VI

Le réagissant et le concentré

L'évolution de l'enfance à la vieillesse, du dilaté au rétracté extrême, constitue la base de la morphopsychologie. Mais les individus ne rentrent pas tous dans les catégories que nous venons d'étudier ; certains présentent, en effet, d'autres caractères dominants.

On peut aussi rencontrer des individus dont le modelé présente des contours en creux et en bosses. Les creux représentent la rétraction et les bosses la dilatation. C'est donc aussi un type mixte de dilatation-rétraction, avec un double courant où les forces d'expansion et de conservation se manifestent de façon puissante puisque c'est le cadre et le modelé (donc l'inconscient et tous les comportements profonds) qui sont touchés. Ces caractéristiques seront étudiées au chapitre suivant.

Nous avons vu que le dilaté a un cadre large et de grands récepteurs, alors que le rétracté a un cadre étroit et des récepteurs petits. Que se passe-t-il quand le rapport entre le cadre et les récepteurs est inversé ?

Il peut arriver que le cadre soit dilaté et les récepteurs rétractés ou inversement. On se trouve alors devant un type mixte de dilatation-rétraction avec deux cas possibles :

— Soit le cadre est étroit et les récepteurs grands : c'est le **réagissant.**

— Soit le cadre est large et les récepteurs petits : c'est le **concentré.**

Ces deux types de visages antagonistes vont amener des comportements opposés qu'il convient d'examiner.

1. Le réagissant

Le réagissant se caractérise par de grands récepteurs et un cadre étroit. Il n'y a donc plus équilibre entre le grand visage (c'est-à-dire le cadre) et le petit visage (c'est-à-dire les récepteurs). Ainsi, l'équilibre entre les réserves de force (le cadre) et la part qui en est dépensée (les récepteurs) est rompu. La citerne a ici une contenance réduite, alors que les robinets sont grand ouverts.

Ce type de visage est particulièrement caractéristique de notre époque et de la vie urbaine.

a) Le cadre de vie du réagissant

La Fontaine a déjà présenté d'une façon très humoristique, en son temps, la différence entre l'habitant des villes et celui des campagnes.

A la campagne, l'individu est soumis aux rythmes cycliques de la nature. Ces rythmes lents et réguliers jusqu'à la monotonie l'amènent à une dépense régulière et lente de ses énergies. Si bien que l'habitant des campagnes, tel qu'on le représente, est toujours un dilaté plus ou moins sthénique, avec des récepteurs abrités et un front redressé illustrant la patience et le rythme intériorisé de la vie rurale.

A la ville, au contraire, le rythme de plus en plus trépidant amène un mouvement incessant, une nécessité d'aller toujours plus vite. C'est le rétracté latéral qui semble devoir être le plus à l'aise dans un pareil climat.

Mais que se passe-t-il quand un enfant n'est plus soumis à la succession monotone mais sécurisante des jours et des nuits, au rythme régulier du soleil et de la lune ? Que se passe-t-il quand il est, jour après jour, livré au mouvement, aux sollicitations incessantes que la ville offre à chaque coin de rue ? Toutes ces sollicitations créent une excitation et entraînent des réactions qui vont l'amener à utiliser, à dépenser beaucoup plus d'énergie que l'enfant des campagnes : le réservoir de ses forces vitales va ainsi diminuer, ce qui se traduit par un amenuisement du cadre. Dans le même temps, par contre, les récepteurs vont aller au-devant de tous les objets qui assaillent le regard dans les vitrines ou dans la rue et que l'on a envie de toucher. En conséquence, ils resteront grands et ouverts, toute la vie intérieure se propulsant vers l'extérieur.

Ce type d'enfant, c'est Gavroche tel que le décrit Victor Hugo dans *les Misérables*. Gavroche est un pur produit de la société industrielle naissante. Comme depuis nous sommes passés de la société industrielle à la société de grande consommation, le nombre des Gavroches s'est considérablement multiplié. La société urbaine à l'aube du XXIᵉ siècle, avec ses voitures, ses magasins, sa télévision, ses cinémas, sa musique tonitruante et son agitation tous azimuts, n'a pu qu'accentuer ce phénomène morphologique. Ainsi, l'influence de l'environnement sur l'individu se trouve confirmée jusque dans la structure physique de l'être.

b) La morphologie

La définition du réagissant est « *un cadre étroit avec de grands récepteurs* ».

Le cadre

De face, le cadre est étroit ou, en tout cas, plus haut que large, de dominante rétractée. De profil, il est concave, ce qui est dû à l'ouverture des récepteurs et particulièrement du nez. Les récepteurs sont grands et ouverts. La grandeur confère un champ de conscience large. L'individu perçoit tout ce qui se passe autour de lui, d'où des échanges abondants avec le milieu ambiant. Il réagit instantanément à tout ce qui se présente à ses sens sans pouvoir prendre de recul, d'où son nom de *réagissant*.

L'ouverture donne l'incapacité de se soustraire à l'influence du milieu extérieur, l'impossibilité de se fermer avec, pour conséquence, l'absorption sans choix des influences extérieures, donc la dispersion. La dispersion est extrême dans le cas de récepteurs très grands et très ouverts. Quand, en plus, les yeux sont grands, ouverts et écartés l'un de l'autre avec des sourcils hauts sur l'œil, la dispersion est extrême sur le plan intellectuel. Quand le front est très incliné, ce qui amplifie la fuite en avant et donc la réactivité, la dispersion est aussi très forte.

Un autre signe en est la zone intersourcilière lisse. Enfin, les oreilles sont décollées et le cou est grêle, ce qui vient confirmer la limitation des réserves de force.

Le modelé

Le modelé peut présenter tous les degrés de tonicité ou d'atonie. Plus le modelé est atone, moins le sujet a de force pour résister aux sollicitations du milieu extérieur. Mais il n'a pas non plus la force

Le réagissant.

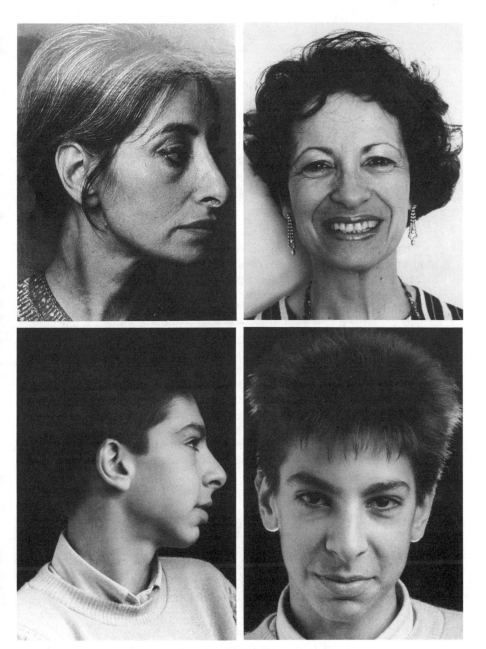

Le réagissant.

On voit le côté réagissant au cadre étroit et aux grands récepteurs. Les réagissants doivent apprendre à économiser leurs forces et à persévérer dans l'action.
Photo haut gauche : Magdalith.
Photo haut droite : Julia Stilman, pianiste-compositeur.
Photo du bas : adolescent à forte dominante affective (face et profil).

de continuer ce qu'il a commencé. La capacité de réalisation est très réduite. Il est très influençable ; il faut veiller à ses fréquentations. Il est un peu comme une bouteille dans un océan, allant où les courants le portent.

Plus le modelé est tonique, plus le sujet risque de réagir sans tenir compte de la limitation de ses réserves de force. Toutefois, sa capacité de récupération est accrue et il peut matérialiser les qualités de vivacité et de bonne humeur du réagissant.

c) La mimique

Une des caractéristiques du réagissant est qu'il est toujours en mouvement ; son corps s'agite presque en permanence. Ses mains délicates accompagnent sa parole. Son ossature est fine ou grêle.

Son visage aussi est toujours en mouvement. Chaque état d'âme s'y reflète. Il est incapable de maîtriser son excitation et de garder les choses pour lui. Il va donc parler beaucoup et a du mal à garder un secret. Quand on a un doute sur le côté réagissant d'un individu, il suffit de l'observer quelques minutes. Si son visage s'anime instantanément dès qu'il se met à parler, il n'y a pas de doute : c'en est un. Un visage facilement en mouvement traduit toujours une vive impressionnabilité et souvent une grande nervosité.

Très souvent, la mimique est asymétrique ; c'est normal. On n'en tiendra compte que si elle persiste au repos. Précisons qu'une asymétrie importante sera difficile à assumer chez un sujet qui, par essence, a peu de maîtrise de soi et peu de force vitale.

d) Psychologie et comportement

La tendance réagissante est fréquente pendant l'enfance, la croissance exigeant une large ouverture au milieu. Cette tendance est à son maximum dans les périodes de croissance car celle-ci amène une rétraction du cadre.

Le réagissant c'est un peu l'adolescent, ou le préadolescent, pendant la dernière poussée de croissance. Quand cette tendance persiste chez l'adulte, elle indique la survivance des traits de caractère de cet âge.

L'ouverture des récepteurs donne comme trait dominant la **réactivité.** Celle-ci a pour conséquences favorables la vivacité, la souplesse d'adaptation et une certaine ingéniosité. Le réagissant est d'un abord très sympathique ; il adore la compagnie des autres, ce qui lui donne la bonne humeur dès qu'il n'est plus seul et une grande aisance en société. Il aime plaire, être admiré et conquérir, si bien qu'il va au contact, surtout qu'il a la parole facile et le sens de l'humour. Il sait « baratiner ». Un réagissant dans une soirée est indispensable ; il s'entendra à merveille en jeux de mots avec le dilaté qui, lui, a le sens de la table en plus. Les deux ont les yeux plus gros que le ventre mais dans des domaines et à des degrés différents. En revanche, la rétraction du cadre entraîne le manque de réserves de force et de stabilité, ce qui rend la réalisation des œuvres de longue haleine difficile.

Au niveau de l'action, la dispersion va être particulièrement vive. Au niveau physique, le gaspillage des réserves de force entraîne une grande fatigabilité. Au niveau de la volonté, son activité est de courte durée. C'est un réactif.

Il est utile de faire la distinction entre action et réaction. Dans la réaction, du fait qu'une impression en chasse une autre, il y a tendance à commencer beaucoup de choses et à ne jamais les finir.

Au niveau affectif, le sujet a, de même, besoin de changement. Il est plus intéressé par la conquête que par la relation elle-même ; c'est séduire qui compte le plus. Par contre, il se lasse vite et a beaucoup de mal à approfondir ses relations ; il est superficiel. Il adore les intrigues. Sa sexualité est aussi plutôt superficielle. L'acte l'intéresse moins que sa préparation et il se fatigue vite. Le principe est le même à tous les niveaux de la personnalité. Cette excitation permanente peut entraîner une grande nervosité ; il fait de la corde raide avec ses forces vitales.

Il est aussi très influençable et d'humeur changeante. Mais bien conseillé et guidé, il peut développer les qualités de son caractère. Au niveau de la pensée, son intelligence est vive. Il saisit très vite les concepts. En classe, l'enfant réagissant est souvent le premier à comprendre, parfois même avant que le professeur parle. Il a aussi un grand sens de l'improvisation, ce qui est très utile dans certaines disciplines artistiques comme le chant ou le théâtre.

Mais il lui faut fortifier sa volonté afin qu'il puisse approfondir les disciplines pour lesquelles il est doué. Autrement, il restera dilettante et ne développera pas les qualités qui sont en lui.

Dans le cas où le cadre est très rétracté et les récepteurs très ouverts, il sera très difficile d'éviter la dispersion, la distraction et la superficialité. A noter que l'ouverture des récepteurs donne aussi une grande réceptivité, donc une certaine forme d'intuition.

Mais l'absence de rétraction intériorisante conduit au manque de maîtrise de soi et de profondeur : c'est ce qu'il faut l'aider à développer.

e) Le réagissant extrême

Quand la morphologie est très marquée, le côté réagissant peut devenir pathologique, ce qui aura un certain nombre de conséquences :

1) Plus le gaspillage de réserves de force est grand, plus il y a danger d'épuisement fréquent et important. Cela se traduit par une dépense nerveuse considérable et une irritabilité fréquente.

2) Le sujet vit de façon cyclothymique, c'est-à-dire qu'il passe par des hauts et des bas fréquents. En général, dès qu'il se trouve au milieu des autres, le côté réagissant reprend le dessus, c'est-à-dire l'excitation. En revanche, quand il se retrouve seul, l'excitation tombe et peut laisser la place à la dépression.

Nous avons eu le cas d'une jeune fille extrêmement sympathique et enjouée qui prenait des excitants dès qu'elle se sentait fatiguée. Réagissante typique, elle ne supportait pas de rester à la maison. Mais comme ensuite elle n'arrivait plus à dormir, elle prenait des calmants en alternance avec les excitants. Ce phénomène est très répandu aux États-Unis où, après une dure journée de travail, pour profiter du reste de la journée, et surtout de la soirée, les jeunes prennent de la cocaïne ou autre substance comparable. Beaucoup sont des réagissants, ou bien des passionnés, qui pensent que vivre pleinement c'est vivre à cent à l'heure.

Cependant, lorsque ses réserves de force ne suffisent plus, le réagissant n'arrive plus à maintenir son excitation et son ton enjoué en société. Il y a alors changement d'humeur brusque, bouderies, tristesse soudaine, surtout avec les proches.

3) La fatigue est la sonnette d'alarme qui prévient le sujet que ses réserves de force vitale sont épuisées. Il doit immédiatement en tenir compte pour se reposer et apprendre à sentir les exigences de son organisme. Il ne doit pas hésiter à dormir vingt-quatre heures quand il est « au bout du rouleau ».

4) La rétraction du cadre correspond au développement de la force de conservation. En conséquence, cette force prédispose le sujet à entendre les réactions de sauvegarde de son organisme. On sait que

Le réagissant-rétracté de front ou réagissant compensé.

Photos : jeune femme, cantatrice. La compensation se fait par le léger abritement des yeux et du nez ; il vient compenser en partie le côté réagissant.

les rétractés résistent mieux à la maladie que les dilatés, car leur sensibilité de défense très vive leur fait ressentir la douleur dès qu'elle apparaît. Cela est aussi valable pour le réagissant qui est un rétracté de cadre.

5) Le conflit de base du réagissant est indiqué par ce contraste entre des récepteurs dilatés et un cadre rétracté. Nous retrouvons ici encore cette loi de dualité à l'origine de tous les antagonismes que l'on ne peut surmonter que par une meilleure connaissance de soi et, dans le cas du réagissant, par une hygiène de vie très stricte.

f) L'éducation du réagissant

Il s'agit de remédier à l'excès des tendances extrêmes, d'où un travail dans deux directions :

Dilater le cadre : donner à l'enfant une bonne hygiène de vie, la régularité dans les repas et les heures de sommeil. Il faut en effet rétablir les structures que l'individu n'a pas naturellement, substituer à sa souplesse et à sa flexibilité extrêmes des règles de vie stabilisantes. Cette hygiène de vie doit être donnée le plus tôt possible. Elle permettra de dépenser moins de forces, donc de dilater le cadre.

Rétracter les récepteurs : faire des jeux exigeant une certaine attention et une certaine précision. L'enfant réagissant adore jouer ; il faut donc se servir de cette tendance pour développer ce qui lui manque. Il faut l'amener à utiliser ses mains pour l'ancrer dans le sol, lui donner une assise. L'idéal est de lui donner une éducation artistique qui allie à la fois le côté jeu, le côté actif-éducatif et le côté artistique pour lequel il est souvent doué.

g) Le réagissant compensé

Le réagissant peut avoir un ou deux récepteurs abrités. L'abritement va lui conférer un minimum de maîtrise dans la zone du visage considérée. Il va pouvoir en partie contrôler ses réactions, d'où son nom de *réagissant compensé*. Les hauts et les bas seront moins fréquents chez lui.

— Si c'est la bouche qui est abritée, il va y avoir moins de déperdition d'énergie dans l'action.

— Si le nez est rétracté ou aquilin, il se laissera beaucoup moins emporter par ses sentiments et sa difficulté à rester seul diminue.

Enfant réagissante compensée

La bouche et le nez très grand par rapport au cadre allongé montrent bien le côté réagissant, d'autant plus que le nez est ouvert de profil. Un contrôle est amené par les yeux abrités et l'atonie de l'étage instinctif. La vivacité du réagissant en contraste avec l'atonie de l'étage instinctif entraîne un basculement entre les états de vivacité suivis de comportements asthéniques quand l'enfant a abusé de ses forces. Une vie réglée avec beaucoup de récupération est nécessaire. Il faut aussi stimuler la volonté.

— Si les yeux sont abrités, c'est le cas le plus favorable. C'est aussi le plus fréquent.

Les yeux à fleur de peau indiquent la difficulté de la prise de conscience, surtout s'ils tombent « à la Greuze ». Quand les yeux sont abrités, cette prise de conscience de soi apparaît et c'est alors la raison qui va permettre de compenser la tendance réagissante. Cette maîtrise augmente de plus en plus au fur et à mesure que l'individu avance en âge. Ce qui est logique d'ailleurs. Il faut souvent mesurer les inconvénients d'un comportement avant de se décider à le changer.

PORTRAIT :

Magdalith, une réagissante.

Magdalith est une représentation parfaite de ce que peut être le réagissant. Morphologiquement le cadre est étroit, allongé et les récepteurs, immenses, occupent toute la place. Les yeux sont très grands, très écartés l'un de l'autre, le nez très puissant aux narines écartées et ouvertes, la bouche très allongée.

On peut en déduire une ouverture extrême et une grande spontanéité. Les récepteurs charnus, ouverts et à fleur de peau indiquent la possibilité de se laisser pénétrer totalement par le milieu extérieur, d'emmagasiner les impressions. Le champ de conscience est très large ; elle voit tout, sent tout, perçoit tout ; ses organes sensoriels sont sans arrêt au contact, en éveil. En revanche le cadre est très étroit, ce qui montre des réserves vitales limitées. Il y a donc grand risque de dépenser sans compter ses énergies et d'aboutir à des états d'épuisement fréquents. La plus grande difficulté chez elle sera de savoir doser ses efforts.

La dominante est très nettement affective. C'est l'étage le plus large et le plus haut. Il n'y a donc aucun doute. Cet étage est marqué par de la rétraction latérale (projection du nez et de l'oreille en avant) et par de la passion (pommettes très hautes et saillantes). Le côté passionné est d'ailleurs amplifié par le fait que le visage est assez rétracté-bossué avec le front très resserré, la saillie des pommettes, le creux des joues et la saillie de la mâchoire. On peut en déduire que l'élan est amplifié ce qui donne un grand dynamisme passionnel pour tout ce qui concerne ce qu'elle aime — surtout ce qui est lié au monde affectif et social — mais ce qui rend le risque de déperdition d'énergie encore plus grand.

Ajoutons que le nez très projeté et important révèle à la fois l'élan et la puissance. C'est la pièce maîtresse du visage. L'ouverture très grande des narines amplifie la vulnérabilité sur le plan affectif et peut donner une certaine difficulté à se protéger, qui va dans le même sens que les autres récepteurs.

Il y a toutefois une rétraction latéro-nasale bien visible de profil avec l'enfoncement de la zone qui jouxte le nez, ce qui amène un élément d'intériorisation et une possibilité de sélectionner les contacts. C'est un élément de frein qui va faire que la passion affective ne pourra pas être vécue pleinement et qu'une partie de la force va pouvoir être dirigée vers une autre zone du visage.

Cette zone, c'est l'étage instinctif qui vient en deuxième position. L'étage instinctif est amenuisé (le cou est très long et mince ce qui est aussi un indice de rétraction), mais il est particulièrement sthénique ce qui va donner un côté réalisateur. La mâchoire est bien dessinée, le menton important et projeté en avant. Il y a donc possibilité d'utiliser à fond les réserves vitales. D'autre part, cette structure donne l'habileté manuelle doublée d'une grande rapidité avec la projection du menton

 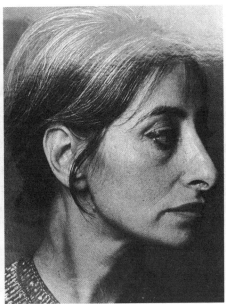

et le côté réagissant qui, rappelons-le, apporte une grande vivacité. La bouche très charnue vient amplifier ce besoin de contact sensuel avec la matière, avec tout ce qui peut être touché.

L'étage cérébral enfin est plutôt rétracté. Il va se mettre au service des deux autres étages. De face, il est en forme d'ogive, ce qui donne une pensée de dominante réceptive. Cette tendance est accentuée par les yeux à fleur de peau et les sourcils haut sur l'œil. Il y a la capacité de se laisser totalement pénétrer par tout ce qui se présente à ses yeux. C'est une structure qui prédispose à la créativité, à la poésie avec une perception de la réalité pénétrée par le rêve (le front lunaire donne une perception cérébrale très proche de celle du petit enfant). Comme de profil le front est aplati, il y a quand même un élément de rétraction qui permet de prendre conscience de cette vision de rêve, de ce flou artistique avec lequel elle perçoit la réalité et qui est particulièrement propice à l'art.

La vie de Magdalith est très à part. Fille de rabbin, elle est enfermée dans une cave pendant la guerre pour échapper aux nazis et va vivre dans le noir total avec, pour toute nourriture par semaine et durant trois années, une pomme et de l'eau, et ce à l'entrée de l'adolescence. Sortie vivante de ce cauchemar, elle va pouvoir exploiter ses nombreux dons artistiques. Elle sera autant à l'aise dans le dessin, la sculpture, le modélisme, que dans la poésie (traduction du *Cantique des Cantiques* de Salomon). Mais c'est le chant qui devait être son mode d'expression favori, surtout le chant sacré. Sa voix est extraordinairement étendue et son sens de l'improvisation remarquable. Sa carrière éphémère a été ponctuée de quatre disques et d'un certain nombre de concerts qui envoûtaient littéralement l'assistance tant son art s'apparentait à de la « danse sur cordes vocales ».

Elle a uni intrinsèquement l'Ancien et le Nouveau Testament en redonnant, par sa voix, l'alliance immuable entre le chant hébreu et le chant grégorien (disques : *L'Heure des prophètes*, S.M. 30-456 ; *Grégorien*, Polydor 2401-122 ; *Magdalith*, Polydor 2473-032).

Sa santé s'étant ensuite fortement dégradée, elle décide de se retirer du monde et de se consacrer à la vie religieuse et au Christ. Elle vit désormais dans un couvent de moniales où, presque grabataire, elle enseigne le chant aux autres sœurs. Notons qu'elle confectionnait elle-même ses robes et qu'elle arborait parfois une parure étonnante réalisée à l'aide de morceaux de plastique et d'épingles de nourrice.

Chez Magdalith, la création artistique peut être rattachée d'abord au côté réagissant. Les réagissants ont beaucoup de talents, des dispositions pour une foule de choses. De plus, les récepteurs sont d'un dessin extrêmement fin et délicat, ce qui dénote une vive sensibilité prédisposant à la création artistique.

La structure du front va dans ce sens, comme nous l'avons vu. Ajoutons que les réagissants ont souvent beaucoup de petits dons, mais qu'ils ne les exploitent pas par manque de volonté. Cette volonté est très forte chez Magdalith avec cette mâchoire très sthénique et ce nez puissant. C'est de là qu'elle tire la force qui lui a permis de créer.

Elle savait tout faire, on l'a vu, mais sans ces éléments de puissance elle serait restée dilettante. Grâce à eux elle a pu notamment chanter divinement. Une bouche très charnue et grande avec une mâchoire puissante prédispose toujours au chant. Dans ce cas, la personne a la plupart du temps une voix naturelle. Ajoutons qu'il fallait de la force pour avoir survécu aux conditions terribles qu'elle a traversées. Avec les privations, son cadre s'est rétracté mais, en même temps, les récepteurs restaient désespérément à l'affût du monde qu'elle aspirait tant à retrouver.

Si les récepteurs s'étaient fermés, elle n'aurait pas survécu. Cela aurait correspondu à la fuite du monde, à la démission. Néanmoins cette fragilité devait rester et elle devait sans doute avoir envie de vivre à fond tout ce dont elle avait été privée pendant sa réclusion. Vivre pleinement, transmettre sa passion de la vie et de la créativité quel qu'en soit le coût pour elle : c'est ce moteur puissant qui lui a permis de dépasser ses propres limites. Mais à quel prix ! Après chaque concert elle était, semble-t-il, prise de saignements de gorge pendant plusieurs jours.

Et bien sûr, il n'allait pas être possible de garder longtemps un pareil rythme. L'organisme fragilisé par les privations devait lâcher prise très vite. Heureusement, il y avait chez Magdalith la spiritualité.

On peut imaginer que sans le lien avec Dieu — elle le disait elle-même — jamais elle n'aurait survécu. Son front lunaire si proche de l'inconscient collectif de l'enfance lui a permis de s'évader de la prison et du noir où elle se trouvait et d'aller loin, très loin, retrouver la lumière dont elle était privée. Et l'amour que personne ne pouvait lui donner, et les voix humaines qui s'étaient tues pour elle, c'est aussi quelque part très loin qu'avec ferveur elle pouvait les goûter et en recevoir les messages d'espoir.

Cette structure d'idéalisme, on la trouve dans l'affinement de la partie instinctive, les pommettes très hautes et saillantes et la grande finesse des récepteurs. Enfin dans la structure du front et des sourcils haut sur l'œil.

Ce qui la prédisposait à l'art, la prédestinait à Dieu, car les deux sources d'inspiration se rejoignent quand l'art se met au service du Beau et du Sublime.

*
* *

2. Le concentré

Chez le type concentré le cadre est large, les récepteurs petits. Nous avons comparé cette morphologie à une citerne dont la contenance est importante mais dont les robinets s'ouvrent difficilement.

Cela correspond à des réserves de force importantes que le sujet a tendance à garder pour lui. Les échanges avec le monde extérieur se font difficilement. En revanche, il a la grande faculté de concentrer ses forces dans une direction déterminée. Il peut facilement diriger toutes ses énergies vers les buts qu'il s'est fixé. On l'appelle pour cela le *concentré*. Cette tendance à la concentration peut revêtir diverses formes.

a) Concentration, égocentrisme et égoïsme

Quand la concentration ne touche pas les trois étages du visage, un des récepteurs plus grand permet de maintenir la communication et les échanges avec le monde dans les deux sens. De même quand les récepteurs sont fins et délicats, la sensibilité va s'allier à la concentration et va permettre de s'intéresser aux autres, une certaine écoute va être maintenue. Le sujet peut alors tirer profit des tendances favorables de son type sans être trop porté à la manifestation des côtés négatifs du concentré. Le côté positif est justement cette faculté de se concentrer qui lui permet de poursuivre ses objectifs avec une grande force d'accomplissement.

Le côté négatif est la difficulté qu'il a d'établir des contacts avec les autres, difficulté qui peut conduire à deux types de comportement :

Le sujet peut avoir beaucoup de mal à écouter les autres et à se mettre à leur place. Il ramène le cours des événements à lui. Il aura tendance à se prendre instinctivement pour centre. C'est une attitude qu'on peut qualifier d'**égocentrique**. Elle est due à une carence d'ouverture, de réceptivité, qui supprime l'écoute. Elle n'exclut pas la générosité qui peut même être très grande chez le concentré. Quand des enfants présentent ces caractéristiques dans le visage, il est important de développer chez eux la faculté d'écoute et le sens du partage et du don.

Cette tendance à la fermeture peut être plus poussée. Quand les récepteurs sont non seulement petits par rapport au cadre mais encore fermés, les robinets n'assurent plus les échanges avec l'extérieur. On peut dans ce cas comparer le concentré à un coffre-fort : il est plein de richesses qu'il garde jalousement pour lui. Rares sont ceux qui ont accès à la combinaison gardée jalousement secrète ! La fermeture est alors à son maximum et l'individu risque de tout ramener à lui et aux objectifs qu'il s'est fixés, sans aucun égard pour les autres. Au contraire, il se sert des autres et tous les moyens sont bons pour arriver à ses fins. On peut le qualifier d'**égoïste**. On peut dire que l'égocentrique ramène tout à son propre centre, alors que l'égoïste écarte tout ce qui le dérange. C'est un degré de plus. L'égoïsme peut prendre des directions diverses selon que domine chez le sujet l'instinct de possession ou l'instinct de domination.

b) Instinct de domination

L'instinct de domination peut s'exercer sur soi-même ou sur les autres. Dans ce cas, il devient volonté de puissance ; l'orgueil est une de ses manifestations.

La volonté de puissance est en général marquée par une mâchoire puissante avec des lèvres petites et serrées. Les instincts manifestés par la mâchoire seront donc puissants, mais maîtrisés grâce aux lèvres serrées. On passe alors à des instincts vécus sur un plan non plus quantitatif (ce qui se traduit par l'instinct de possession), mais qualitatif ce qui entraîne la volonté de pouvoir.

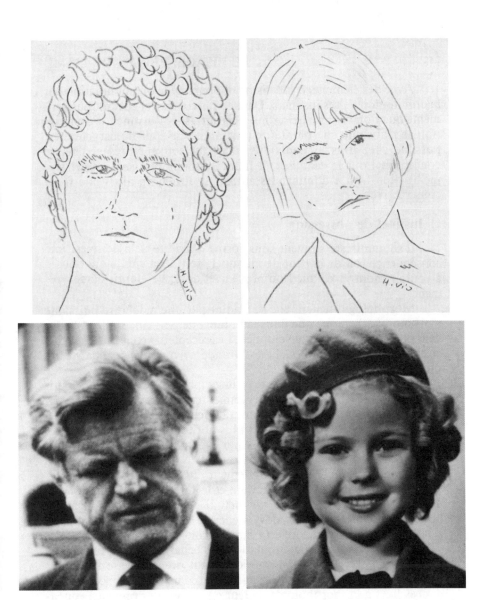

Le concentré.

Photo de gauche : Edward Kennedy. Les récepteurs petits et abrités donnent une grande puissance de travail. Leur fermeture empêche la force de sortir, ce qui augmente la tension intérieure, d'où une force encore accrue mais des conflits intérieurs importants possibles.

Photo de droite : Shirley Temple. Ce prodige du cinéma a un cadre large et des récepteurs plutôt petits et abrités. Cela donne à cette enfant une réflexion importante pour son âge et une grande force de concentration. Le visage étant extrêmement harmonieux, les qualités de concentré peuvent s'exprimer sans entraves.

Avec des éléments d'idéalisme, il pourra y avoir sublimation par la domination de ses instincts. Dans le cas contraire, ce n'est plus soi-même que l'on veut maîtriser mais les autres, et l'instinct de domination se transmue en volonté de puissance. Ce trait de caractère est possible chez tous les individus, mais est souvent présent chez le concentré. Pour le canaliser, il faudra apprendre à se dominer soi-même plutôt qu'à dominer les autres. Il deviendra alors une force constructive.

c) Instinct de possession

Il se manifeste souvent sous forme d'avidité. L'avidité est une conséquence soit de la peur de manquer, soit de la vanité qui pousse à vouloir montrer ce que l'on possède et donc à s'élargir démesurément.

Morphologiquement elle se traduit par une mâchoire puissante mais moins sthénique que dans la volonté de puissance. Elle est souvent plus lourde et plus enveloppée. Les récepteurs sont lourds, épais et charnus. Surtout la bouche est grande avec des lèvres épaisses et plus ou moins entrouvertes.

La bouche grande aux lèvres épaisses marque le besoin d'engloutir les nourritures. Il s'agira, dans un premier temps, des nourritures physiques, directement absorbables par la bouche. Avec certains éléments de maîtrise (un des récepteurs est plus abrité) ou bien de matérialité (grande épaisseur du nez à la base par exemple), ce besoin d'engloutir la nourriture se transmue en avidité et en instinct de possession.

Quand la bouche est naturellement plus ou moins entrouverte, la maîtrise de soi est à son minimum et le sujet risque d'être dominé de façon tyrannique par son instinct. Il ramènera alors tout à son besoin d'absorber, d'avaler, de posséder de la même façon que le bébé à la bouche encore entrouverte ramène tout à son besoin de téter.

Chez le concentré, la circulation des échanges qui se fait à sens unique (de l'extérieur vers l'intérieur) peut prendre cette forme.

Il est très important que les parents prennent conscience des tendances liées à la morphologie de leur enfant et lui donnent l'éducation en conséquence. Plus il y a tendance à prendre, à accumuler, plus il faut apprendre à donner. A ce moment-là, l'enfant concentré développera une grande capacité de travail, une grande énergie de réalisation et une grande maîtrise de soi sans risquer d'être asservi par des défauts qui portent atteinte à son épanouissement et qui peuvent aussi être préjudiciables aux autres.

PORTRAIT :

Henri VIII (1508-1547), roi d'Angleterre, le concentré type.

C'est le plus bel exemple de concentré qu'il soit permis de trouver. Bien sûr il faut toujours tenir compte, dans les portraits, des projections du peintre qui souvent donne à ses modèles une partie de ses propres traits. Néanmoins le visage de Henri VIII tel qu'on peut le voir ici paraît aller très bien avec le personnage historique.

Du concentré il a ce cadre immense dénotant de puissantes réserves de force et des récepteurs tout petits en comparaison du cadre, particulièrement le nez et surtout la bouche, carrément perdue et minuscule dans cet océan de chairs. Les yeux aussi sont petits et légèrement abrités.

Comme en plus d'être petits, les récepteurs sont fermés, on peut en déduire une tendance extrême à la concentration. L'être accumule les forces en dedans mais ne redonne rien ; c'est une structure qui est typique de l'égoïsme. L'image du coffre-fort peut parfaitement s'appliquer ici.

L'étage dominant est l'étage instinctif extrêmement large et haut. Les instincts vont être très importants et, parmi eux, on peut ranger la volonté de pouvoir avec des lèvres petites et très tenues. On peut en déduire que tous ceux qui se mettront en travers de son chemin seront balayés.

De plus, l'étage affectif se rétrécit fortement dans sa partie haute. Il vient, semble-t-il, en troisième position ce qui fait que l'être s'embarrasse assez peu des sentiments. Ceux-ci, comme la pensée, seront au service de l'étage instinctif. Il lui sera très facile de s'abriter derrière la raison d'État pour justifier tous ses comportements à ses propres yeux comme à ceux des autres.

Sa sensualité est extrêmement exigeante et le quantitatif est très important pour lui. Il y a inflation de l'ego et tout doit plier devant sa volonté.

On sait que le pape lui ayant refusé l'annulation de son mariage avec Catherine d'Aragon, il provoqua le schisme, se nomma chef de l'Église d'Angleterre désormais indépendante de Rome, et se mit à traquer aussi bien les catholiques que les protestants, comme mû par une folie sanguinaire qui alla même jusqu'à frapper deux de ses six femmes.

Ce qui étonne aussi dans ce visage, c'est l'étage cérébral qui a l'air grand mais peu différencié, avec ces sourcils fins et très haut sur l'œil qui dénotent la difficulté à se concentrer, la dispersion intellectuelle (froncer les sourcils indique la concentration, donc les sourcils hauts la dispersion). On peut en déduire que la pensée peu réfléchie, peu logique n'opposera aucun frein aux instincts.

Comme de plus l'étage cérébral n'est pas le plus important, il va se mettre au service de l'étage dominant qui est l'étage instinctif et le roi réagira donc par coups de tête, par impulsion soudaine, sa pensée allant totalement dans le sens d'une incapacité à contrôler les instincts. Au contraire elle va donner l'impulsivité que le concentré n'a pas. Au lieu de ruminer longtemps ses décisions, tout ce qu'il verra « d'un mauvais œil » ira immédiatement sanctionner ce que l'orgueil souverain ne saurait tolérer.

Ajoutons que les oreilles ont l'air particulièrement haut placées par rapport au nez. Tout ce qui est excessif est défavorable. Dans ce cas surtout, avec une structure de visage aussi matérialiste, elles indiquent des facultés intellectuelles au service de la matière et un esprit sournois. C'est la raison au service de la puissance de l'État. C'est la raison d'État.

CHAPITRE VII

Le rétracté-bossué ou passionné

Chez le passionné, c'est le modelé que l'on prend d'abord en considération. Ce qui le caractérise, c'est un modelé marqué de creux et de bosses. Les creux marquent la rétraction, les bosses la dilatation, d'où le nom de *rétracté-bossué*. Il y a donc juxtaposition des deux forces au niveau du cadre, c'est-à-dire de l'inconscient. Le comportement profond va être marqué par cette dualité puissante poussant le sujet à se manifester de façon extrémiste pourrait-on dire, ou plutôt de façon entière. Le mélange des deux forces est chez lui détonant et va nourrir des passions violentes, d'où le terme de *passionné* qui caractérise son comportement psychologique.

1. Morphologie

La première caractéristique est donc le modelé en creux et en bosses qui apparaît aussi bien de face que de profil. Dans les cas extrêmes on a, de face, un front large vers le haut avec des tempes très resserrées, puis la saillie des pommettes, le creux des joues aplaties par la rétraction latéro-nasale, la saillie de la mâchoire supérieure, suivie d'un goulot d'étranglement, et enfin d'un menton projeté en avant.

De profil, le nez est conquérant et bossué, le menton projeté. Il n'est toutefois pas indispensable, heureusement, d'offrir un pareil spectacle pour être passionné. Ce modelé s'oppose au modelé doux et harmonieux que les physiognomonistes appelaient « *vénusien* ».

Les autres caractéristiques sont les suivantes :

a) La prédominance du sentiment

L'étage affectif est souvent dominant. Cela se traduit par des pommettes saillantes et un grand nez. Le nez est lui aussi souvent bossué. C'est un des éléments de la passion mais, dans certains cas aussi, du tourment dans l'expression des sentiments.

La passion caractérise plutôt l'extraverti, le tourment plutôt l'introverti qui a du mal à exprimer sa passion en actes et à s'en délivrer. La passion et le tourment sont un peu les deux côtés d'une même médaille. La passion est le sentiment positif lié à l'enthousiasme, l'élan. Le tourment est l'expression négative et peut devenir une véritable torture, comme dans le cas de la jalousie.

b) Le cadre est large

Plus le cadre est large, plus la vitalité est grande et va nourrir des passions puissantes et durables. C'est le torrent impétueux que rien ne peut arrêter.

Quand le cadre est étroit, la vitalité est moindre et le sujet risque de ne pas avoir les moyens de sa politique. La passion puissante risque en effet d'amener des dépenses d'énergie trop grandes pour l'organisme. Plus la passion est forte, plus la tension nerveuse risque d'être forte, d'où la règle : **plus le modelé est bossué, plus les passions et les antagonismes sont forts et plus il faut de force pour les surmonter.**

c) Le modelé est sthénique

Les chairs sont fermes, les récepteurs sont toniques même au repos. Cela est la marque d'une activité puissante. La règle est la même : **la sthénicité du modelé est ce qui permet de passer à l'action ;** sans elle, le côté passionné a du mal à se concrétiser. Cette part de passion qui ne se concrétise pas peut se transformer en créativité car on sait que l'atonie est favorable à l'expression artistique. Mais si l'atonie est très forte, le sujet deviendra le jouet de sa passion qui peut l'entraîner dans des errements incontrôlables.

d) Les récepteurs sont fins

Le terme passionné indique que la vie affective joue un rôle essentiel ; la sensibilité va être grande. Dans le cas de récepteurs lourds,

Le rétracté-bossué ou passionné.

Sur ce profil, le mouvement en creux et en bosses est très net.

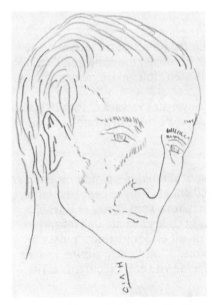

Rétracté-bossué de cadre étroit.   **Rétracté-bossué de cadre large.**

charnus et peu délicats, la sensibilité peu importante fait que le sujet est peu touché par ce qui l'entoure. Le flegme l'emporte sur la passion. La passion implique une capacité de vibrer, de s'enthousiasmer, de s'enflammer, de jeter ses forces dans une direction déterminée. Elle sera d'autant plus forte que la sensibilité sera forte, donc que les récepteurs seront fins et délicats comme une corde de violon à qui le moindre effleurement d'archet va arracher un son.

*
* *

Les passionnés sont donc des sensibles, prêts à jeter toute leur force dans une bataille que leurs sentiments puissants leur commande de livrer. La gamme des passionnés est très large ; pour mieux les définir, il convient de les classer dans certaines catégories.

2. Le passionné extraverti

a) Morphologie

Deux critères vont intervenir :

— **Le cadre** est de dominante dilatée ou rétractée latérale. Plus il y a rétraction latérale, plus le sujet est porté au mouvement, à l'action extérieure, à l'aventure. L'extraversion est donc extrêmement favorisée.

— **Les récepteurs** : leur degré d'ouverture va varier. Plus ils sont grands et ouverts, plus le sujet est aussi porté à l'extériorisation.

b) Psychologie

Quand les éléments précédents sont réunis, la passion est extravertie ; elle va donc s'extérioriser facilement. Plus le cadre est large, plus la citerne est grande et plus les passions sont fortes et durables. Au niveau de l'action, cela donne une grande capacité de réalisation. Le sujet a une grande puissance de travail et des instincts puissants. Son volant d'action est impressionnant. L'ouverture donne le sens de l'improvisation, l'impulsivité. Il décide vite et il exécute. L'efficacité est donc remarquable.

En revanche, tout l'intéresse et il peut se lancer dans des entreprises multiples avec le risque illustré par le proverbe : « *Qui trop embrasse, mal étreint.* » La dispersion le guette. Cela est valable aussi au niveau affectif : toujours amoureux mais pas toujours très longtemps. En société, ses contacts seront d'autant plus aisés qu'il a la parole facile, qu'il est spontané, jovial et généreux. Tous ces signes sont liés à la dilatation, à l'ouverture et à la dominante affective. De plus, le contact avec les autres est essentiel pour lui ; il n'aime pas être seul, ce qui est indiqué par la carence de rétraction intériorisante. De ce fait il approfondit peu les choses. Il a tendance à agir d'abord, à réfléchir ensuite ; la prévoyance n'est pas son fort. En revanche, il a beaucoup de flair, cette capacité de sentir les êtres et les choses et de tirer le meilleur parti possible des situations.

Intellectuellement il a un champ de conscience très large et comme tout l'attire, il a tendance à retenir beaucoup d'informations. Il s'intéresse toutefois surtout à ce qui est extérieur, donc au quantitatif plus qu'au qualitatif. Néanmoins, il est tourné vers l'avenir et peut s'intéresser aux idées d'avant-garde, mais il les ramènera toujours au concret.

Une autre caractéristique est qu'il ne sait pas garder les choses ; il dépense comme il se dépense : sans compter. Et comme il est très émissif, il ne s'arrête jamais et risque d'être très fatigant pour l'entourage, à toujours essayer de déplacer les montagnes.

On retrouve finalement les caractéristiques du dilaté sthénique, mais amplifiées, exacerbées par la passion.

3. Le passionné introverti

C'est le passionné type. Il a à la fois un accélérateur puissant et un frein efficace. Il est en fait à la fois extraverti et intraverti et use des deux selon les nécessités. Ses récepteurs sont abrités ou fermés, ce qui entraîne de la difficulté à extérioriser la passion.

Si la passion aventureuse caractérise l'extraverti, c'est plutôt la passion réfléchie qui définit l'introverti. L'énergie, au lieu de se projeter dans toutes les directions, peut être canalisée vers une passion dominante. De cette façon l'intensité de la passion atteint son maximum. Cela conduit souvent à l'alternance de deux mouvements : la primarité confère le goût du risque et le dynamisme, la secondarité donne l'esprit d'organisation, la maîtrise, le frein.

On retrouve la règle d'après laquelle l'individu le mieux adapté est celui qui est capable de faire jouer le frein ou l'accélérateur quand nécessaire. Cela exige à la fois extraversion et introversion ; le passionné introverti est davantage capable d'aller au bout de ses actions que l'extraverti et de réaliser des œuvres importantes, car il va réfléchir avant d'agir, faire des plans. Quand il se lancera, il aura tout prévu. Rien ne l'écartera plus du but qu'il s'est fixé. Encore faut-il que le degré d'intériorisation ne soit pas trop fort.

4. L'intériorisation extrême

Elle est marquée chez le passionné par des récepteurs très fermés. Il arrive alors que toute la force se concentre à l'intérieur. L'incapacité d'extérioriser peut conduire à des tensions intérieures très vives et à une adaptation difficile, voire au déséquilibre. C'est dans ce cas que le tourment prend le dessus sur la passion ; le comportement peut devenir indécis, timide, par formation réactionnelle. La somatisation est aussi possible.

Avec une dominante cérébrale, la passion tournée vers l'étude peut s'avérer très propice à l'assimilation des connaissances. Mais quand il s'agit de passer de la théorie à la pratique, de concrétiser les connaissances acquises, il y a des difficultés.

Dans les cas extrêmes, les tensions intérieures accaparent toutes les forces de l'individu et se transforment en autodestruction ou en violence. La force d'activité incapable de se libérer de façon constructive ne peut trouver une issue que dans la destruction. On retrouve toujours la règle : **tout ce qui est modéré dans un visage ou un caractère est valorisant ; tout ce qui est excessif devient défavorable.**

Mais pour faciliter l'approche du passionné qui n'est pas toujours aisée, il peut être utile d'en aborder l'étude sous un autre angle, par rapport au type de base sur lequel vient se greffer le modelé rétracté-bossué.

*
* *

5. Le passionné et les types de base

Le modelé rétracté-bossué qui donne le tempérament passionné peut venir se greffer sur les divers types morphopsychologiques que nous avons déjà vus et qui vont, par le modelé bossué, recevoir un éclairage un peu différent, un éclairage « accentué ».

a) Le dilaté rétracté-bossué

Morphologie

Le cadre est celui d'un dilaté mais le modelé, au lieu d'être arrondi ou carré, est tourmenté, avec un relief sinueux marqué de creux (tempes, joues, milieu du front) et de saillies (partie haute du front, pommettes, angles de la mâchoire).

Les récepteurs sont grands et larges de face (dilatation) et bossués ou abrités de profil (rétraction). Si les récepteurs tout en étant bossués sont ouverts (particulièrement le nez), on aura un extraverti ; s'ils sont fermés, un introverti. Dans les deux cas la vitalité du dilaté est amplifiée par la passion du modelé rétracté-bossué.

Psychologie

L'expansion de la dilatation est en partie corrigée par les creux du modelé qui indiquent un apport de force de conservation tout en donnant au caractère un élément passionné, donc une force d'expansion plus grande.

Si le visage est modérément bossué avec des récepteurs ouverts, la passion est extravertie. Si les creux et les bosses sont très marqués, on a un type dont la valeur dépendra de la capacité à établir un équilibre entre ces deux forces contraires. Notons toutefois la règle : **plus les tensions sont fortes, plus il faut de force, de puissance vitale pour les surmonter,** ce qui est souvent le cas du dilaté rétracté-bossué qui a une forte mâchoire. Toutefois, ce sont beaucoup ses qualités d'intelligence qui vont lui permettre de dépasser ses antagonismes. Les grands fronts différenciés sont avantagés ; ils donnent d'ailleurs des prédispositions au génie, les qualités intellectuelles étant servies par la puissance vitale et le caractère passionné. Les rétractés-bossués vivent passionnément aussi bien l'amour que la haine et le docteur Corman les a qualifiés de « *saints ou de hors-la-loi* », leur milieu d'origine conditionnant beaucoup leur carrière future. Toutefois, la dilatation

Le dilaté rétracté-bossué.

Chez Paul Gauguin, le cadre est large et bossué. La tendance est accentuée par les récepteurs très fermés qui amplifient les antagonismes.

corrige la passion et l'enveloppe d'un manteau de douceur et de pondération.

Quand les creux et les bosses ne sont pas trop marqués, ce sont des êtres d'autorité qui aiment commander. Avec des lèvres fermes et minces, ils auront la soif du pouvoir beaucoup plus que l'avidité de biens matériels.

Dans tous les cas ce sont des personnalités conflictuelles qui ne sont pas faciles à vivre, leurs tensions se résolvant soit par des explosions, soit par le repli sur soi et le mutisme. Mais la tension est ce qui permet de faire monter l'eau jusqu'au sommet du gratte-ciel et, avec une bonne intelligence, ils peuvent réaliser des œuvres exceptionnelles à la mesure de la passion qui les habite.

b) Les rétractés latéraux rétractés-bossués

Morphologie

Leur visage est plus allongé que celui des dilatés, leur profil est fuyant et leurs récepteurs plus ou moins ouverts. Ce sont les caractéristiques de l'alliage rétracté latéral, rétracté de front. Ce qui les en différencie, c'est donc le modelé beaucoup plus tourmenté, leurs narines frémissantes et l'expression très vive du regard.

Psychologie

Leur personnalité est plus complexe que celle des rétractés latéraux, le modelé rétracté-bossué amplifiant l'élan tout en apportant une certaine intériorisation. Le conflit vient de ce contraste entre l'élan passionnel et les mouvements d'intériorisation.

En fait, ce qui se passe c'est que l'élan du rétracté-latéral met parfois un certain temps avant de démarrer mais après, plus rien ne l'arrête. C'est un peu comme un élastique qu'on doit tendre avant de le laisser partir. Cet alliage caractérise l'aventurier, le casse-cou. C'est une morphologie de cascadeur. Quand l'intérêt et la passion sont fortement éveillés, il démarre au quart de tour. L'impulsivité est alors extrême car la projection du visage en avant donne cette tendance.

Ils ont beaucoup de mal à se discipliner et à suivre les sentiers traditionnels avec les contraintes qu'ils impliquent, comme le milieu scolaire par exemple.

Eux aussi peuvent mettre leur passion au service d'une certaine éthique ou bien de la destruction.

Ils ont besoin d'être encadrés d'autant plus qu'ils sont naturellement plus indisciplinés.

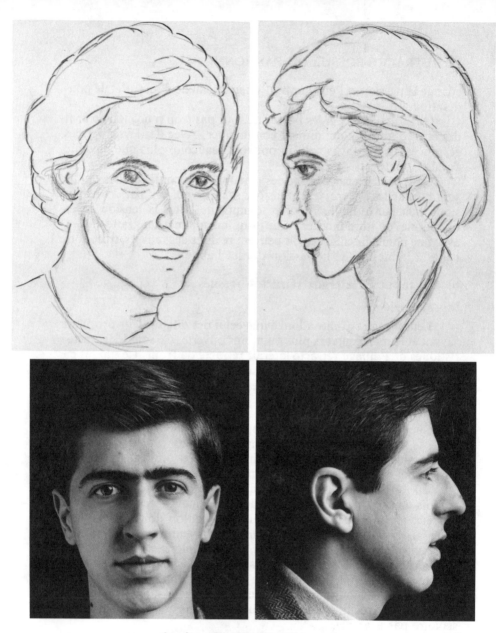

Le rétracté latéral rétracté-bossué.

La rétraction latérale se voit aussi bien de face que de profil (allongement du cadre et inclinaison) ; les récepteurs charnus s'y ajoutent. Il y a abritement du nez et des yeux, ce qui donne un certain contrôle de soi. Le modelé bossué est bien visible de face comme de profil sur les dessins.

Sur les photos, il est corrigé par la mâchoire plus arrondie que le reste du visage, ce qui permet à la passion de s'exprimer en douceur dans l'action. La dominante affective est nette.

c) Les rétractés de front rétractés-bossués

Morphologie

Le profil est redressé et les récepteurs abrités. C'est l'intériorisation qui domine chez eux. Ce sont nos passionnés introvertis par excellence.

La rétraction du front leur assure un contrôle plus grand, une plus grande maîtrise de soi que chez les dilatés et les rétractés latéraux, donc plus de persévérance et de suite dans les idées. Toutefois la difficulté qu'ils ont à se libérer de leur passion quand la rétraction de front est très marquée rend leur équilibre plus difficile et leurs tensions contenues peuvent déboucher sur des actions incontrôlées ou bien sur l'inhibition.

Le rétracté de front rétracté-bossué.

Le profil est redressé, les récepteurs abrités. Sur les photos, la rétraction de front se voit à l'abritement marqué des récepteurs. Le côté bossué apparaît nettement, surtout de profil. La passion va être forte mais plutôt intériorisée.

Quand ils arrivent à utiliser ces tensions, ce sont souvent des êtres de grande valeur avec, bien sûr, un étage cérébral adéquat.

d) Les autres alliages avec le rétracté-bossué

On rencontre rarement un réagissant ou un rétracté extrême avec un modelé rétracté-bossué, mais ce n'est pas impossible. Pour assumer la passion, il faut une force suffisante. Dans les deux cas cette force sera absente, ce qui ne peut qu'aboutir à des structures déséquilibrantes.

Le rétracté extrême-rétracté-bossué sera littéralement rongé par une passion qu'il ne pourra pas extérioriser.

Avec un étage cérébral dominant, il pourra se réaliser dans le plan intellectuel. Il aura la passion des livres et de l'étude.

Le réagissant aux contours irréguliers se libérera instantanément de tout ce qui l'entrave et, avec un modelé bossué, la dispersion sera à son maximum. Le sujet ne bénéficiant d'aucun frein brûlera toutes ses réserves et sera esclave de sa dépendance du monde extérieur. Quand ce cas se présente, la difficulté de trouver l'équilibre est très grande.

Néanmoins, nous avons vu une réagissante très marquée qui s'est dilatée à l'étage affectif après avoir trouvé un équilibre dans sa vie sentimentale. Le côté réagissant s'est alors atténué pour laisser la place à un côté plus passionné mais que la structure renforcée par la dilatation permet d'assumer.

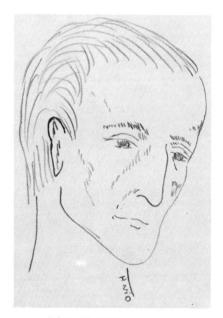

Rétracté extrême bossué.

La passion va surtout être vécue à l'intérieur car les récepteurs sont fermés et les réserves vitales sont limitées de par l'amenuisement de l'étage instinctif.

CHAPITRE VIII

Les antagonismes

1. La recherche du facteur essentiel

Le morphopsychologue a souvent à faire face à des questions de recrutement ou d'orientation professionnelle. Mais il lui arrive d'être consulté aussi par des personnes ayant besoin de faire le point ; il est alors confronté à deux types de demandes de la part du sujet :

— **La volonté de mieux se connaître** n'est en général pas liée à de graves difficultés. Simplement, à certains moments de notre vie, chacun de nous a besoin d'y voir un peu plus clair pour savoir vers où se diriger.

— **Le besoin de résoudre des difficultés** beaucoup plus graves pouvant entraîner des inadaptations passagères ou plus profondes. Dans tous les cas, il faut que le sujet ait la volonté de surmonter ses difficultés. Cela n'est pas toujours possible et, dans les cas trop complexes, les solutions relèvent de thérapies particulières. Néanmoins, la morphopsychologie donne des clés essentielles pour permettre de remonter à la source des conflits. Au cours d'une consultation, la question fondamentale que doit se poser le morphopsychologue est :
— Quels sont les conflits éventuels du sujet ?
— La personne est-elle prête à prendre conscience de ses antagonismes ?
— Si oui, comment puis-je l'aider progressivement à en prendre conscience ?

Le but fondamental d'une consultation est, dans tous les cas, d'établir l'harmonie intérieure, l'unité entre les pulsions contradictoires. Cette question de l'unité sera abordée dans un autre chapitre.

En ce qui concerne les antagonismes, ils peuvent prendre des formes diverses. Il peut y avoir contradiction entre l'inconscient et le conscient. Dans le conscient lui-même, il peut y avoir contradiction entre la pensée, les sentiments et la volonté du sujet. Cela vient en général de la difficulté qu'a le sujet à se trouver un but. C'est souvent à la recherche de ce but que le morphopsychologue va pouvoir collaborer. Le but, telle une locomotive, permettra aux différents wagons de prendre tous le même chemin.

Il faut aussi un grand tact dans la façon de prodiguer ses conseils et être capable de tâter le terrain pour savoir ce que le sujet est prêt à accepter, ce qu'on peut lui dire. Le fait de dire à un adolescent par exemple qu'il manque de volonté et qu'en conséquence on ne peut pas compter sur lui, ne sert à rien et peut même être déstructurant.

La règle est le plus souvent de **valoriser le sujet**, de lui présenter ses qualités afin de l'amener à s'ouvrir. Après, seulement, on peut insister sur le fait qu'il peut encore mieux faire, qu'il peut obtenir des résultats encore meilleurs, par exemple en renforçant sa volonté.

Pour cela, il faudra lui indiquer quelques méthodes concrètes et faciles à appliquer. Le fait qu'on ne peut compter sur lui, n'est qu'une conséquence ; la cause est le manque de volonté. En renforçant la volonté, on supprime la conséquence. C'est donc le facteur essentiel qu'il faut toujours rechercher, la cause du comportement inadapté. Une bonne consultation doit produire certains résultats :

— Le sujet doit repartir content, libéré d'une partie de son fardeau.

— Il doit avoir pris conscience que sa transformation dépend de lui et être motivé à changer quelque chose dans son comportement.

Les sources d'antagonismes sont nombreuses. Nous allons en examiner un certain nombre.

2. La dissymétrie

La symétrie parfaite est très exceptionnelle. Nous sommes tous quelque part dissymétriques. Cela se traduit par des différences entre les deux hémifaces du visage. Pourtant on se fait souvent une idée de la beauté liée à la symétrie parfaite et il faut bien avouer qu'un visage symétrique est le plus souvent beau, voire fascinant. Que faut-il en penser ?

a) Symétrie et asymétrie

Idéalement la beauté parfaite s'accompagne d'une symétrie parfaite ; on peut imaginer qu'un être qui aurait dépassé tous ses antagonismes aurait un visage parfaitement équilibré, l'harmonie intérieure se reflétant à l'extérieur. Mais bien peu d'humains réalisent cette unité et quand l'être est encore soumis à des tensions, à des antagonismes, la signification de la symétrie n'est plus la même.

Si l'on prend l'image des plateaux de la balance, on voit que quand les deux plateaux sont en équilibre, le mouvement s'arrête. On peut dire que par analogie, quand les deux hémifaces sont identiques, le mouvement est arrêté et le sujet est figé à un moment donné de son évolution.

Ainsi certains enfants psychotiques présentent-ils cette caractéristique. Il est intéressant de noter que, dans ces cas-là, on s'attend à trouver les indices de déséquilibre dans une éventuelle dissymétrie alors que c'est l'inverse qui se présente. Il peut aussi arriver qu'un individu se fixe à un moment quelconque de son évolution à la suite d'un choc ou du refus de vieillir. Ce refus de vieillir entraîne une grande rigidité, comme si, inconsciemment, le sujet avait même peur de sourire pour ne pas amener des rides qui pourraient devenir fatales sur son visage. On pense à certaines actrices qui ont préféré se retirer du monde plutôt que de l'affronter avec une autre image. Ce type de fixation entraîne toujours un comportement caractériel.

Mais, dès qu'une asymétrie apparaît, la personnalité de l'individu s'enrichit de deux tendances complémentaires. La légère oscillation du fléau de la balance permet de peser plus facilement le pour et le contre et donne une meilleure adaptation aux circonstances, davantage de souplesse.

Un visage presque symétrique dénote la stabilité, l'équilibre de la personnalité. En revanche, plus la dissymétrie est importante, plus l'individu va passer par des hauts et des bas fréquents. On peut faire ici appel à la notion d'harmonie : **quand la dissymétrie devient forte, elle devient inharmonieuse.** Elle va alors produire des déséquilibres et le sujet devra déployer des efforts incessants pour maintenir l'unité intérieure. En cas de difficulté soudaine ou de choc imprévisible, le déséquilibre va l'emporter.

Quand la dissymétrie est très importante, elle devient dissociante.
Cela peut aller jusqu'à la double personnalité : le sujet vivra alternativement le côté gauche puis le droit. Il basculera de l'un à l'autre,
sans pouvoir exercer le moindre contrôle sur ce mécanisme. Mais sauf
dans ce cas où l'équilibre des deux plateaux est dans un état de rupture irréversible, il y a toujours des solutions possibles ; nous avons
vu le cas de quelqu'un dont la dissymétrie s'est très fortement estom-
pée après qu'il eut trouvé des voies d'épanouissement.

b) Signification des deux hémifaces

Le **gauche** représente le passé, la mère, la passivité, la dépendance,
l'enfance, le côté féminin et réceptif, le *yin*. Le **droit** est le côté masculin émissif ; il représente le père, le présent et l'avenir (la projection de l'être en avant), l'activité, la combativité, l'extraversion, le
yang. Le côté droit est le côté qui tient l'épée, le gauche celui qui porte
le bouclier.

Traditionnellement, le côté gauche correspond à l'enfance et le
droit à l'âge adulte. Si l'enfance se passe dans des conditions favorables, ce qui est normal, elle doit permettre un épanouissement qui se
traduit par la dilatation du côté gauche. Puis adulte, le sujet doit prendre sa destinée en main ce qui se traduit par une sthénicité plus grande
et une rétraction du côté droit. D'où la règle : **en principe le côté gauche
est plus dilaté, plus ouvert, moins sthénique ; le côté droit est plus
rétracté, plus fermé, plus sthénique.** A noter que ce schéma, valable
chez le droitier, s'inverse chez le gaucher chez qui le côté droit va repré-
senter l'enfance et le côté gauche l'âge adulte.

Il est difficile de déterminer à partir de quel degré d'utilisation
de la main gauche on peut être qualifié de gaucher. La réponse dépend
des cas d'espèce. Dans la mesure où un droitier utilise beaucoup plus
la partie droite de son corps que la gauche, sa musculation devient
plus forte à droite qu'à gauche et le phénomène se marque jusque
dans le visage dont un des côtés est plus sthénique et plus rétracté.
Cette seule constatation logique suffit à justifier l'asymétrie.

c) L'inversion des hémifaces

Il arrive que, chez un droitier, le côté gauche soit plus rétracté
et le côté droit plus dilaté. Quelle en est la signification ?
La rétraction du côté gauche est toujours l'indice de difficultés
rencontrées pendant l'enfance qui ont amené le sujet à se fermer, à

La dissymétrie.

Photo haut gauche : Eichman. Une dissymétrie très prononcée crée une crispation pouvant entraîner des déséquilibres graves. La structure très rétractée-bossuée s'y ajoute et explique que des tensions aussi fortes conduisent à un comportement de bourreau et de tortionnaire.

Photo haut droite : Simone Massoud. Une dissymétrie moins marquée mais bien visible, notamment au niveau des yeux. L'harmonie générale entraîne une interprétation positive (voir chap. XII).

Photo bas gauche : Sandorfi. Une dissymétrie importante transcendée par l'art (voir chap. XII).

se rétracter pour se protéger. C'est souvent au niveau de l'étage affectif que cette fermeture est la plus grande. Un côté droit sthénique et un peu plus ouvert montre que l'équilibre a pu être atteint à l'âge adulte.

Nous avons vu des cas de très fortes dissymétries s'atténuer considérablement avec l'âge ; le sujet avait trouvé un épanouissement qui lui avait permis de régler une partie des difficultés du passé. Il faut noter que lorsque la dissymétrie demeure, les difficultés restent enfouies dans l'inconscient, au moins en partie, risquant de resurgir quand des situations analogues à celles qui sont à l'origine des souffrances de l'enfance se présentent.

On peut toujours dire qu'en cas de forte dissymétrie avec inversion des hémifaces, les troubles de l'enfance laissent des séquelles et des conflits difficiles à surmonter.

d) Les deux hémifaces en Orient

Nous sommes là à des sources philosophiques complètement différentes. Autant en Occident c'est l'action qui est importante, alors que la passivité est méprisée comme contraire à la rentabilité, autant en Orient c'est la non-action qui prime. Elle est considérée comme le fruit du comportement de l'être arrivé à maturité. Cette conception différente des buts de la vie entraîne une vision différente des concepts de père et de mère, de droite et de gauche.

Il y a aussi opposition entre la vie extérieure et la vie intérieure ; l'Occidental est dans le mouvement, la réalisation extérieure. Pour l'Oriental tout cela est vain. Seule compte la construction intérieure de l'être. Toute agitation extérieure éloigne l'être de son but : la fusion avec le Divin, avec l'énergie cosmique. Et cette fusion réalisée, l'être devient comme un aimant qui attire à lui toutes les particules de matière dont il a besoin car, à ce degré, l'esprit commande à la matière. A noter que étymologiquement le mot aimant est dérivé du verbe aimer : c'est par l'amour que l'on attire les choses et les êtres vers soi.

Cette opposition montre bien la relativité des jugements de valeur et nous conduira à ne pas dévaloriser l'asthénie, les éléments de réceptivité, d'intuition, c'est-à-dire la composante féminine de l'être, ce que Jung a appelé l'*anima*, en l'opposant à l'*animus*, la composante masculine, émissive, réalisatrice.

L'être le mieux adapté dans le monde est celui chez qui les deux composantes sont marquées et qui n'en refuse aucune. L'homme qui rejette sa composante *anima* empêche une partie de ses fonctions vitales de se manifester. De même, une femme qui n'intègre pas sa composante *animus* a toutes les chances de se retrouver dans le rôle plus ou moins enviable de femme-objet. L'être le mieux adapté est celui qui sait être aussi bien émissif que réceptif, en fonction de ce que les situations exigent de lui.

e) L'asymétrie de mimique

Elle est liée à l'expression. Plus la sensibilité de l'individu est vive, plus le visage est facilement en mouvement. Quand la sensibilité est faible, le plus souvent le visage reste impassible, de marbre. Il est fréquent, lorsque le visage s'anime, qu'une certaine asymétrie apparaisse. Elle est normale ; c'est une des manifestations de la vitalité du sujet. On peut difficilement demander à un visage d'être à la fois plein de vie et de s'animer de façon uniforme.

Toutefois, quand cette asymétrie de mimique est très forte et inharmonieuse, il y a rupture entre l'être au repos et celui qui rit, entre les deux personnalités que la dissymétrie révèle.

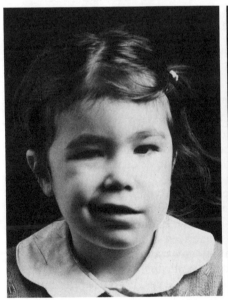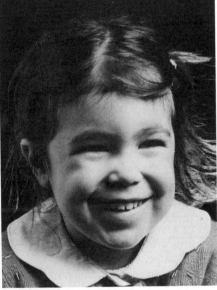

La dissymétrie très forte à gauche reflète seulement la timidité devant le photographe. Mise en confiance, l'enfant retrouve son visage normal. C'est un cas type de dissymétrie de mimique passagère.

Si la dissymétrie de mimique est passagère, le déséquilibre est momentané. Si elle est habituelle et surtout si elle subsiste au repos, le déséquilibre est durable. C'est comme si l'être s'était calmé alors que son visage continue à grimacer. Cela traduit en général des comportements forcés, un manque de naturel, une contrainte que l'être s'impose pour faire « bonne figure ». Mais il n'y arrive pas complètement. Cela vient souvent du fait que le sujet a subi un fort traumatisme dans le passé et que même s'il y a eu un certain retour à la normalité, le trouble dans l'inconscient reste fort et resurgit sur le visage à la moindre occasion.

f) L'asymétrie de structure

L'asymétrie peut prendre tout un tas de formes. Autant l'asymétrie de mimique est en principe passagère et révèle les états d'âme de la personne, autant il y a des formes d'asymétrie qui indiquent des déséquilibres plus profonds : ce sont les asymétries de structure. On les appelle ainsi car elles touchent le visage non plus seulement au niveau des chairs, de ses parties molles, mais au niveau du cadre. L'inconscient est alors touché et le déséquilibre que l'asymétrie révèle est donc plus profond. Cette asymétrie peut prendre trois formes :

— **En largeur** : c'est la plus habituelle. Elle correspond à la division du visage en deux hémifaces. Dans la mesure où elle n'est pas trop importante, elle est normale. On n'en tiendra donc compte que si elle est excessive ou bien s'il y a inversion des hémifaces.

— **En hauteur** : dans ce cas, un des deux côtés du visage est plus court que l'autre. On sait que le raccourcissement du visage est signe de plus forte tonicité. En revanche, l'asthénie allonge le visage. On trouve toujours cette opposition de dilatation et de rétraction manifestée de façon différente.

Le côté plus court est dans ce cas plus dynamique, plus gai. Le côté plus allongé est, lui, plus passif, plus mélancolique. La règle que l'on retrouve dans tous les cas de dualité très marquée est que l'être va vivre alternativement les deux tendances. Plus la dissymétrie est importante, plus il y a risque de basculement soudain d'une tendance à l'autre, parfois de façon totalement inexplicable. Cela peut conduire à des comportements pathologiques. Dans ce cas, le côté le plus court pourra être marqué par une crispation très forte.

Rappelons que la crispation est très souvent visible au niveau de la mâchoire. Celle-ci représentant les instincts, le fait de serrer les dents très fortement de façon permanente (ou toute autre crispation au niveau de la mâchoire) est toujours un signe de tension intérieure très forte.

— **En profondeur** : c'est le cas par exemple, quand un œil est plus enfoncé que l'autre, ou bien quand la rétraction latéro-nasale fait reculer une partie de l'étage affectif plus que l'autre.

Il peut arriver que l'asymétrie touche le crâne lui-même. C'est alors surtout de dos que l'on peut la détecter ; c'est comme si l'édifice était bâti sur des bases instables. Ce type d'asymétrie est le plus grave, surtout quand il touche l'arrière de la tête qui représente l'inconscient. L'individu le plus souvent ne peut pas prendre conscience de ses difficultés, ce qui l'amène à ressentir très vivement tous les heurts de l'existence.

g) L'asymétrie au niveau des étages du visage

La règle est que **plus l'asymétrie se situe bas dans le visage, plus elle est difficile à assumer.** Toujours en comparant le visage à un édifice et l'étage instinctif aux fondations d'un édifice, il est évident que si les fondations manquent de stabilité, l'équilibre de la construction tout entière est menacé. Nous avons rencontré un joueur de tennis de première série qui présentait une forte dissymétrie au niveau de la mâchoire, laquelle était particulièrement puissante. Il nous apparut très clairement que malgré de grandes qualités qu'il pouvait avoir au niveau de la concentration notamment, il aurait du mal à atteindre le plus haut niveau. En effet, cette dissymétrie ne pouvait qu'entraîner des modifications subites et incontrôlables dans son comportement, d'où une grande difficulté à se maîtriser. La conversation nous confirma cette déduction : il cassait très facilement ses raquettes en cours de match en les jetant par terre. La pression risque d'être trop forte au moment des points importants ou des matches à répétition.

L'ÉTAGE INSTINCTIF-ACTIF

C'est la base de notre édifice. La mâchoire est par exemple plus large ou plus haute d'un côté que de l'autre. Le menton peut aussi être affecté. Le comportement va être instable, avec une grande difficulté à se maîtriser. Plus la dissymétrie est forte, plus le déséquilibre se manifeste de façon incontrôlable, surtout quand l'enjeu est important. Dans ces cas-là, l'inadaptation se traduit soit par une paralysie de l'action, soit par une réaction explosive. C'est toujours la loi des alternances, des déséquilibres qui est un reflet de l'existence des polarités. Cette inadaptation rend les réalisations difficiles ; les actes sont souvent imprévisibles.

Une bouche dissymétrique traduit elle aussi des difficultés qui peuvent être des difficultés d'expression, ou des instincts qui vont s'exprimer soit de façon incontrôlable soit, s'il y a d'autres éléments de blocage dans le visage, qui ne peuvent pas s'exprimer du tout.

L'ÉTAGE AFFECTIF

L'asymétrie concerne ici les pommettes, les joues, le nez et les narines. Au niveau des pommettes et des joues, on retrouve l'asymétrie du cadre avec les éléments du déséquilibre inconscient dans les sentiments. L'asymétrie la plus fréquente va toucher le nez et les narines.

— **Le nez :** il arrive relativement souvent que le nez soit dévié de l'axe central. Quand il est très incliné à gauche, il indique une fixation à l'enfance, un attachement très grand au passé ou, au moins, une difficulté à se détacher du passé. Cette fixation est due soit à une forte souffrance, soit à une hyperprotection durant cette période. Cela peut aller jusqu'à un refus total du présent. Le poids du passé écrase l'individu, d'où des névroses difficilement surmontables.

— **Les narines** peuvent être collées contre la cloison nasale, indiquant la difficulté à exprimer ses sentiments. Quand une narine est plus fermée que l'autre, cela veut dire qu'il y a eu ouverture dans la première partie de la vie (narine gauche plus ouverte) puis fermeture (narine droite fermée), ou inversement.

Narine gauche ouverte, narine droite fermée : l'enfance a été épanouie ; les sentiments ont pu s'exprimer sans difficulté ; un choc provoque la fermeture.

Narine gauche fermée, narine droite ouverte : une enfance difficile bloque l'expression des sentiments ; un certain épanouissement se produit à l'âge adulte.

Pour en dire plus, il faudra toujours resituer les narines par rapport à la forme du nez et à l'ensemble du visage. Une asymétrie légère donnera, elle, un trouble léger qui se traduira par exemple par une inquiétude habituelle. Une asymétrie importante au niveau du cadre, du nez ou des narines peut bloquer totalement l'expression des sentiments et mener dans les cas les plus marqués jusqu'à certaines formes de perversion des sentiments. Ces perversions seront toujours la conséquence du déséquilibre indiqué par la dissymétrie.

L'ÉTAGE CÉRÉBRAL

L'asymétrie apparaît souvent au niveau des **yeux** : l'un peut être plus ouvert que l'autre. Cela donnera une vision un peu double de la réalité. Si cette dualité n'est pas inharmonieuse, elle sera enrichissante ; elle permet de « *faire la part des choses* ».

L'asymétrie en hauteur ou en profondeur (œil qui s'enfonce plus) est plus difficile à assumer. Elle peut conduire à des difficultés de synthèse.

L'étage cérébral c'est le toit de l'édifice ; on peut s'y permettre certaines fantaisies, certains artifices architecturaux. La règle est qu'**une légère dissymétrie dynamise la pensée ; une dissymétrie importante la paralyse.**

C'est le **regard** qui va indiquer si la dissymétrie est dynamisante ou paralysante. Dans le premier cas, le regard est vif et assuré ; dans le deuxième, il est éteint et anxieux.

Chez les enfants, la dissymétrie est ennuyeuse car, leur intelligence étant plus réceptive qu'active, ils ne se contrôlent pas, d'où des risques d'incohérence. Il faudra alors leur donner beaucoup d'harmonie extérieure et intérieure. La fatigue peut entraîner une dissymétrie passagère. Dans les périodes dramatiques de la vie, il peut y avoir un décalage de sept à huit ans entre les deux hémifaces. Le côté droit prend ce qu'on appelle un « *coup de vieux* » soudain.

La dissymétrie n'est pas toujours facile à voir pour un œil non exercé. La méthode de juxtaposition des hémifaces permet de se faire une idée plus nette et met en relief des différences qu'un regard novice ne verrait pas.

CONCLUSION : **les règles fondamentales.**

— Une asymétrie légère enrichit la personnalité ; une forte la déséquilibre.

— L'hémiface gauche est normalement plus dilaté, le droit plus rétracté.

— La dissymétrie renseigne sur l'enfance du sujet et met en lumière les difficultés qui ont pu survenir à cette période de la vie.

— Plus la dissymétrie est basse dans le visage, plus elle est difficile à assumer.

3. La rétraction latéro-nasale

Une autre source de conflits possibles est la rétraction latéro-nasale, rétraction accusée dans la zone affective. Elle aplatit le visage de chaque côté du nez, ce qui entraîne une intériorisation des sentiments pouvant être soit inhibante soit enrichissante.

a) Morphologie

Le signe principal est l'aplatissement de la zone comprise entre le nez et les pommettes. D'autres signes d'intériorisation de l'affectivité peuvent apparaître :

— **Les yeux enfoncés dans l'orbite** : l'aplatissement de la zone latéro-nasale entraîne les yeux vers l'intérieur.

— **La lèvre supérieure en retrait** : la rétraction latéro-nasale a plusieurs degrés. Dans un premier temps, elle déborde sur l'étage cérébral d'où l'enfoncement des yeux. Dans un deuxième temps, elle peut aussi toucher l'étage instinctif ; elle entraîne alors la lèvre supérieure dans le mouvement de retrait. Le phénomène d'intériorisation est dans ce cas très fort.

— **Des plis obliques peuvent barrer les joues** à partir de la commissure interne de la narine (la plus fréquente), de la commissure interne de l'œil ou des lèvres. Plus elles sont marquées à un âge peu avancé, plus elles indiquent l'intériorisation des sentiments. Ainsi pratiquement tout le monde a le pli oblique au niveau des narines. Mais quand ces plis se manifestent à un âge précoce et très profondément, ils sont un indice d'intériorisation importante.

Quand les plis sont marqués aux trois étages, ils indiquent que l'intériorisation touche l'ensemble de la personnalité.

— **Des rides verticales peuvent creuser le visage** ; elles sont toujours un indice de rétraction. La sensibilité va être ici à son maximum. Si les rides verticales sont marquées à l'étage affectif et qu'il n'y a pas de rétraction latéro-nasale, cela indique des coups importants reçus dans le domaine des sentiments.

— **Les yeux peuvent être cernés** : c'est un indice de fatigue nerveuse qui peut venir d'un surmenage passager ou bien d'une tension affective importante quand le phénomène est durable. Il faut distin-

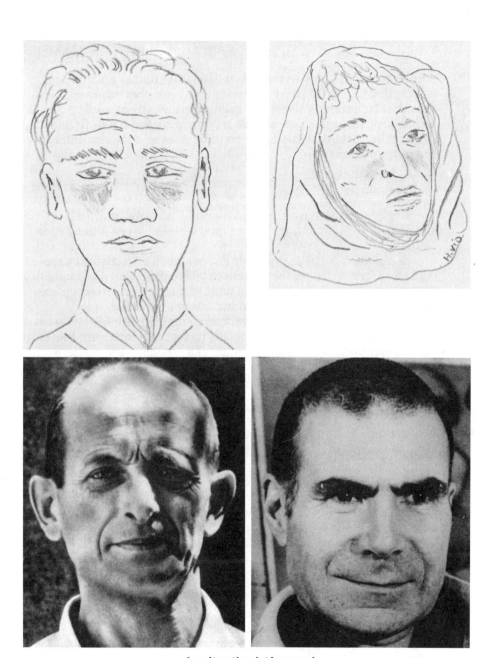

La rétraction latéro-nasale.

Photo bas gauche : Eichman. Une rétraction latéro-nasale déséquilibrante.
Photo bas droite : Jacques Dufilho. La rétraction latéro-nasale fécondante.

guer les cernes qui sont un signe de fatigue et les poches qui indiquent la réceptivité, une composante *anima* importante. Les cernes sous les yeux chez les enfants doivent particulièrement mettre en garde : c'est un indice de surmenage qui appelle le repos. Le signe le plus fréquent de rétraction latéro-nasale est le recul de la zone comprise entre le nez et les pommettes.

b) Psychologie

Règle : plus la rétraction latéro-nasale est forte, plus l'affectivité ne peut s'épanouir que dans un milieu d'élection de plus en plus restreint.

A chaque fois que le sujet sort de son milieu d'élection, il a tendance à se fermer. En revanche, dans ce milieu d'élection il se conduit comme un dilaté : il s'ouvre. D'où une autre règle : un rétracté placé dans son milieu d'élection se conduit comme un dilaté.

La rétraction latéro-nasale va agir comme un amplificateur de la sensibilité. Le sujet est susceptible et ressent très fortement toutes les atteintes portées à sa susceptibilité. Il a tendance à se replier sur la défensive en terrain inconnu. Ce n'est qu'en milieu d'élection qu'il peut abandonner ses défenses.

LES MÉCANISMES DE DÉFENSE

Si l'individu a un étage affectif développé, il y a conflit entre les appétits affectifs et les mécanismes de défense indiqués par la rétraction latéro-nasale.

Quand l'étage affectif est réduit, il y a tendance à ne pas privilégier les sentiments dans les rapports avec autrui. Si la rétraction latéro-nasale s'ajoute à cette rétraction de l'étage affectif, le repli sur soi est accentué et l'individu peut devenir totalement inapte à exprimer ses sentiments, ce qui conduit à une manifestation bien spécifique des mécanismes de défense : le *refoulement*.

LE REFOULEMENT

En cas de rétraction latéro-nasale marquée, la sensibilité vive du sujet provoque une grande susceptibilité. Il a alors tendance à rejeter ceux qui manquent d'égards envers lui. Il est en fait toujours sur le qui-vive, ce qui l'amène à réagir de façon viscérale et parfois inadaptée. Pour se préserver, il a le plus souvent une attitude systématiquement distante, ou au moins une grande indifférence. Il peut être cynique ou ironique mais c'est un moyen de mettre une barrière entre les autres et lui, pour éviter de s'investir dans une relation et risquer ainsi de souffrir.

Dans les cas extrêmes, il risque de se bloquer devant les difficultés et, au lieu de réagir, accumule les tensions. C'est un peu comme une Cocotte-Minute qui ne peut pas laisser échapper la vapeur ; elle finit par exploser.

De la même façon ici, les tensions refoulées dans l'inconscient, incapables de s'exprimer, finiront par se « défouler » mais de façon totalement inadaptée. La cause apparente de l'explosion n'est la plupart du temps qu'un événement insignifiant dont on se demande comment il a pu déclencher une pareille réaction. On voit souvent dans les journaux des cas de personnes apparemment tranquilles qui, un beau jour et à la surprise générale, se mettent à tuer la moitié de leur famille. Le visage renseigne aussitôt sur les causes qui viennent de la libération de la tension accumulée.

L'ATTITUDE A ADOPTER

Il ne faut pas perdre de vue avec ces personnes marquées de fortes rétractions, particulièrement à l'étage affectif, que des détails insignifiants pour nous prendront une importance considérable pour elles. Il faut ménager leur susceptibilité, les approcher en douceur en s'armant de patience et d'égards. Elles s'ouvriront peu à peu et, dans ce cas, seront capables de faire preuve d'une grande profondeur quand leur fermeture n'est pas trop grande. Encore faut-il qu'elles veuillent bien changer et que les refoulements ne soient pas trop importants.

Modérée ou bien assumée, la rétraction latéro-nasale va permettre à l'affectivité de ne pas se manifester complètement. Une partie de la force vitale restera inemployée et pourra alimenter des œuvres d'une dimension plus altruiste, plus élevée ; c'est ce qu'on appelle la rétraction latéro-nasale fécondante.

4. Milieu d'élection et milieu de correction

Le milieu dans lequel vit un individu conditionne en grande partie son développement et son équilibre. Dans une consultation, il va falloir faire prendre conscience au sujet du milieu qui va lui permettre d'arriver au plus grand épanouissement possible. **Le milieu d'élection est justement celui que chacun d'entre nous cherche d'instinct pour arriver à cet épanouissement.** Il correspond au mythe de Robinson Crusoé. L'île déserte avec les cocotiers (pour nous Occidentaux en tout cas) représente ce milieu que chacun de nous recherche inconsciemment.

Néanmoins, ce mythe convient beaucoup plus aux rétractés qui se contentent d'une compagnie restreinte, qu'aux dilatés pour qui Vendredi ne suffira pas à satisfaire les besoins d'échanges. Sur son île déserte le dilaté voudra amener une cohorte d'amis ; il a tellement besoin d'être entouré, dans un univers douillet et confortable, avec un réfrigérateur bien rempli si possible ! Mais ce milieu d'élection aboutit à une stagnation. Une fois qu'il est atteint, l'individu ne fait plus d'efforts, son évolution s'arrête. Si on considère que l'existence est basée sur cette loi d'évolution, de transformation permanente, on comprend pourquoi ce milieu d'élection ne peut jamais être atteint. Les délices les plus grands, une fois obtenus finissent souvent par avoir un goût amer. C'est comme si l'être humain obtenait plus de satisfaction dans le désir de l'objet que dans l'objet lui-même. On voit souvent des individus dont la naissance est placée sous le signe de l'abondance matérielle ; ils sont pourtant insatisfaits et ont même de grandes difficultés psychologiques. Cela vient du fait que leur vie est dénuée de but, statique donc vide. Il est intéressant de voir que la recherche des richesses matérielles est comme un puits sans fond, un tonneau des Danaïdes, et que rarement elle donne une satisfaction intégrale. Cette satisfaction demande que l'être intérieur soit au diapason de l'être extérieur et que lui aussi trouve sa nourriture.

Ce monde dont l'être humain est en quête, qui l'oblige à surmonter ses faiblesses et à développer tout le temps davantage les richesses qui sont en lui, c'est le *milieu de correction*. Par des frustrations relatives, il va permettre à l'individu de franchir les obstacles qui sont à sa portée et donc de prendre confiance en lui. Le morphopsychologue devra donc toujours se demander comment amener l'être à prendre conscience du potentiel qui est en lui, comment l'amener à se dépasser. Il y a ici une double règle :

— Si l'intéressé est en état d'épuisement physique ou psychique, il faudra définir le milieu d'élection le plus facile à obtenir pour lui permettre de récupérer ses forces afin qu'il puisse repartir de l'avant. Le plus souvent, ce milieu d'élection est son intérieur, le chez soi où on se ressource après l'effort. Si le milieu familial est conflictuel, le milieu d'élection disparaît. Il va alors être cherché à l'extérieur, souvent dans une attitude de fuite. L'absence de milieu d'élection explique aussi la fugue chez les adolescents.

— Si l'intéressé est en pleine utilisation de ses moyens (c'est le cas d'un jeune envoyé pour une orientation professionnelle par exemple), il faut définir le milieu de correction, c'est-à-dire le placer devant des obstacles qu'il sera susceptible de franchir, ce qui amènera une valorisation et un épanouissement.

Les milieux d'élection et de correction varient en fonction des individus :
— Pour le dilaté, le milieu d'élection exige le contact avec les êtres et la matière. L'enfant dilaté a besoin d'une atmosphère de protection, mais aussi d'être dirigé avec fermeté.
— Le rétracté, lui, a beaucoup plus besoin de solitude. L'entourage devra donc savoir préserver son indépendance. Si on est tout le temps sur son dos, il ne le supportera pas. L'enfant rétracté fait plus facilement ses devoirs tout seul. Ce qu'il lui faut développer, ce sont ses facultés de contact, en n'oubliant pas que, si on le brusque, il se ferme.
Le dilaté, lui, doit affiner sa sensibilité et se détacher du concret pour accéder à la faculté d'abstraction.

A l'école, un enseignant devra sentir ces différences qui existent entre les enfants et devra avoir une attitude totalement différente selon les cas. Avec les dilatés qui ont tendance à être exubérants, il pourra être ferme et directif, leur faire sentir le frein. Avec les rétractés qui ont tendance à se réfugier dans le mutisme dans un coin de la classe, il devra multiplier les travaux d'approche en ayant soin de ne pas les mettre en difficulté mais, au contraire, de les valoriser. Mis en confiance, ils se retrouveront en milieu d'élection et se comporteront comme les dilatés.
De même, une femme dilatée ou réagissante aura du mal à comprendre les besoins de solitude de son mari rétracté dans la mesure où elle aura, elle, toujours besoin de compagnie. Une présence envahissante et permanente ne pourra que provoquer chez le conjoint une réaction d'étouffement. Il réagira alors soit par la fuite, soit par une accumulation de tensions avec une explosion finale. Beaucoup de couples échouent par méconnaissance des règles élémentaires de la psychologie.

5. La résolution des antagonismes

La source des déséquilibres peut être multiple et d'une gravité plus ou moins grande. Il faut toujours se demander quel est le degré de déséquilibre ; quelle peut en être la cause, comment rétablir l'unité entre les pulsions antagonistes ; enfin déterminer le milieu qui permettra à l'individu de reprendre ses forces.

Une des questions clés de la morphopsychologie (et d'ailleurs de toute la psychologie) est celle du refoulement et de la sublimation. Un chapitre sera consacré à la recherche de l'unité dans laquelle rentre la sublimation ; ce sont plutôt les mécanismes régressifs que nous allons aborder ici.

a) Le refoulement

En psychanalyse, c'est le phénomène psychique inconscient par lequel certains des événements vécus sont rejetés, « refoulés » dans l'inconscient.

LE PROCESSUS

La première étape de ce processus est la répression quand l'individu ne peut se libérer de certaines pressions intérieures qu'il subit devant certains événements. C'est seulement quand cette pression est très forte et qu'elle provoque une trop grande souffrance chez le sujet que l'événement qui a provoqué la tension est rejeté dans l'inconscient. Sans rentrer dans le détail, nous dirons qu'il y a en fait refoulement à chaque fois qu'une partie du potentiel d'un individu reste en sommeil. Cela crée une insatisfaction puis une tension, une répression puis, au troisième degré, un refoulement. Le refoulement est assez fréquent. La répression se produit bien sûr beaucoup plus souvent encore. La question qui va se poser est de savoir si le sujet va être étouffé par cette pression ou s'il va être capable de l'utiliser, de l'orienter de façon constructive. On va le déterminer par différents indices.

LA LOCALISATION DES TENSIONS

Une rétraction extrême présente un terrain beaucoup plus sensible et favorable aux refoulements qu'une dilatation. D'autre part, les contrastes qui existent entre les trois zones du visage et à l'intérieur de chaque zone entre le cadre et le récepteur sont toujours révélateurs de difficultés, ainsi, un étage affectif large avec un nez étroit et des narines collées. Il faudra se demander quelle est l'importance de ces tensions et, pour cela, d'autres indices vont rentrer en ligne de compte.

LES TENSIONS DANS LE VISAGE

On va les retrouver à trois niveaux :

— **Les mâchoires** : des tensions très fortes se manifesteront par des mâchoires serrées, d'où l'expression : « *Ne pas desserrer les dents.* » Un œil attentif s'en apercevra tout de suite. Elles peuvent être fortes au point de provoquer une usure prématurée des dents ; c'est un cas particulièrement connu en chirurgie dentaire. La conséquence peut être le mutisme, l'incapacité à s'exprimer de façon claire ou, au niveau du comportement, le cynisme et l'agressivité. Traduisons : le besoin de se défendre en mordant.

— **Le masque** : quand la tension est très forte, l'individu est bloqué, le visage ne bouge plus, il est figé. Cela peut être le cas des personnes qui, en s'identifiant complètement à leur fonction sociale, finissent par oublier qui elles sont. Ainsi un chef d'entreprise qui joue un rôle très autoritaire vis-à-vis de son personnel finira par jouer ce rôle même dans le privé. Mais comme tout déséquilibre se traduit par les deux attitudes extrêmes possibles, il pourra être totalement soumis à sa femme et, de loup, devenir mouton. De même un comédien qui s'identifie au rôle qu'il joue au point de ne plus retrouver son identité.

Ce masque social, c'est ce que la psychologie appelle la « *persona* ». C'est la fixité, la rigidité des traits du visage qui va en être l'indice.

— **Le regard** est aussi fortement révélateur des tensions. La tradition l'appelle le miroir de l'âme et tout l'être intérieur s'y reflète. De la pupille dilatée du consommateur de drogue à l'œil qui chavire du dépressif, les possibilités sont multiples.

Les cernes sous les yeux sont aussi un indice de tension psychique, de même que le regard fixe, vide ou inexpressif. La lecture du regard fait aussi partie de cette perception du détail fugitif qui fait que la morphopsychologie n'est plus seulement une technique, mais qu'elle devient un art.

b) Les régressions

Il a déjà été question des régressions au sujet de l'étage instinctif. Il faut ajouter que ce qui pousse l'individu à faire ces régressions c'est la recherche inconsciente du plaisir. Quand le présent est trop difficile à assumer, on se réfugie dans le passé et, par-dessus tout, dans la période du passé qui a procuré le plus de satisfactions. Il y a dualité entre le conscient (la tête) et l'inconscient (les instincts, le corps). Quand la tête n'est plus en état de commander ou refuse de voir une situation en face, les instincts reprennent le dessus.

En principe, le dilaté et le réagissant régressent au stade oral, caractérisé par la recherche des nourritures buccales ou par l'incapacité d'absorber quoi que ce soit. Le rétracté et le passionné régressent, eux, au stade anal qui renvoit à la période de la maîtrise des sphincters. Cela se caractérise par la volonté de garder les choses pour soi (ce qui peut conduire à l'avarice, à l'égocentrisme ou au masochisme et à l'autodestruction) ou par l'incapacité de garder les choses, comme l'enfant qui se souille, ce qui se traduit par le fait de se décharger sur les autres (colères, agressivité, sadisme).

Les régressions seront indiquées par le degré de rétraction et aussi la structure de l'étage instinctif. Un bon morphopsychologue devra bien connaître ces mécanismes pour aider les autres à y remédier.

Il faut noter que si la petite enfance a été vécue de façon pénible, cette recherche inconsciente du plaisir vécu pendant l'enfance conduit à des situations de tensions encore plus grandes. En effet dans cette régression inconsciente à un des stades de l'enfance, ce n'est plus un plaisir que le sujet va revivre, mais la souffrance attachée à cette période de sa vie.

On a vu que la régression ultime est le refuge dans le sommeil qui caractérise le stade fœtal. Si la mère a refusé son enfant pendant la gestation, même la régression au stade fœtal (c'est-à-dire le refuge dans le sommeil) est interdite. Le retour au passé est alors bouché et il n'y a plus d'autres recours que la fuite en avant (drogue, alcool ou suicide). On voit à quel point l'attitude des parents dans les premières années de la vie mais aussi pendant les neuf mois de la grossesse est déterminante pour l'équilibre psychique ultérieur de l'enfant. Cette attitude prépare et conditionne les issues de secours que l'enfant pourra emprunter pendant toute sa vie. L'amour, les joies, la paix dans ces périodes sont les garde-fous de tout le reste de l'existence.

Seule une prise de conscience aiguë de ces notions permettra à l'être humain de passer du déterminisme inconscient qu'il partage avec l'animal, à la capacité de prendre sa destinée en main, ce qui devrait être le but de chacun de nous et la préoccupation de la collectivité tout entière.

c) Les formations réactionnelles

Il peut arriver qu'un individu ait un comportement diamétralement opposé au diagnostic que son visage permet de faire. Dans la mesure bien sûr où le morphopsychologue maîtrise bien son sujet, il pourra conclure au processus régressif le plus important : la formation réactionnelle. On se trouve dans la situation où le sujet vit exactement à l'opposé de ses tendances natives spontanées.

Les tensions sont ici à leur maximum, ce qui se marque par les symptômes que nous avons déjà indiqués : mâchoires bloquées, masque, regard vide. Le visage est particulièrement peu expressif. Le sujet ne peut même pas rire tant les tensions sont fortes, ou alors il le fera de façon très nerveuse, presque saccadée. Tout sera forcé dans son attitude. Même le corps paraîtra rigide, bloqué. Comment a-t-il pu en arriver là ?

Le plus souvent le blocage est dû à la pression de l'environnement qui a empêché l'enfant d'exprimer sa nature profonde. Imaginons le cas d'une petite fille dilatée avec une forte mâchoire de modelé particulièrement sthénique. Elle va avoir une vitalité impressionnante, une grande force d'expansion ; elle préférera les jeux turbulents des garçons à la poupée ou à la dînette. Si les parents ont une idée bien arrêtée de ce qu'une petite fille doit jouer à la poupée et non à des jeux de garçons, ils vont essayer de la soumettre en lui imposant le comportement qu'ils voudraient qu'elle ait. La petite fille peut continuer à imposer sa personnalité malgré ces conditions extérieures difficiles. Mais, le plus souvent par lassitude et parce qu'elle éprouve de la culpabilité à ne pas être conforme à l'image de ce que souhaitent ses parents, elle finira par démissionner. Elle prendra alors l'attitude attendue d'eux, mais ce au prix du refoulement de ses pulsions vitales et de sa spontanéité. La nouvelle personnalité se plaque sur la première qui sera refoulée dans l'inconscient.

Mais on dit bien : « *Chassez le naturel, il revient au galop.* » Pour empêcher ce retour au naturel, le contrôle du Moi devra être constant, ce qui bloquera encore plus toute manifestation spontanée et conduira à un comportement complètement rigide. Dans l'exemple que nous avons pris, la mâchoire sthénique et puissante s'accompagnera d'un surprenant filet de voix, alors qu'on aurait attendu une voix, elle aussi, puissante. Ce contraste marque bien le conflit entre les tendances *animus* et *anima* de la personne.

On trouve le même phénomène chez des garçons dont la composante *anima* importante est mal acceptée. Ils refouleront alors leur composante féminine et survaloriseront la fonction *animus*, masculine, au point de ne plus pouvoir manifester la moindre affectivité, celle-ci étant assimilée par le Moi à de la faiblesse, donc à un comportement féminisé inacceptable. Il y aura refus de toute réceptivité et la composante virile sera survalorisée. On trouve souvent ce cas chez les colosses de la musculation qui peuvent avoir des récepteurs enfantins, notamment le nez retroussé. Ajoutons que le visage est révélateur de ces mécanismes mais qu'on en retrouve les traces dans tout le comportement de la personne, dans chacun de ses gestes. Ainsi même la façon d'ouvrir ou de fermer une porte (ou de ne pas la fermer) sera révélatrice de l'état d'esprit du sujet, de son degré de nervosité ou de contrôle de soi.

De même, la façon de marcher, de s'asseoir ou de se tenir. L'être humain est un tout et, dans chacune de ses attitudes, c'est ce tout qui s'exprime.

Les formations réactionnelles sont les formes de régression les plus importantes car elles sont permanentes. Elles sont difficiles à soigner et nécessitent des thérapies particulières. Ce qu'il faudra rechercher, c'est que l'individu sorte de lui car il est totalement encerclé. Une explosion de colère est extrêmement difficile à obtenir puisque l'individu est totalement figé, emprisonné dans ses mécanismes de défense. Elle constituera un début de déblocage. Encore faut-il rester prudent car cette méthode qui consiste à déclencher l'agressivité ne sera pas adaptée à tout le monde ; il faudra savoir choisir les moments où la provoquer.

N'oublions pas de plus que nous vivons tous des conflits intérieurs ; cela semble indissociable de la qualité d'être humain. On sait que le génie et la folie sont souvent les deux revers d'une même médaille ; c'est dans la capacité de surmonter ces tensions et de les rendre constructives (au lieu de se laisser dominer et détruire par elles) que réside la grandeur de la nature humaine.

PORTRAIT :

Barbara, un alliage de rétraction-bossuée et de dissymétrie.

Quand on voit Barbara sur scène, on est frappé par la fragilité de son corps maigre et on se demande où elle peut trouver la force de tenir une salle en haleine. Mais dès que l'on regarde son visage, on comprend mieux ce que cache de force, cette fragilité apparente. Barbara est une passionnée.

Cette passion se marque par un modelé rétracté-bossué indiqué par l'étage cérébral resserré, les pommettes extrêmement saillantes, le nez bossué, le creux au-dessous des pommettes et la mâchoire puissante. Elle s'inscrit sur un cadre plutôt allongé, rétracté avec des récepteurs grands et ouverts. La passion n'en sera que plus forte et aura du mal à être contenue et canalisée. Il lui faudra toujours aller de l'avant.

Le modelé très sthénique va donner une grande capacité de réalisation.

La dominante est affective ; c'est l'étage le plus large et le plus haut. Barbara va donc être guidée par sa vie affective, son besoin d'établir des échanges privilégiés et passionnés avec les autres.

La structure du nez est conquérante et les narines particulièrement découpées et vibrantes, ce qui dénote une grande sensibilité. Les narines ouvertes montrent une certaine vulnérabilité au niveau des sentiments, mais corrigée par la plongée du nez qui permet de se protéger en partie.

Il y a à la fois une grande fragilité et une grande force. Cette force se retrouve dans la mâchoire particulièrement sthénique qui montre un grand pouvoir de réalisation et la capacité de surmonter les obstacles.

La bouche grande et charnue donne le sens du contact par la voix. Avec la mâchoire puissante, on a une structure de chanteuse.

Le front est très curieux. Il est assez resserré et étroit par rapport à l'étage affectif. Étant le plus rétracté, il se met au service de l'étage affectif et de la passion. Il est peu différencié, ce qui traduit une pensée plus réceptive, intuitive que réfléchie et posée.

La structure originale des sourcils très haut sur l'œil (surtout à droite) va dans le même sens et dénote une perception instantanée des images, une faculté de se laisser pénétrer par ce qu'elle voit, une vision de la réalité très particulière que l'on pourrait qualifier de poétique. Cela apporte aussi un côté réagissant propice à la communication avec le public.

L'abritement des yeux permet de prendre un certain recul par rapport à cette vision un peu floue du monde. Mais dans tous les cas, ce que l'étage cérébral va exprimer, c'est la douleur de la passion, de cette flamme qui parfois illumine, d'autres fois consume. Cette difficulté à vivre

cette passion, sans passer par des hauts et des bas fréquents, est liée à la dissymétrie très grande dans ce visage.

La partie gauche est beaucoup plus rétractée, ce qui rabaisse le sourcil, raccourcit le nez et fait remonter la lèvre de ce côté. La pommette est moins saillante. Il s'ensuit une certaine crispation qui peut remonter à des souffrances vécues pendant l'enfance.

A droite, le visage est plus dilaté, détendu, ce qui traduit un certain épanouissement à l'âge adulte. Le sourcil est beaucoup plus haut notamment.

Mais on sait que quand la dissymétrie est importante, il y a tendance à vivre alternativement les deux côtés de sa personnalité et à passer par des phases de crispation, de tension (à gauche) et d'épanouissement (à droite). Cette alternance est difficile à vivre.

Les tensions risquent de resurgir à chaque fois qu'il y a des difficultés affectives. Or le vécu n'est pas facile à ce niveau car la passion est tellement puissante qu'il y a une exigence que les partenaires auront du mal à soutenir.

C'est parce qu'elle ne pourra pas se satisfaire sur le plan affectif que cette passion va devoir prendre une autre direction. Ce qui ne va pas pouvoir être vécu complètement au niveau affectif va se transposer sur un autre registre, et cet amour tellement débordant qu'une personne seule ne peut pas recevoir, elle va vouloir le donner à tous. Sa mâchoire puissante lui permet de se ressaisir à chaque fois qu'elle ne va pas et de retrouver son équilibre. C'est cette même mâchoire qui lui permet d'affronter les foules et de les subjuguer.

Et la plus belle histoire de Barbara, c'est certainement celle de la petite femme fragile qui tend les bras à ce public qui n'a d'yeux que pour elle et dont le cœur bat à l'unisson de ses chansons.

CHAPITRE IX

L'utilisation de la morphopsychologie

Nous avons beaucoup insisté sur le fait que, pour faire un bon portrait en morphopsychologie, il faut partir de la synthèse et non de l'analyse. Pour cela il est nécessaire d'indiquer certaines règles fondamentales que nous avons suivies pour faire les portraits de ce livre. Ces règles représentent le côté technique de la morphopsychologie. Ce côté technique, une fois assimilé, il devient possible de s'en détacher et, comme le virtuose du piano qui domine parfaitement son instrument peut se consacrer à l'interprétation de l'œuvre, de même le morphopsychologue peut alors oublier ses arpèges et ses gammes et passer de la technique à l'art de l'interprétation.

1. La méthode du portrait

Nous l'avons appliquée dans tous les portraits du livre pour permettre au lecteur de s'y retrouver et d'acquérir des bases solides. On peut en hiérarchiser les différentes étapes :

a) Détermination du type dominant

Il ne faut jamais oublier qu'il y a huit types en morphopsychologie. Pour bien commencer un portrait, il faut donc trouver auquel des huit types se rattache avant tout l'individu étudié.

Ces **huit types de base** sont les suivants : le dilaté atone et le dilaté sthénique, le rétracté latéral, le rétracté de front et le rétracté extrême auxquels il convient d'ajouter le réagissant, le concentré et le rétracté-bossué.

Rappelons que le caractère du dilaté change totalement s'il est de dominante atone ou sthénique et que le rétracté latéral doit être surtout vu de profil.

D'autre part, le rétracté de front ou frontal fait l'objet de beaucoup de confusions. Rappelons que la rétraction frontale concerne tout ce qui apporte des éléments d'intériorisation dans le visage, c'est-à-dire le redressement du cadre de profil et notamment du front, mais aussi l'abritement des récepteurs. Aux cinq types de base, il ne faut pas oublier d'ajouter les trois derniers auxquels souvent on ne pense pas. Dans la distinction réagissant/concentré, c'est le rapport entre le cadre et les récepteurs qui va conditionner le caractère dominant chez le sujet.

Enfin, on oublie souvent la dominante rétractée-bossuée qui confère un tempérament passionné. Rappelons aussi que cette dominante peut s'inscrire sur un cadre dilaté, rétracté latéral, rétracté de front ou rétracté extrême, ce qui va conduire à compartimenter les rétractés-bossués en plusieurs sous-catégories.

b) Détermination des types secondaires

Nous avons vu que chaque être humain possède un alliage entre différents types. Après détermination de la dominante numéro un, il faut évaluer les autres types présents qui vont ajouter des nuances non négligeables au portrait. Il faut aussi en tirer les conséquences psychologiques.

c) Évaluation du degré de tonicité

Le degré d'atonie ou de sthénicité va permettre de déterminer si le sujet est un rêveur ou un réalisateur. Plus la sthénicité est grande, plus il réalise.

d) Détermination des carences

Si un des types morphopsychologiques est totalement absent, on peut conclure à une carence des qualités psychologiques correspondant à ce signe. Ainsi, s'il y a carence de rétraction de front, le sujet va manquer totalement d'intériorisation. Il sera toujours tourné vers l'extérieur et la solitude lui sera insupportable.

Le caractère sera déséquilibré quand une carence est très prononcée.

e) Hiérarchisation des trois étages du visage

C'est une étape capitale puisqu'elle va permettre de déterminer les domaines dans lesquels le sujet peut s'épanouir et vers lesquels il est spontanément porté. Rappelons qu'il peut y avoir un des trois étages qui domine. Il peut aussi y avoir une double dominante et, parfois, un étage en rétraction. Cette cinquième étape est la dernière de la partie « synthèse » du portrait.

Les grandes lignes sont désormais fixées ; on peut rentrer dans le détail.

f) Étude des composantes du caractère

Il convient de reprendre le portrait dans le détail, étage par étage, et d'évaluer les composantes de volonté, de sensibilité et d'intelligence du sujet en déterminant comment ces composantes vont s'articuler par rapport aux autres, ce qui débouche sur la septième étape.

g) Évaluation des conflits ou de l'harmonie générale

Dans le cas d'harmonie (douceur du modelé, contraste cadre/récepteurs peu marqué), on conclut à une bonne harmonie générale et à un comportement équilibré.

Dans le cas de conflits visibles (dissymétrie, modelé très bossué, rétraction latéro-nasale forte, manque d'équilibre entre les étages, dysharmonie entre le cadre et les récepteurs), on conclut à des conflits plus ou moins forts. Il faut alors déterminer si ces conflits viennent enrichir la personnalité (et dans ce cas, il faut dire comment et par rapport à quels éléments du visage), ou s'ils deviennent paralysants, inhibants et même déséquilibrants.

Cette étape est la plus difficile, bien sûr, et exige une habitude du portrait qui ne peut venir qu'avec le temps et la pratique. Muni de tous ces renseignements, on peut passer à la dernière étape.

h) Orientation

Il s'agit de mettre en lumière les facultés de la personne, les domaines où elle peut s'épanouir de façon privilégiée et éventuellement les professions vers lesquelles elle peut s'orienter. On peut aussi donner des conseils pratiques pour qu'elle développe les qualités qui lui font défaut ; cela fera l'objet d'un chapitre spécial.

On voit qu'on peut faire un tour d'horizon très vaste d'une personne et lui communiquer des indications précieuses en ce qui concerne la connaissance d'elle-même et ses perspectives d'avenir ainsi que le comportement à adopter pour remédier à ses lacunes.

2. Détermination des grandes lignes de la personnalité

Quand on fait un portrait, il faut déterminer quels sont les éléments de la personnalité dont on doit parler. Les trois étages du visage permettent d'évaluer le degré et la forme de l'intelligence, de la sensibilité et de la volonté du sujet. Mais ce sont des notions complexes qui peuvent se présenter sous des aspects très différents et il convient de les définir. Ces définitions sont essentielles pour faire un bon portrait. Si on ne sait pas en quoi consiste l'intelligence, quelles formes elle peut revêtir ou bien comment se caractérisent l'extraversion et l'introversion et comment on les décèle dans le visage, il est difficile de progresser. Ces éléments forment le caractère de la personne. Le portrait consiste à définir ce caractère à un moment donné et à déterminer comment il va pouvoir être amélioré.

Certains soutiennent que c'est impossible, que le caractère est fixé une fois pour toutes et qu'on ne peut le changer. Cela vient de ce qu'ils confondent tempérament et caractère, alors que ce sont deux notions bien distinctes.

3. Tempérament et caractère

a) Deux notions différentes

Dans la conversation, on emploie indifféremment les deux termes bien que ce ne soit pas la même chose :

— Le **tempérament** est lié aux côtés inconscient et subconscient de l'être humain qui, dans l'organisme, sont représentés par ce qui est végétatif : les systèmes osseux, musculaire et circulatoire.

— Le **caractère,** lui, est lié aux fonctions plus élaborées, les fonctions conscientes liées au système nerveux qui commande aux mondes des sentiments, de la volonté et de la pensée.

D'après la science initiatique, il y a des correspondances entre les différents règnes de la nature et l'être humain. Ainsi, le **système osseux** correspond au règne minéral et à l'inconscient, le **système musculaire** au monde végétal et au subconscient. Le règne végétal est ligoté, branché sur la terre, il ne peut s'en détacher, comme les muscles sur les os. Il est très proche de l'inconscient. Le **système circulatoire** correspond au règne animal et au monde conscient, le **système nerveux** enfin, au règne humain et à la soi-conscience.

Au règne surhumain, correspond le monde de la superconscience qui englobe la conscience des mondes visibles et invisibles. Très peu d'humains accèdent à ce degré élevé de conscience qui exige un travail sur soi considérable.

Le tempérament est donc lié au côté végétatif, biologique sur lequel on ne peut pas grand-chose. Si on est bossu, aveugle ou muet, il est difficile d'apporter des améliorations car nous n'avons pas le contrôle du système osseux. En cas de fracture, on ne peut que plâtrer et attendre que le temps fasse son travail. Même chose à un moindre degré pour le système musculaire ; on peut le développer mais il faut du temps. Pour le système nerveux, on peut se mettre en colère et se calmer instantanément. Le degré de maîtrise change en fonction du degré de subtilité du système en cause.

Le caractère, lui, apparaît avec la liberté et le règne humain ; il est lié aux domaines du sentiment et de la pensée sur lesquels nous pouvons agir par la volonté.

Le tempérament est donc ce qui, dans l'être humain, est déterminé. Si on mesure 2 m ou 1,40 m, on ne peut rien y faire.

Le caractère est la partie mobile, changeante, sur laquelle s'exerce notre libre arbitre. Le lien entre les deux notions est subtil.

Dans *le Travail alchimique ou la quête de la perfection,* Omraam Mikhaël Aïvanhov définit les deux notions ainsi :

« *Quant au caractère, il ne se dissocie pas du tempérament, mais il représente le côté intelligent, conscient, volontaire. Le caractère, c'est le résultat d'un travail conscient par lequel l'homme a pu changer — ajouter ou retrancher — quelque chose à son tempérament, grâce à son intelligence, sa sensibilité, sa volonté.*

« *Le caractère, c'est le comportement d'un être conscient qui sait ce qu'il fait et où il va, tandis que le tempérament représente seulement les impulsions de la nature biologique, les tendances inconscientes*

et subconscientes. Le caractère est comme la synthèse de toutes les
particularités du tempérament, mais dominées et maîtrisées.

   « *On ne peut guère changer le tempérament, alors que par la*
volonté on peut changer son caractère. Les Anciens avaient divisé les
humains en quatre tempéraments qui correspondent aux quatre états
de la matière des alchimistes : la terre, l'eau, l'air et le feu. » (On
trouve ici la double notion de ce qui est inné : le tempérament, et de
ce qui est acquis dans une certaine mesure à partir de ce tempérament :
le caractère.)

b) Les quatre tempéraments des Anciens

   Pour les Anciens, la vie de l'être humain s'inscrit dans le cycle
des saisons. L'**hiver** c'est l'élément terre qui domine. La vie est
concentrée dans les racines, elle hiberne en attendant que la graine
reprenne son chemin vers la lumière ; cela correspond à la gestation.
Le **printemps** vient ensuite. C'est la fonte des neiges, l'eau vient arroser
la terre. Cela correspond au tempérament lymphatique qui se caractérise par un excès de lymphe par rapport au sang. Les globules blancs
sont plus nombreux que les rouges. Puis, peu à peu, le feu du soleil
s'intensifie. Les globules rouges deviennent prépondérants. Le tempérament sanguin apparaît. Les éléments eau et feu sont alors équilibrés ; cela correspond à l'adolescence. On s'achemine ainsi vers une
situation d'équilibre qui correspond au type canon de l'Antiquité. Puis
l'**été**, s'épanouit en plénitude et l'eau se met à manquer ce qui entraîne
le dessèchement. Cela correspond au bilieux et à la maturité, époque
où le fruit est mûr. Ensuite, vient l'**automne.** Le vent vient balayer
les dernières récoltes pendant que la faux couche les épis dans les
champs. La sève retourne vers le cœur de l'arbre, vers les racines pendant que ses branches perdent leurs feuilles et se recroquevillent fri-
leusement. C'est le temps du dépouillement qui caractérise la fin du
cycle, le vieillard qui correspond au tempérament nerveux.

   Ainsi, s'inscrivaient les tempéraments des Anciens dans le cours
des saisons. Mais les cycles pour eux n'avaient pas de fin comme à
l'année écoulée succède l'année qui naît. Ainsi, l'automne laisse la
place à l'hiver, tout comme le vieillard abandonne la terre, enveloppé
par les blanches froideurs de la mort ; mais qu'importe puisque la
graine un moment inerte sous la terre va reprendre son chemin après
une lente gestation, vers la lumière.

   On retrouve ce cheminement dans l'évolution du dilaté au rétracté
extrême puisque, nous l'avons vu, ils parcourent eux aussi toutes les

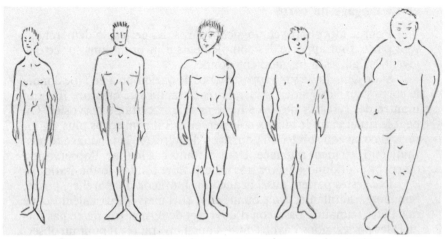

Typologie hippocratique : les quatre tempéraments des Anciens.

1 : nerveux.   4 : sanguin.
2 : bilieux, colérique.   5 : lymphatique, flegmatique.
3 : équilibré.

étapes de la naissance à la vieillesse. On peut donc établir une correspondance entre les quatre tempéraments des Anciens et les types morphopsychologiques du docteur Corman, qui réhabilite cette typologie des pères de notre civilisation en lui donnant un support scientifique et en permettant plus de souplesse dans la classification et le passage d'un tempérament à l'autre.

Le **lymphatique** est le dilaté atone, le **sanguin** le dilaté tonique. Cela correspond aux types chez qui l'expansion est dominante, de même qu'au printemps et au début de l'été l'expansion domine dans la nature.

Le **bilieux** est le rétracté tonique, le **nerveux** le rétracté extrême ou atone. Ce sont les types chez qui la force de conservation est dominante, comme les forces de conservation sont prédominantes à la fin de l'été, surtout en automne où la nature se défend pas à pas pour conserver sa parure multicolore.

Les quatre tempéraments des Anciens ont l'avantage de permettre de rattacher l'étude du corps à celle du visage. C'est seulement pour la commodité de l'étude que nous nous bornons à donner les règles qui s'appliquent au visage. Les mêmes règles s'appliquent au corps tout entier ; il sera facile pour l'étudiant de les reconstituer s'il ne perd pas de vue que le corps tout entier nous parle.

c) Le langage du corps

Pour le morphopsychologue, le corps, les gestes, la démarche...
tout parle, tout apporte des compléments d'informations sur ce que
vivent les autres à un moment donné.

Si on a un doute sur l'appartenance de quelqu'un à un type donné,
le corps peut nous aider. Ainsi, le réagissant a une ossature fine qui
montre des réserves de force limitées et une certaine nervosité. On
peut le situer entre le bilieux et le nerveux. S'il a un corps plus vigoureux avec un cou solide, on pourra en déduire que la tendance réagissante est fortement atténuée. Dans certains cas limites, l'observation
du corps peut donc s'avérer très utile et faire tomber les hésitations.

Les gestes parlent aussi beaucoup. La façon de marcher, posée,
remuante, sautillante, égale ou inégale, quel merveilleux kaléidoscope
que l'être humain ! La façon d'ouvrir et de fermer (ou de ne pas fermer) les portes, nous l'avons dit, est aussi un vrai régal pour un observateur attentif. Tout ce que l'on fait de façon automatique échappe
à notre contrôle et est donc particulièrement révélateur de l'être profond, de l'inconscient.

Dans la façon de conduire, tout ce que la personne retient dans
son quotidien à cause des conventions sociales, toutes les tensions
contenues se libèrent. Le caractère échappe, en effet, dans ce cas, à
l'emprise de la volonté, le tempérament se révèle au grand jour. En
psychologie, on dit que le Moi relâche son contrôle dans tout ce qui
est fait automatiquement. On peut en déduire cette conséquence extrêmement importante qu'en devenant conscient de nos actes automatiques, en les faisant avec joie, enthousiasme et amour (cuisine, repas-
sage, se laver, etc.), on augmente notre champ de conscience tout en
diminuant le champ de nos comportements inconscients et leur emprise
sur nous.

Dès lors, il est passionnant d'étudier les autres quand ils
conduisent, mais il est aussi particulièrement intéressant de s'observer soi-même en train de se débattre dans les affres de la circulation
en cette fin de XXᵉ siècle. Quelle occasion rêvée de prendre conscience
de ses tensions en agissant sur son comportement.

Nous avons obtenu d'excellents résultats avec un hypernerveux
dont les montées de colère au volant n'étaient pas feintes, en lui sug-
gérant de chanter au lieu d'invectiver les autres. Cette tension extrême
continuait à se manifester quand il arrivait chez lui ou à son travail
et l'empoisonnait littéralement. La modification de son comportement
en voiture a eu de telles répercussions qu'au bout d'un certain temps

même le contexte familial s'en est trouvé amélioré. On se trouve ici en plein cœur de l'étude du caractère, cette partie fluctuante de l'être humain dont l'amélioration apporte tant de satisfactions ! Encore une fois, ce qui est valable pour la conduite l'est pour tous les autres comportements automatiques et inconscients qu'il est possible de transformer. Une partie de l'étude du caractère qui suit est inspirée de certains passages du livre *Caractérologique et morphopsychologique* du docteur Corman.

4. La volonté

C'est une force mystérieuse qui permet à l'individu de triompher des obstacles qui sont sur son chemin. Elle est définie comme la faculté, le pouvoir de se déterminer à faire ou à ne pas faire. Cependant, dire qu'un être « a de la volonté » ne veut rien dire. Il faut être capable de mieux cerner cette notion et de voir dans quelles circonstances et comment cette volonté peut se manifester. La volonté prend deux directions : une direction extérieure que l'on peut appeler la **volonté d'action,** et une direction intérieure que l'on peut appeler la **maîtrise de soi.**

a) La volonté d'action

C'est la capacité d'exercer une action sur le monde extérieur. Elle émane de la puissance vitale tout entière. Cette puissance vitale est liée au tempérament. Le costaud ou le maigrichon vont devoir affronter les obstacles avec des atouts fort inégaux qui permettront au premier d'accomplir des tâches dont le second sera bien incapable. De même, vous pourrez faire toute la musculation que vous voudrez, si vous mesurez 1,50 m vous n'atteindrez jamais l'envergure de quelqu'un qui mesure 2 m. Cette puissance vitale sera donc différente pour chaque individu, lymphatique, sanguin, bilieux ou nerveux.

Cette puissance vitale qui renseigne sur la volonté d'action est liée à la dilatation et à la tonicité. Elle va dépendre de la contenance de la citerne, du réservoir que représente le cadre du visage. Plus la citerne est grande, plus les réserves de force vitale sont importantes. Plus la tonicité est grande, plus elles sont susceptibles de se manifester.

Les plus riches en activité sont les dilatés, les rétractés latéraux de cadre large et les rétractés de front sthéniques.

b) Activité et réactivité

L'activité se distingue de la réactivité. De même, la volonté se distingue de l'impulsivité. La réactivité est une réponse pure et simple à l'impression reçue ; elle naît avec le stimulant et s'éteint avec lui. Ce n'est toutefois pas une absence d'activité. Elle confère de la vivacité et une adaptation aux changements qui sont très utiles dans certaines circonstances et dans certains métiers (garçon de café, représentant de commerce, journaliste). La réactivité est visible dans l'ouverture et la grandeur des récepteurs. L'individu, dans ce cas, se laisse pénétrer instantanément par le monde extérieur, ce qui entraîne une réaction immédiate. Il s'ensuit une déperdition d'énergie qui ne sera compensée que par un cadre large et sthénique. Cette réactivité atteint son maximum quand le cadre est étroit, c'est-à-dire chez le réagissant. Mais la volonté, pour être complète, doit aussi s'exercer sur la vie intérieure.

c) La maîtrise de soi

Pour surmonter les obstacles, il faut de la force, de la puissance ; nous venons de voir comment celle-ci est indiquée dans le visage. Mais il faut aussi la continuité dans l'action qui implique la capacité d'éliminer tout ce qui est secondaire pour se consacrer à ce qui est considéré comme essentiel.

Elle implique la direction vers un but, la durée dans l'action, c'est-à-dire la maîtrise de soi. Celle-ci permet d'écarter les tentations intérieures aussi bien qu'extérieures qui éloignent de ce but. Cette maîtrise donne la continuité, la stabilité, une rigueur qui peut aller jusqu'au dépouillement et à l'ascétisme. Elle est marquée dans le visage par la rétraction de front (redressement du cadre et abritement des récepteurs). Toutefois, si elle est trop importante, elle va bloquer la spontanéité.

d) La volonté complète

C'est donc la force qui doit permettre de triompher des obstacles à la fois extérieurs et intérieurs, grâce à une puissante volonté d'action et une grande maîtrise de soi. Mais on peut aussi définir la volonté comme l'activité éclairée par l'intelligence. L'acte volontaire comporte deux phases : la décision et l'exécution. Dans la première phase, celle de la décision, l'intelligence joue un rôle important. Une décision prise à la légère peut entraîner de grands préjudices.

On oppose aussi la persévérance qui est la volonté éclairée par l'intelligence (caractérisée par une rétraction frontale modérée) et l'entêtement qui est une volonté aveugle butant sur des obstacles qu'elle refuse de voir. L'entêtement est marqué par une rétraction frontale très accusée, un modelé très rétracté-bossué. On le trouve aussi dans la rétraction extrême et, par-dessus tout, dans le front surplombant.

e) Domaines de manifestation de la volonté

Il arrive fréquemment que certains individus soient très actifs dans les domaines intellectuel ou social et ne fassent rien dans le plan manuel par exemple, ou *vice versa*. On ne peut pas dire pourtant que ces personnes manquent de volonté. Simplement celle-ci va se manifester plus facilement dans un domaine d'activité que dans un autre. C'est l'étage dominant qui va permettre de voir dans quel domaine la volonté du sujet est privilégiée.

Avec une dominante instinctive, la réalisation est de préférence manuelle. Avec une dominante affective, elle est tournée vers le domaine social et, avec une dominante cérébrale, vers les sphères plus ou moins élevées de la pensée et des études. L'idéal serait, bien sûr, d'être efficient dans les trois plans ; il est possible de travailler dans ce sens.

f) Comment développer la volonté

La volonté étant une des composantes du caractère, elle peut être augmentée grâce à l'intelligence, à la prise de conscience.

Beaucoup de personnes se plaignent d'en manquer, que leurs enfants n'en ont pas assez et s'imaginent que le jour où elles en auront besoin pour des choses importantes, cette volonté va leur tomber du ciel. C'est une illusion. La volonté dans les grandes choses ne peut pas être dissociée de celle qu'on est capable de montrer dans les petites choses. Si on est incapable de réaliser de petites choses au quotidien, on n'en réalisera jamais de grandes. Il faut donc, dès le plus jeune âge, habituer l'enfant à surmonter de petits obstacles en lui faisant accomplir certaines tâches, en lui donnant quelques responsabilités qu'on lui fera accomplir dans la joie, comme un jeu, ou comme un service important qu'il aura rendu. Il est nécessaire aussi de l'habituer à une certaine discipline : ranger ses affaires, se laver les dents, se coucher tôt, se lever immédiatement sans rester au lit (ce qui donne à l'enfant des habitudes de paresse), faire son lit. Il faut lui donner le goût de l'effort sinon, devant la moindre difficulté il s'effondrera. Beaucoup de parents habituent leurs enfants à tout recevoir comme un dû, sans leur faire sentir la valeur des choses. Ils s'étonnent après que leurs enfants soient exigeants et ne veulent rien faire. C'est de leur faute.

Quand on prend conscience de ses carences en matière de volonté à l'âge adulte, on peut aussi travailler sur soi en s'efforçant chaque jour de faire de petites choses qui nous ennuient mais qui sont nécessaires (vaisselle, se lever tôt, être à l'heure), et de les faire **dans la joie**. On change alors les clichés qui nous empoisonnent. Chaque fois qu'on est inquiet, mécontent, « qu'on se mine », c'est soi-même qu'on détruit. Il suffit de se regarder dans la glace à ces moments-là pour s'en persuader. En modifiant son comportement, on peut redresser beaucoup de choses en soi.

5. La sensibilité

La sensibilité peut prendre de nombreuses formes différentes et s'appliquer à des domaines très divers. La présentation de ces différents aspects va être une des clés du portrait.

a) La sensibilité dans le visage

On distingue toujours le cadre et les récepteurs. Pour bien comprendre comment la sensibilité se manifeste dans la forme, on peut prendre l'exemple du chêne et du roseau. Le chêne est lourd, solide, imposant ; pour l'ébranler, le mettre en mouvement, les forces de la nature doivent se déchaîner. Le roseau, lui, est faible, chétif, délicat ; le moindre souffle de vent le fait frémir et pourtant, au milieu des tempêtes et des ouragans, il ploie mais jamais ne rompt, alors que le chêne orgueilleux est tombé de son piédestal. Nous pouvons tirer des conclusions fort intéressantes à partir de cette analogie.

Le cadre

Est-ce que le cadre va révéler la puissance du chêne ou la fragilité du roseau ? Plus le visage est allongé, rétracté, plus la sensibilité est grande. L'individu va frémir au moindre souffle de vent. On sait que la rétraction est provoquée par la force de conservation qui pousse l'être à se protéger quand un danger se présente.

Il est évident que plus la sensibilité est grande, plus l'être ressent les atteintes du milieu et plus il est amené à se rétracter pour se protéger. C'est donc chez le grand rétracté que la sensibilité est à son maximum.

Par contre, le dilaté au cadre lourd et massif est beaucoup plus apparenté au chêne ; sa sensibilité est très faible mais cela ne veut pas dire que le dilaté n'a pas de sensibilité, car un autre élément intervient : la structure des récepteurs.

Les récepteurs

La sensibilité est aussi liée à la finesse, la délicatesse des récepteurs. Il faut être particulièrement attentif à la structure du nez et de la bouche. Dans le nez, les narines jouent un rôle important. Plus elles sont fines, découpées et mobiles, plus la sensibilité est grande. La bouche aussi marque la sensibilité quand elle est fine et découpée. La bouche en arc de Cupidon aux formes délicatement dessinées indique la délicatesse, la finesse et aussi le sens de l'esthétique, l'attrait pour ce qui est beau.

La mobilité des traits du visage et la vivacité du regard sont aussi des indices de sensibilité. Quand le visage est toujours en mouvement, la sensibilité s'extériorise facilement. L'être vibre à toutes les impressions et le laisse paraître. C'est particulièrement le cas du réagissant.

Il peut arriver que le visage présente tous les éléments d'une vive sensibilité et que, pourtant, l'individu apparaisse complètement froid et distant. On pourrait avoir tendance à en déduire une absence de sensibilité. Mais souvent, cette attitude vient de ce que la sensibilité est tellement vive, que le sujet a besoin de la dissimuler pour se protéger. Le morphopsychologue ne sera pas dupe. Cette tendance se marque dans le visage par de forts indices de rétraction : rétractés de front aux récepteurs très enfoncés, rétractés-bossués à tendance introvertie, rétractés extrêmes, sujets ayant une forte rétraction latéro-nasale ou certaines autres parties du visage très aplaties (c'est ce que nous avons appelé le modelé plat).

Dans tous ces cas, où la sensibilité est extrêmement vive, elle risque de ne plus pouvoir se manifester, d'être bloquée ou refoulée dans l'inconscient. Le docteur Corman a pris le cas de Bergson pour illustrer ce type de caractère qu'il a appelé « pseudo-flegmatique » ; ce terme indique que le flegme n'est qu'extérieur et que derrière ces apparences d'insensibilité se cache une sensibilité très vive. Le morpho-psychologue n'en sera pas dupe.

Le grain de peau

Un autre indice de la sensibilité, qui n'est pas beaucoup pris en considération, est la peau. Elle représente pourtant le cinquième sens de l'être humain, le toucher, et indique donc d'une certaine façon comment l'individu touche le monde extérieur, quel type de rapports physiques, de contacts, il établit avec les êtres et les choses qui l'entourent.

— Plus le grain de peau est rugueux et épais, moins la sensibilité est vive. Le rhinocéros ne passe pas pour être un animal particulièrement aimable et délicat !

— Plus le grain de peau est fin et délicat, plus il y a de finesse chez le sujet. On sait, qu'en principe, la peau du visage de la femme est plus fine, plus délicate que celle de l'homme : ce n'est pas un hasard. Quand l'individu se matérialise totalement, sa peau devient comme une cuirasse épaisse. Même s'il y a des indices de sensibilité dans le visage, on peut dire alors que celle-ci s'est totalement mise au service de l'ego, de la matérialité ou de la bestialité du sujet, parfois de la destruction consciente. Dans ces cas-là, même si la personne veut cacher ses arrière-pensées ou ses activités véritables, elles apparaîtront quand même d'une façon ou d'une autre ; n'a-t-on pas l'expression : « *transpirer par tous les pores de la peau* » ?

b) Les différents degrés de la sensibilité

La sensibilité est ce qui donne la capacité de vibrer aux impressions venues du monde extérieur et de les ressentir plus ou moins profondément à l'intérieur de son être. Elle préside au mouvement incessant qui renvoie l'être humain de l'intérieur vers l'extérieur et inversement. C'est un mouvement circulatoire que l'on peut comparer à celui qui conduit le sang du cœur aux poumons et des poumons au cœur. L'être humain est entièrement régi par ce mécanisme de circulation des énergies. Au niveau physique, c'est le sang qui les véhicule. Au niveau psychique, c'est l'Amour qui établit la communication, qui fait passer le courant entre les êtres et qui permet à cette circulation d'énergie de se faire correctement à un niveau plus subtil. La qualité de cet amour dépend de la sensibilité de l'être et de sa capacité à s'en servir.

La sensibilité est un des aspects que prend l'énergie cosmique quand elle passe par le filtre imparfait du corps humain. Plus la sensibilité est grande, plus il suffit pour l'éveiller d'une faible excitation. Il suffit de garder l'image du chêne et du roseau pour comprendre ces manifestations dans le plan physique.

Ainsi, dans un visage lourd, massif aux chairs épaisses et peu mobiles, la sensibilité est très faible, surtout quand les récepteurs sont eux aussi lourds et charnus.

En revanche, plus un visage est gracile, rétracté, avec des traits délicats et mobiles, plus la sensibilité est grande. Mais alors, elle risque de se transformer en émotivité.

c) Sensibilité et émotivité

L'émotivité est une sensibilité si forte que l'individu en perd le contrôle : elle le paralyse. Dans ce cas, chaque fois qu'une situation imprévue ou agissant fortement sur son système nerveux va se présenter, le sujet va perdre ses moyens. Il devient alors pâle et tremblant, voire livide, et c'est toujours dans les moments importants où il aurait besoin de rassembler toutes ses forces que la paralysie se produit. Il arrive aussi que lorsque la sensibilité est très vive, la pensée passe totalement sous l'emprise des sentiments. On dit que le désir, l'émotion ou surtout la passion aveuglent. Une des règles en psychologie est qu'on ne peut connaître ni ce à quoi on est trop attaché, ni ce à quoi on n'est pas attaché du tout.

Dans le premier cas, on est victime de ses projections. La projection est le fait de projeter sur l'autre les images de ce que l'on n'a pas pu réaliser soi-même.

Combien de parents ne connaissent leurs enfants qu'à travers le filtre égoïste de leurs désirs. On veut que l'enfant réalise ce que l'on n'a pas pu faire sans savoir si c'est bien pour lui. L'enfant est aimé — inconsciemment bien sûr — comme une continuation de ses parents et non pour lui, pour qu'il développe ce qui sommeille en lui et non ce qui n'a pu s'épanouir chez ses parents, car souvent ce n'est pas la même chose.

Aimer les autres pour eux et non pour soi-même, il n'y a rien de plus difficile !

Dans le deuxième cas, on ne peut connaître les autres car ils nous sont indifférents. Pour connaître quelque chose ou quelqu'un, il faut un intérêt, un lien, et ce lien c'est la sympathie qui est un des degrés de l'amour.

*
* *

d) Sensibilité de surface et sensibilité profonde

La sensibilité est essentiellement réceptive. La volonté, elle, est émissive. Ce sont les deux polarités de l'être. Pour équilibrer la sensibilité, il faut donc développer une volonté, une puissance d'autant plus grande que la sensibilité est plus forte. Il faudra donc un cadre important. Il ne faut toutefois pas déduire qu'une personne au cadre massif n'a aucune sensibilité. C'est ici qu'il convient de distinguer entre la sensibilité de surface et la sensibilité profonde.

Quand le cadre est solide, épais, mais avec des récepteurs fins et mobiles, la sensibilité est vive au niveau des récepteurs qui sont immédiatement alertés par tout ce qui se présente à eux, mais elle ne touche l'être qu'en surface : il garde alors facilement le contrôle de ses réactions.

Quand la fragilité du cadre s'allie à la finesse de ses récepteurs, la sensibilité est alors extrême et le système nerveux vulnérable : les impressions sensibles touchent l'être tout entier comme un courant à haut voltage qui se communique instantanément à tout l'organisme. Il lui est alors très difficile de se protéger, et de garder son sang-froid.

e) La sensibilité et les étages du visage

La sensibilité peut toucher les trois étages de la personnalité. Nous avons vu que l'étage en rétraction correspond à la zone de sensibilité la plus vive, donc de plus grande vulnérabilité. Néanmoins, c'est la structure de l'étage affectif qui est fondamentale pour déterminer comment cette sensibilité va se manifester dans le rapport avec les autres.

La rétraction latéro-nasale est déjà l'indice d'une vive sensibilité de défense. L'affectivité ne se manifeste alors que dans un milieu d'élection réduit. La structure du nez et son rapport avec le reste de la zone affective sont aussi fondamentaux, de même que les narines. Des narines fines, découpées et vibrantes permettent à la sensibilité de se manifester de façon spontanée et aux sentiments de s'exprimer. Par contre, des narines collées indiquent que l'expression des sentiments est bloquée. C'est comme si les portes étaient presque fermées par un mouvement de défense. Dans les cas extrêmes, l'individu se réfugie derrière un « *Was ist das* » expectatif. Il ne se livre pas. Presque toujours, on peut en déduire un traumatisme pendant l'enfance ou de graves difficultés avec les parents. Il peut arriver que la narine gauche soit collée et la droite ouverte. Nous en avons déjà parlé au sujet de la dissymétrie. Rappelons que cela montre chez le droitier des blocages pendant l'enfance (à gauche) suivis d'un épanouissement ultérieur (l'ouverture à droite).

Si la narine gauche est ouverte et la droite fermée, ce qui est plus rare, cela indique que le choc s'est produit à l'âge adulte après une enfance épanouie. C'est toujours le résultat d'un traumatisme qui peut se produire à la puberté à cause d'une difficulté à vivre sa sexualité, ou à l'âge adulte à cause de déceptions sentimentales très cruelles. Même dans le cas d'un épanouissement ultérieur, la dissymétrie est source d'un équilibre qui reste fragile et, dans certaines circonstances, il peut y avoir réveil des traumatismes de l'enfance.

N'oublions pas toutefois que ce sont les difficultés qui nous font avancer et que l'intégration de ces difficultés permet d'atteindre une grande profondeur, de propulser l'individu vers des sphères totalement inaccessibles à ceux qui n'ont rien eu à surmonter.

f) Étage instinctif, tempérament et caractère

Il est intéressant de noter que l'étage instinctif représente les racines de l'être, le monde des instincts, les tendances profondes avec lesquelles il s'incarne et qu'il est difficile de transformer. On peut donc rapprocher cet étage du tempérament. Ces instincts, on est obligé d'en tenir compte et la question qui se pose est comment les dominer, comment les mettre au travail ? L'orgueil, par exemple, n'est pas mauvais en soi. C'est une « faculté » qui pousse à vouloir être le premier. Mais le premier pour quoi faire, dans quel but ? Pour écraser les autres ou bien pour les aider ?

Ce combat de l'homme contre ses « démons » intérieurs est représenté dans la tradition chrétienne par l'image de l'archange Mikhaël terrassant le dragon. Le dragon représente les instincts, la nature inférieure, animale de l'homme, que le héros arrive à dominer. L'archange Mikhaël est la plus haute représentation de la figure humaine accédant à la divinité. Le héros ne tue pas le dragon, il le domine en se montrant plus fort que lui, et le dragon se met alors à son service. Dans la symbolique orientale, le dragon a deux fonctions : il garde les portes des chambres secrètes où se trouvent les trésors les plus fabuleux, et sert de monture à celui qui l'a vaincu lui permettant de parcourir sur son dos les espaces illimités. Le dragon est quelque part en nous ; celui qui sait le dominer se voit confier tous les secrets, tous les trésors de connaissance que contient l'univers ; il peut voler, plus rien ne l'arrête ici-bas. Le dragon est le gardien des mondes interdits, mais interdits seulement à ceux qui n'ont rien vaincu. C'est le gardien des portes de l'initiation. Seul, le héros franchira ces portes et le héros, étymologiquement, est celui qui porte en lui « Éros », l'Amour. C'est cet amour divin, cosmique, qui est la clé de l'initiation et qui permet de sortir de toutes les limitations, de triompher de tous les obstacles (1).

Dans le visage, on retrouve cette dualité : l'étage instinctif c'est le dragon, c'est l'expression du tempérament. L'étage cérébral, c'est l'archange Mikhaël qui, un jour, s'éveillera. Le jour où c'est lui qui commandera, et non plus les instincts, l'être humain transformera totalement, transmutera les éléments de son caractère et deviendra un cristal étincelant qui reflétera toutes les merveilles de l'univers.

Dans le visage, c'est le nez qui se trouve au centre, à mi-chemin entre ces structures pesantes, presque inchangeables du tempérament, et celles plus subtiles et fluctuantes du caractère coiffées par la pensée. Le nez, au niveau de sa partie basse, indique les éléments du tempérament, l'attachement de l'homme à ses instincts, au monde d'en bas, au monde de la matière.

S'il est large, épais et lourd, c'est que l'être est orienté essentiellement vers les jouissances instinctives et la matérialité. La partie haute va, elle, indiquer les aspirations de l'être vers les mondes spirituels.

Si le nez est plus large à la racine qu'à la base, il y a tendance à diriger ses énergies vers le haut. C'est un indice de spiritualité qui finira tôt ou tard par s'éveiller. Il faut tenir compte du reste du visage, bien sûr, pour savoir si cet indice sera suffisant pour propulser l'être des sphères de la matière à celles de l'Esprit. La partie intermédiaire du nez est liée au monde de l'âme, elle indique comment se fera le passage entre le monde de la matière et celui de l'Esprit : de façon heurtée s'il est marqué d'une bosse, de façon harmonieuse si la transition est douce. Le nez reflète ainsi en miniature les trois étages du visage et donc l'être tout entier. C'est un des nombreux microcosmes porteur des secrets de l'infiniment grand.

---

1. Omraam Mikhaël Aïvanhov : *La Force sexuelle ou le dragon ailé* (Éditions Provesta).

6. Extraversion et introversion

L'extraversion est ce que la caractérologie (ou science du caractère) a appelé la primarité ; l'introversion est ce qu'elle a appelé la secondarité. L'extraversion-introversion a été, elle, apportée par Jung.

Le **primaire-extraverti** est caractérisé par son ouverture au monde et aux autres. Il réagit immédiatement aux excitations. Il a le sens de l'improvisation, un bon contact humain et l'intérêt pour de nombreux sujets. On trouve ces caractéristiques chez les dilatés, les rétractés latéraux aux récepteurs ouverts et les réagissants. Chez tous ces sujets, la durée qui sépare l'excitation de la réaction est très brève ; on a l'expression « *réagir au quart de tour* ».

Chez le **secondaire,** la réaction est beaucoup plus tardive. Il va peser soigneusement le pour et le contre avant de se mettre en mouvement. Cette secondarité-introversion correspond à la fermeture, au repli sur soi, à la solitude, à la prise de distance par rapport au monde et aux autres. En revanche, elle donne une grande exigence de la perfection, de la rigueur et une grande profondeur.

Un exemple pour illustrer la différence entre les deux attitudes : celui de la colère. Le primaire-extraverti est soumis à la colère rouge. Il éclate instantanément, dit ce qu'il pense à grand bruit et oublie immédiatement. Le secondaire-intraverti, lui, va garder sa colère à l'intérieur, se ronger, se torturer et éventuellement préparer soigneusement la riposte avant d'éclater. Il est sujet à la rumination, à la colère blanche et oublie difficilement ce qu'on lui a fait.

La secondarité-introversion est plutôt l'apanage des rétractés de front et de tous les sujets qui ont des récepteurs fermés, la fermeture des récepteurs bloquant la spontanéité vitale. L'extraversion n'est pas meilleure que l'introversion ; il faut seulement se demander dans quelles circonstances l'une ou l'autre donnent les meilleurs résultats.

Chaque individu possède, en fait, des caractéristiques des deux composantes. On pourra donc dire qu'il y a des types de prédominance primaire et des types de prédominance secondaire. La détermination de ces traits de caractère permet d'évaluer quelle attitude aura le sujet dans telle ou telle situation. On en tient compte particulièrement dans les cas de recrutement ou d'orientation professionnelle.

7. La synthèse des diverses composantes du caractère

Le docteur Corman a particulièrement insisté sur le fait qu'on ne peut dissocier la volonté de la sensibilité et de l'intelligence. C'est la sensibilité qui vient alimenter l'intelligence en impressions dites sensibles. Quand elle est absente, la pensée est froide, purement abstraite et donc coupée des réalités humaines.

D'autre part, si la sensibilité n'est pas équilibrée par une activité suffisante, elle déborde le sujet et se transforme en émotivité qui vient le priver de ses facultés dans les moments opportuns. Quand l'activité n'est pas équilibrée par une sensibilité suffisante, elle donne la tendance à tout écraser sur son passage. Les autres ne comptent plus. Seul compte le but que l'on s'est fixé et tous les moyens sont bons pour l'atteindre.

L'équilibre entre ces trois composantes peut être représenté par le symbole du triangle, symbole connu depuis la plus lointaine Antiquité et dont la pyramide est une expression. La Tradition initiatique utilisait le triangle comme représentation de la Trinité présente en chaque être humain sous forme de sagesse, d'amour et de volonté virtuels. Virtuels, car si les germes de ces qualités existent chez tous, ceux qui les ont portées à un haut degré de développement sont rarissimes. Seule, la voie de l'initiation qui était justement conférée en Égypte dans les pyramides permettait de transformer ces germes en qualités éclatantes et équilibrées. L'équilibre de ces facultés de sagesse, d'amour et de volonté était représenté par le triangle équilatéral.

Si le triangle n'est pas équilatéral, il y a déséquilibre, avec plusieurs combinaisons possibles :

— Sagesse plus volonté sans amour donne les bourreaux et les tyrans.

— Amour plus sagesse sans volonté donne l'incapacité de concrétiser ces qualités, avec risque de perdre le contact avec les réalités du monde physique.

— Amour plus volonté sans sagesse donne des qualités de cœur au service des autres, mais c'est la source de beaucoup de désillusions, car dans le monde, on abuse sans scrupules de ceux qui n'ont pas le discernement. On les appelle communément des « bonnes poires ».

Il faut savoir quoi, comment et à qui donner, sous peine de se retrouver sans rien d'autre que des illusions perdues. Comme nous l'avons déjà vu, si l'on considère alors que le meilleur moyen d'aider l'autre, de lui faire comprendre, est de lui rendre son coup de poing, on pourra le faire. Mais que ce ne soit plus par sentiment de revanche, mais **par amour,** par un amour qui exige la connaissance de ce qui est bon pour l'autre, c'est cela la véritable sagesse.

Dans l'Antiquité, on faisait la différence entre la philosophie et la rhétorique. La rhétorique était un système d'idées alors que la philosophie était la connaissance appliquée à la réalité. Le philosophe vivait ce qu'il enseignait. En ce sens, la sagesse était aussi inséparable du vécu qu'elle l'est de l'Amour et on retrouve les trois composantes du triangle indissociables l'une de l'autre.

L'intelligence est donc indissociable des autres éléments de la personnalité qui en constituent les racines. Il n'y a pas de fruits si l'organisme merveilleux qu'est un arbre n'est pas en parfait état jusque dans ses racines. De même, la pensée de l'être humain prend sa source dans son organisme tout entier et les autres fonctions en sont le support.

Il est vraisemblable que ce n'est pas en développant uniquement les facultés intellectuelles, en bourrant le cerveau de connaissances comme c'est le cas de nos jours, qu'on atteindra à un haut développement de l'intelligence humaine. Cela ne se réalisera que quand l'être humain sera capable d'établir l'harmonie entre ces trois fonctions, dans chacune de ses cellules. Il lui sera alors possible de se libérer des tensions qui détruisent son système nerveux et obscurcissent son champ de vision. Il goûtera alors à la paix du mental qui, seule, apporte la joie de l'âme et la liberté de l'Esprit.

Alors seulement il pourra porter ce nom d'individu, d'être indivisible qu'il ne mérite pas encore.

Mais il n'en est pas moins déjà un Tout, avec des fonctions solidaires qui s'inscrivent dans ce Tout ; c'est donc dans sa totalité et non dans ses différentes fonctions qu'il faut l'étudier. D'où la méthode graduelle du portrait qui part de l'ensemble pour en venir seulement ensuite à la description des différents éléments du caractère qui pourront toujours ainsi être raccordés à l'ensemble, au Tout.

CHAPITRE X

Les alliages

On a affaire à un alliage quand, dans un visage, coexistent un certain nombre de types-jalons (exemple : dilaté-rétracté de front). Dans la mesure où l'être humain est un être complexe en qui coexistent un nombre considérable de fonctions, souvent opposées, on peut dire que la quasi-totalité des humains est composée d'alliages entre plusieurs types-jalons. Un alliage va avoir deux conséquences possibles :

— Il va enrichir la personnalité en lui ajoutant certaines caractéristiques d'un autre type et donc les potentialités d'un autre âge de la vie.

— Si cette complexité est mal assumée par la personne, elle va engendrer des conflits. L'alliage est alors source d'antagonismes. Il va donc s'agir de déterminer quels facteurs favorisent dans un visage l'intégration de cet alliage ou bien la rendent difficile.

Mais d'abord, il faudra être capable de hiérarchiser les types-jalons en fonction de l'importance qu'ils occupent dans le visage.

1. La hiérarchisation des types-jalons

a) Détermination du type dominant

Il faut d'abord déterminer le type dominant : dilaté, rétracté latéral, rétracté de front ou rétracté extrême, concentré, réagissant ou passionné. Très souvent, on ne pense pas aux trois derniers.

Quand on a affaire à un passionné, l'interprétation psychologique va très vite, pour les grandes lignes en tout cas. Mais si on n'a pas vu qu'il s'agit d'un passionné, le portrait devient un vrai casse-tête. Il en va de même pour le concentré. Une fois, nous avons proposé le portrait de Marcel Dassault à des élèves ; les portraits furent très médiocres car personne ne vit qu'il s'agissait d'un concentré. Mais dès que la dominante fut trouvée, le portrait devint évident.

b) Détermination des types secondaires

A côté du type dominant existent des types secondaires qu'il va falloir déterminer pour aller plus avant dans le portrait. Il n'y a pas deux individus identiques, c'est-à-dire qu'à partir du schéma de départ que représentent les types-jalons vont s'ajouter une infinité de nuances qui feront de chaque être humain une entité unique. Un peu comme si un sculpteur avait à sa disposition des matériaux de couleur et de qualité différentes (marbre, pierre, bois) ; de chacun de ces matériaux, il tirera des œuvres qui auront en commun d'être faites soit en bois, pierre ou marbre. Les œuvres sculptées dans le même matériau appartiendront en quelque sorte à la même famille, mais n'en présenteront pas moins une diversité considérable. L'être humain, lui aussi, est une sculpture qui varie à l'infini, selon le genre, la couleur, le sexe, l'âge, mais que l'on peut regrouper en grandes catégories sans risquer de tomber dans la schématisation artificielle qui est un des grands risques de notre époque où on veut tout classifier, ranger en catégories et mettre sur ordinateurs.

C'est une des grandes ambiguïtés de la morphopsychologie qui explique son succès actuel, lequel repose sur le désir qu'ont nos contemporains de classifier leurs semblables et de les ranger dans des tiroirs pour arriver à mieux les connaître. Mais la morphopsychologie est justement le contraire de cette démarche analytique. C'est en partant du général seulement qu'on peut redécouvrir la palette infinie sur laquelle l'être humain vient refléter toutes les couleurs de la création. Ces couleurs vont s'exprimer dans le visage par des nuances si subtiles qu'un rien en modifie l'interprétation.

Ainsi, chez un réagissant des éléments de rétraction de front, même très modérés comme l'abritement des yeux, vont amener un élément de contrôle fort bénéfique. En revanche, chez le concentré, la fermeture d'un récepteur qui était déjà petit va accentuer la tendance à la concentration des forces et à l'égocentrisme.

Dans certains cas, tous les types du dilaté au rétracté extrême sont représentés dans un visage. On aura par exemple un rétracté latéral avec des éléments de dilatation dans le cadre, de rétraction intériorisante par l'abritement des récepteurs et de rétraction extrême par leur dessin fin et délicat. La personnalité est, dans ce cas, très riche puisque toutes les facettes miroitent alors dans le visage.

c) Cas où deux types s'équilibrent

L'interprétation est différente selon qu'on a affaire à un dilaté-rétracté latéral (où la dilatation domine) ou bien un rétracté-latéral avec des éléments de dilatation. Le comportement du sujet est, avant tout, régi par le type dominant. Il arrive toutefois que deux types s'équilibrent ; le sujet va alors vivre successivement les deux tendances dans le cours de sa vie.

Ainsi un dilaté-rétracté de front vivra, en général, d'abord pleinement son côté dilaté, parfois jusqu'à l'extrême, avant de basculer progressivement dans le comportement plus posé du rétracté de front. Il est fascinant de voir à quel point certains saints comme saint François d'Assise ou le bouddha Gautama ont d'abord vécu des existences de plaisir avant d'opter pour une vie de dévouement et d'ascétisme. On peut penser que, dans leur visage, dominaient ces deux types-jalons.

On peut énoncer la règle suivante : « *Dans la première partie de sa vie, c'est son type dominant que le sujet va vivre ou celui des types dominants correspondant à ce jeune âge. Puis, au fur et à mesure qu'il avance en âge et qu'il tend vers l'équilibre, il vivra ses sous-dominantes.* »

C'est particulièrement à l'adolescence que l'on vit sans frein son type dominant. On peut dire qu'à ce moment de la vie apparaissent à l'état brut les éléments indomptés du caractère. Il va falloir les apprivoiser et en triompher pendant la suite de l'existence.

*
* *

Il faut se demander si l'alliage est enrichissant ou bien générateur de conflits paralysants.

2. Les facteurs d'enrichissement

Quand certaines conditions sont réunies, on peut supposer que l'alliage contribue à l'épanouissement de l'être. Dans ce cas, l'être marche vers l'unité intérieure.

a) L'harmonie du visage

Pour être harmonieux, un visage ne doit présenter :

— **Aucun élément excessif** : ainsi, un très grand nez indique des troubles possibles dans le domaine affectif ; un très grand front indifférencié dans le domaine intellectuel ; une atonie trop grande dans le domaine de la réalisation.

— **Aucune carence accusée** comme l'absence de tonicité, d'intériorisation ou de différenciation dans le front.

— **Aucune disparité trop grande** comme une forte asymétrie, ou une très grande différence entre les étages, car alors l'unité intérieure devient très difficile.

b) La richesse de l'alliage

Quand le visage dénote une bonne vitalité, une volonté efficiente, une sensibilité suffisante pour permettre une ouverture sur le monde et une intelligence conférant à la fois un pouvoir de choix et la maîtrise de soi, l'alliage est riche. Il en est de même lorsque les différents types-jalons sont représentés dans le visage.

3. Les facteurs de trouble

a) L'inharmonie et la pauvreté

Il y a pauvreté dans le cas d'un alliage simple avec une carence importante comme, par exemple, l'absence complète de rétraction intériorisante dans un visage.

Il faudra aussi toujours être en alerte quand un visage présente certains traits complètement inattendus par rapport à l'ensemble, que ce soit dans le rapport entre le cadre et les récepteurs, entre les différents étages entre eux ou même entre le visage et le corps.

Plus les tendances paraissent antagonistes, plus l'équilibre exige des efforts, mais cela ne veut pas dire que cet équilibre ne sera pas réalisé. Si le sujet y parvient, comme nous l'avons déjà vu, il aura développé des facultés d'autant plus grandes que les tensions auront été plus importantes.

b) Le rapport entre le sujet et son milieu

Il peut arriver qu'un visage ait une bonne tenue apparente, pourtant la personne vient nous voir en disant qu'elle ne va pas du tout. Si les difficultés sont d'ordre affectif, elle va nous le dire très vite, mais elle est souvent incapable de dire ce qui ne va pas. Très souvent, cela vient de ce que le travail qu'elle fait n'est pas du tout adapté à ses aspirations profondes et à ses facultés dominantes. Il est donc très important de déterminer si le métier que fait la personne lui convient et s'il n'est pas la cause de son désarroi actuel.

Nous avons eu le cas d'une jeune femme qui vivait une situation de tension extrême. Elle était comptable avec un visage très sthénique et une dominante instinctive. Elle avait donc besoin d'action, de mouvement ; son travail sédentaire était l'opposé de ce qui lui convenait. Nous lui avons conseillé de faire du sport et de trouver des activités compensatrices, mais sa profession lui prenait onze heures par jour avec les déplacements ; c'était donc impossible. En désespoir de cause, nous lui avons dit que la seule solution était qu'elle change de travail. Plus facile à dire qu'à faire !
Trois jours après elle nous rappelait. Une de ses collègues chargée des relations extérieures de l'entreprise partait en préretraite, libérant un poste à mi-temps qui lui convenait parfaitement. Je lui conseillais de sauter sur l'occasion. Quelque temps après c'était chose faite. Sans la consultation, elle n'aurait jamais osé postuler pour ce changement. Il est intéressant d'ajouter que ce qui l'avait poussée à venir me voir était qu'elle prenait du poids de façon inquiétante. Cela aussi était normal ! Étant insatisfaite, elle mangeait, donc prenait du poids, ce qui l'aurait amenée à épouser la morphologie d'une travailleuse sédentaire, à épouser la chaise de son bureau...

C'est souvent la peur qui nous empêche de tenter des reconversions. Il ne suffit pas de vouloir pour que les occasions se présentent, mais si on ne veut pas que les choses changent, elles ne changeront jamais. L'impact de la pensée positive est considérable et on ne soupçonne pas à quel point elle est efficace.

Certains de ces cas sont traités par médicaments, ce qui n'arrange rien. Il est très important de savoir que si une maladie a des causes physiques, c'est par des moyens physiques comme les médicaments qu'on peut la soigner. En revanche, si elle a des causes psychologiques et que l'on donne des médicaments, on ne peut qu'abrutir la personne en la rendant encore plus inapte à réagir et à trouver les véritables causes de ses difficultés. **Un bon médecin est aussi un médecin de l'âme.**

4. Les alliages avec le dilaté

a) Le dilaté-rétracté latéral

MORPHOLOGIE

La dilatation est marquée par le cadre large avec les chairs épaisses, la rétraction latérale par quelques méplats et un certain allongement du cadre. Mais c'est surtout de profil qu'elle pourra être observée : s'il est incliné, la rétraction latérale s'ajoute à la dilatation. Il y a alors inclinaison du front en arrière et saillie en avant d'un ou deux des étages inférieurs, surtout de l'étage affectif qui sera alors « en museau ». Les deux éléments dans le caractère vont alors se superposer.

PSYCHOLOGIE

La rétraction latérale apporte le dynamisme et le besoin d'indépendance. La dilatation tempère l'impulsivité du rétracté latéral.

Les atouts, c'est l'alliage de deux types extravertis. Cela donne une grande aisance pour la vie extérieure matérielle, d'où une bonne adaptation sociale, une bonne humeur qui attire la sympathie, le sens du concret et des échanges, de la communication, du commerce avec les autres. S'y ajoutent le sens de l'aventure et le besoin de mouvement du rétracté latéral, ce qui donne l'esprit d'entreprise. Le dilaté aura tendance à se laisser porter par les flots, le dilaté-rétracté latéral à mener le bateau à bon port, celui où il aura choisi d'aller. La vie instinctive-active joue un rôle important chez lui, même dans le cas d'une dominante cérébrale.

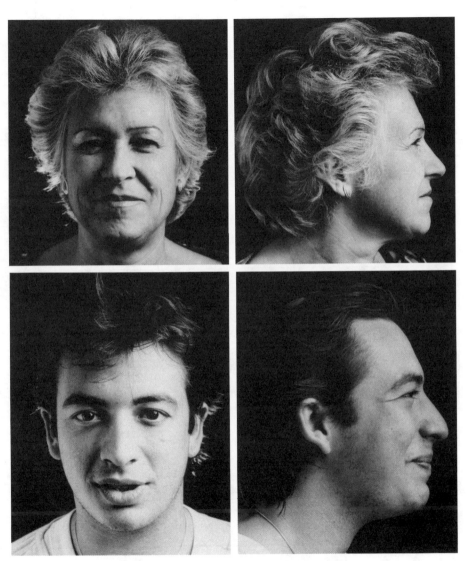

Alliage de dilatation et de rétraction latérale.

C'est un alliage fréquent. La rétraction latérale vient dynamiser le dilaté. La vie extérieure (et particulièrement sociale) est favorisée. L'adaptation au monde et aux autres est remarquable. La vie intérieure est plus difficile s'il n'y a pas aussi des éléments de rétraction de front.

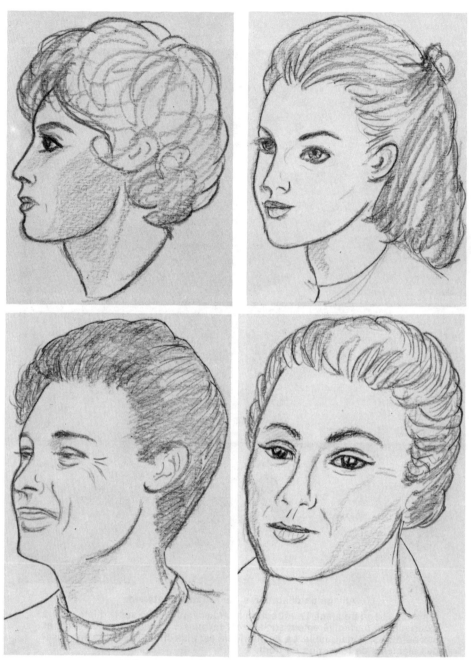

Alliage de dilatation et de rétractation latérale.

Les lacunes : la personne perd en vie intérieure ce qu'elle gagne en aisance extérieure. La rétraction latérale c'est l'accélérateur ; la dilatation va dans le même sens. Même s'il y a de l'atonie, ce n'est pas un frein bien puissant mais simplement un élément de pondération qui peut donner le style « père tranquille ». Si l'atonie est forte, cela donne d'ailleurs un frein plutôt négatif : c'est plus l'incapacité d'agir que la faculté de savoir quand s'arrêter.

Si la rétraction latérale domine fortement avec une sthénicité importante, le sujet va foncer sans s'occuper de ce qui l'entoure. Il y aura absence de contrôle et de maîtrise de soi. C'est ce qu'on appelle « l'hypersthénie » correspondant à l'expression « *foncer tête baissée* ».

b) Le dilaté-rétracté de front

La rétraction latérale dynamise le dilaté ; la rétraction de front lui amène la maîtrise, un élément d'introversion qui enrichit la personnalité.

MORPHOLOGIE

Le cadre reste dilaté, mais le profil se redresse et les récepteurs sont plus ou moins abrités (bouche plus ou moins grande et serrée, nez aux narines abritées derrière leurs lobules, yeux plus ou moins enfoncés). Le dosage entre la dilatation et la rétraction de front peut varier. Le plus souvent, comme nous l'avons vu, la dilatation prévaut dans la première partie de la vie, la rétraction de front lors de la maturité.

PSYCHOLOGIE

La rétraction intériorisante va apporter des éléments de frein, de maîtrise, qui vont équilibrer, pondérer la force d'expansion du dilaté. L'extraversion va être corrigée par un apport d'introversion qui va entraîner certaines conséquences au niveau du comportement :
— En ce qui concerne la volonté, l'apport de rétraction intériorisante va permettre de sélectionner les priorités et d'engager des actions de longue haleine. Le dilaté est relativement dispersé et a beaucoup de mal à se discipliner. Avec de la rétraction de front, il est capable de se fixer des buts et de les réaliser. La volonté est donc renforcée.
— Au niveau affectif-social, l'adaptation est moins large que pour le dilaté. Celui-ci se sent bien partout et sélectionne peu le milieu

Le dilaté-rétracté de front.

A la dilatation s'ajoutent le redressement de profil et l'abritement des récepteurs.
C'est un alliage d'extraversion (la dilatation) et d'introversion (la rétraction de front).

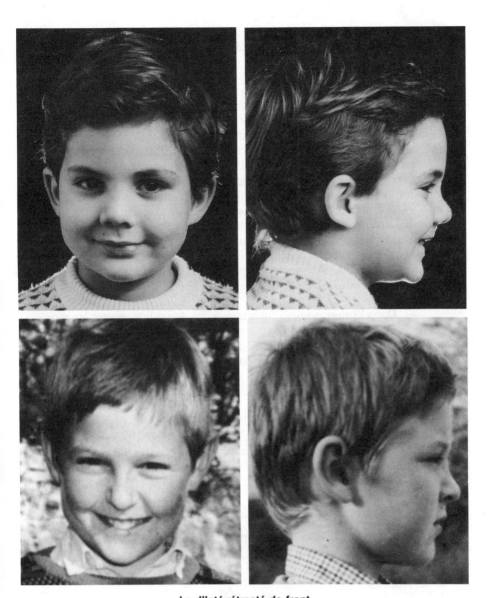

Le dilaté-rétracté de front.

Photos du haut : enfant de 5 ans (face et profil). De face, le cadre est dilaté mais les yeux sont abrités, ce qui apporte un élément d'intériorisation. De profil le front est redressé et déjà différencié. C'est un enfant très réfléchi pour son âge.

Photos du bas : enfant de 9 ans (face et profil). Ici aussi le cadre est dilaté mais les récepteurs sont abrités aux trois étages et le front redressé de profil. L'alliage confère des qualités de réflexion et de contrôle. Le frein et l'accélérateur sont bien présents. La finesse des récepteurs ajoute la sensibilité.

où il évolue. Le dilaté-rétracté de front sélectionne davantage ses fréquentations et ne sautera pas au cou du premier venu ; il sait garder ses distances. La rétraction lui donne du recul, ce qui lui confère plus de discernement qu'au dilaté dont il garde cependant le côté social et bienveillant. Il est capable de plus de profondeur dans ses relations intimes. Il se lie avec moins de fougue, mais plus de constance.

La puissance de la dilatation alliée au discernement et à la réflexion de la rétraction de front donne le sens de l'autorité et l'envie de réussir, l'ambition. Trop poussée, l'ambition se transforme en arrivisme.

— Au niveau intellectuel, il allie la spontanéité du dilaté et le sens de la réflexion et de la méthode du rétracté de front. Par la dilatation, il s'intéresse surtout à ce qui est concret, les choses et les personnes. Il peut accéder à la synthèse, mais toujours en partant des données concrètes. Il concrétise ses idées, il réalise. Il faut toutefois étudier la structure de l'étage cérébral pour déterminer sa forme d'intelligence.

— Dans l'inharmonie, l'intégration des deux dominantes est plus difficile. C'est le cas pour un cadre lourd et large avec un profil très redressé et des récepteurs très abrités. La force d'expansion et la force de conservation sont alors très importantes. Le comportement devient heurté. Le sujet va s'apparenter à un rétracté-bossué inharmonieux. La dilatation amène le besoin de contact et la rétraction, le refus de ce contact.

Quand la rétraction domine, l'intériorisation très forte entraîne un risque de blocage. Quand c'est la dilatation et la sthénicité qui dominent, l'extraversion se libère par des réactions d'agressivité, voire de brutalité.

c) Les rétractés latéraux-rétractés de front

Le dynamisme de la rétraction latérale coexiste avec la maîtrise de soi de la rétraction de front.

MORPHOLOGIE

Il est difficile de la décrire. La rétraction latérale est dans ce cas corrigée par l'abritement des récepteurs. Quand c'est la rétraction de front qui domine, avec en plus quelques touches de rétraction latérale (comme la projection du nez en avant ou le front incliné), des éléments d'extraversion et de dynamisme sont ajoutés.

Quand les deux tendances sont présentes à chaque étage (front modérément incliné, yeux abrités, nez projeté en avant mais aux narines abritées, menton qui avance avec bouche abritée elle aussi) l'alliage est équilibré.

PSYCHOLOGIE

Le sujet est plus entreprenant que le rétracté de front et plus persévérant que le rétracté latéral. Il bénéficie d'un bon frein et d'un bon accélérateur ; reste à savoir comment il va s'en servir.

Au niveau instinctif-actif, cet alliage est fréquent chez les sportifs. Il donne l'audace, le sens du mouvement, de l'aventure, le goût du risque. La rétraction de front apporte le contrôle, la possibilité de doser son effort et de poursuivre son action. Le sujet a beaucoup plus le sens de l'effort solitaire que le rétracté latéral pur ; il pratique beaucoup plus facilement un sport individuel que le dilaté-rétracté de front qui préfère le sport collectif, dilatation oblige.

Chez une femme, cela donne un côté *animus* très fort, une grande volonté de s'affirmer. Toutefois le cadre et le modelé présentent une douceur plus grande que chez un homme. Avec un visage très harmonieux, elle aura un extérieur très féminin avec, intérieurement, un caractère plutôt masculin, particulièrement décidé, plein de puissance et de dynamisme ce qui peut surprendre l'entourage et rendre les relations intimes difficiles.

La rétraction latérale et la rétraction de front sont deux types morphologiques opposés. S'il y a carence de dilatation ou de finesse, la douceur va manquer, ce qui donne un visage très anguleux et un comportement qui le sera aussi. Le besoin d'élan, de combat, du sujet peut prendre une forme destructrice.

Il arrive fréquemment que l'étage affectif soit très projeté en avant et le front complètement redressé. Dans l'inharmonie, il y a alors élan dans les sentiments mais refus de vivre ces élans au niveau cérébral. C'est le degré d'abritement des récepteurs qui va permettre de déterminer si le sujet surmonte ses pulsions contradictoires ou s'il les subit. Ce type de visage se présente souvent à l'adolescence, avec l'impulsivité qui risque de prendre le dessus sur la réflexion. Il faut expliquer et guider en douceur le jeune, pris entre le frein de son front redressé et l'élan, l'impulsivité de l'étage affectif marquée par le nez projeté. Il a tendance à agir d'après son impulsivité et à réfléchir seulement après. Dans ce cas, il y a tendance à la culpabilisation surtout si le

Les rétractés latéraux-rétractés de front.

C'est un alliage de dynamisme et de maîtrise de soi. La rétraction latérale est en général marquée dans le cadre et la rétraction de front dans l'abritement des récepteurs.

La rétraction latérale est bien visible dans l'allongement du cadre de face et son inclinaison très nette de profil. La rétraction de front se marque par l'abritement des récepteurs aux trois étages.

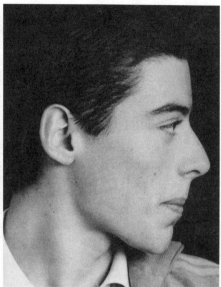

La rétraction latérale est marquée de face par l'allongement du cadre, l'ouverture des récepteurs et la sthénicité générale. De profil, les deux étages inférieurs sont projetés en avant ; en revanche, l'étage cérébral est redressé ; c'est une structure fréquente. A l'impulsivité des étages affectif et instinctif, l'étage cérébral vient opposer un certain contrôle.

La rétraction latérale se voit par l'inclinaison de profil et celle de front par l'abritement des récepteurs (yeux enfoncés, nez protégé, bouche tenue). Le cadre est plus dilaté que dans les photos du haut.

front redressé est aussi petit. On a vu qu'il marque alors une prise de conscience aiguë des difficultés. En général, cette tendance s'arrange avec l'âge ; la réflexion et le frein viennent avec l'expérience.

d) Les alliages avec la rétraction extrême

La rétraction extrême que l'on appelle aussi *amenuisante,* peut ne toucher que les récepteurs et les traits du visage qui sont alors fins et délicats. Il y a alors de la finesse, de la délicatesse en même temps qu'une certaine réserve dans le comportement, la rétraction extrême entraînant une vive sensibilité de défense qui rend le sujet peu enclin aux manifestations extérieures spontanées. En revanche, en milieu d'élection, la finesse et la délicatesse s'expriment sans entraves. Cette

Les alliages avec la rétraction.

On retrouve cette grande finesse chez l'artiste peintre Annie Lauro. L'extrême finesse des traits, la grande délicatesse des récepteurs donnent un côté de rétraction amenuisante sur un fond dominant de rétraction latérale (inclinaison de profil) et de rétraction de front (abritement des récepteurs).

La rétraction sublimante apporte ici aussi l'idéalisme, amplifié par le côté passionné de l'étage affectif (pommettes saillantes) et la grande largeur du front. Annie Lauro a un front solaire qui lui permet d'avoir ses racines dans les mondes spirituels et d'aller y puiser son inspiration, d'où sa peinture de visionnaire du monde invisible.

L'amenuisement relatif de l'étage instinctif vient amplifier l'élan vers le haut et la quête de l'absolu.

La bégum Agha Khan : sur un visage de dilatée allongé qui confère la sensibilité, la finesse des récepteurs apporte la délicatesse de la rétraction amenuisante et le sens de la beauté qui est amplifié par l'harmonie générale du visage avec son front solaire.

On retrouve cet alliage entre la dilatation de face et la rétraction latérale de profil et les éléments de rétraction amenuisante au niveau des récepteurs. La finesse des lèvres et de la forme du nez ainsi que l'harmonie générale de ce visage apportent l'élan vers le haut, l'idéalisme et le sens du Beau.

composante donne aussi le talent artistique grâce à la sensibilité à fleur de peau qui rend la vision du monde plus affinée, plus subtile. Elle prédispose également à l'idéalisme, à la quête du spirituel. Quand la rétraction extrême est savamment dosée dans le visage, elle apporte donc un enrichissement indéniable ; quand elle est trop forte, elle devient paralysante. Elle touche alors le cadre lui-même (par exemple menton effacé et mâchoire gommée ou cadre étroit), ou bien les récepteurs qui sont tellement fins et serrés que la délicatesse se transforme en sécheresse ; le sujet devient sec, cassant comme une corde de violon. Il réagit au moindre contact, mais n'ayant pas pris conscience des sons merveilleux que le violon peut donner, il ne fait retentir que des sons aigrelets et désagréables. Il croit ainsi se protéger du vol des bourdons alors que c'est un papillon qui s'apprêtait à venir respirer les parfums de sa mélodie.

5. Les alliages de sthénicité et d'atonie

Il arrive que coexistent dans un visage des éléments d'atonie et des éléments de sthénicité. On retrouve toujours la même dualité : la sthénicité est l'accélérateur, l'atonie le frein, mais un frein par inertie. C'est l'opposition entre le « faire » (sthénicité) et le « ne pas faire » (atonie).

Jusqu'à présent nous n'avons étudié ces deux questions que séparément. Que se passe-t-il quand dans un visage se mêlent ces deux composantes ? La réponse sera toujours la même : dans l'harmonie les qualités des deux s'ajoutent ; dans l'inharmonie elles s'opposent.

a) Les manifestations dans la forme

Rappelons que **la tonicité** va se manifester par :

— Une mâchoire et un cadre puissants, un menton projeté en avant, une bouche tenue à l'étage instinctif. Ce sont les marques d'une grande activité, d'une volonté de réalisation, de l'ambition.

— A l'étage affectif, le modelé des joues est ferme, les pommettes saillantes et le nez aquilin aux ailes vibrantes. C'est la marque d'un caractère volontaire et même passionné. Le sujet sait ce qu'il veut en matière affective et sociale.

— Le front n'est pas trop grand, il est bien différencié ; les tempes sont marquées, les yeux abrités et le regard scrutateur à l'étage cérébral.

L'atonie va, elle, s'indiquer aux trois étages de la façon suivante :

— L'angle de la mâchoire est estompé, le menton mou (éventuellement il est double) et la bouche molle, entrouverte. Cela donne des qualités de douceur et de patience qui peuvent se transformer en indolence, en lenteur ou en lourdeur, parfois même en incapacité d'agir.

— Des pommettes noyées par l'abondance des chairs à l'étage affectif, un nez concave, ouvert et potelé. Cela traduit la rondeur, donc de la tendresse et de la gentillesse, mais qui vont s'exprimer de façon passive, c'est-à-dire que la personne cherche à être protégée, qu'elle a tendance à recevoir plus qu'à donner sur le plan affectif.

— Un front arrondi avec des yeux tombants « à la Greuze » et à l'expression plutôt rêveuse. L'atonie des yeux indique que le contrôle de l'étage cérébral sur les deux autres étages ne se fait pas très bien. Dans ce cas les pulsions se libèrent facilement, ce qui est favorable à l'expression artistique mais peut conduire à une vie déréglée dont

Les alliages de sthénicité et d'atonie.

Photo de gauche : Simone Massoud. L'atonie à l'étage cérébral donne le rêve et la créativité ; la mâchoire sthénique permet la réalisation.

Photo de droite : Michel Simon. Il y a alliage de force par la vigueur du cadre et d'atonie par l'effondrement des chairs et l'ouverture des récepteurs. De l'atonie dominante découle le côté artiste mais également de la difficulté à contrôler les instincts.

beaucoup d'artistes sont les victimes. Il est très difficile d'y remédier, car les yeux indiquent la capacité de prise de conscience. Celle-ci est donc vive quand le regard est vif, absente quand il est vide.

L'atonie se marque aussi par le fait que les traits du visage s'affaissent, tombent, notamment les coins de la bouche ce qui, rappelons-le, est un signe de pessimisme, de bonne humeur disparue... En définitive, tout ce qui s'affaisse et tombe dans le visage est signe d'atonie.

La sthénicité apporte donc la fougue, la capacité réalisatrice, la composante émissive, masculine. Très forte, elle marque le manque de réceptivité, la volonté de s'imposer et de se servir des autres.

L'atonie est au contraire réceptivité, passivité, capacité de se laisser pénétrer par le monde extérieur, ce qui peut donner une certaine forme d'intuition. Elle est liée à la petite enfance et indique aussi la douceur, la conciliation, la capacité d'entrer en relation avec la nature et les êtres vivants, d'où un certain sens artistique.

b) Les combinaisons possibles

Le degré de tonicité varie d'un individu à l'autre. Mais ici, ce que l'on considère, ce sont les différences marquées dans le degré de tonicité des différentes parties du visage.

L'ATONIE A L'ÉTAGE CÉRÉBRAL

Si l'étage instinctif est sthénique, il y aura contraste entre l'ambition, la volonté de réaliser et des qualités intellectuelles médiocres : le sujet risque de n'avoir pas les moyens de sa politique. En revanche, si le front est différencié, les yeux rêveurs donnent un élément de réceptivité intuitive, d'imagination créatrice. Le sujet va être bien présent à certains moments puis, soudain, décrocher de la réalité. Il va basculer très facilement d'un état à l'autre.

L'interprétation sera fonction du dosage entre l'atonie et la sthénicité ; de toutes petites modifications peuvent avoir des répercussions importantes sur l'ensemble du comportement.

L'ATONIE A L'ÉTAGE AFFECTIF

Elle peut se combiner avec un étage instinctif puissant. On aura un nez concave, ouvert et petit avec une forte mâchoire. Ce type de

Les alliages de sthénicité et d'atonie.

Photo de gauche : Bernard Tapie. La sthénicité moins forte à l'étage instinctif diminue l'impulsivité et apporte un frein à l'action.
Photo de droite : Yaguel Didier. On trouve la structure d'atonie à l'étage cérébral avec le front lunaire dans sa partie haute et les yeux où le rêve domine. Ces éléments confèrent la faculté de voyance. La mâchoire très sthénique donne la force qui permet de réaliser et de conserver les pieds sur terre.

---

caractéristique se rencontre fréquemment de nos jours aussi bien chez l'homme que chez la femme.

Chez la femme, il y aura contraste entre l'affectivité passive, le besoin de protection, de soutien, entraînant une dépendance au niveau affectif, et le besoin de se réaliser pleinement au niveau professionnel-instinctif. Il y a possibilité de conflit de dépendance-indépendance.

Chez l'homme, la volonté de se réaliser s'accompagne d'une forte composante *anima*, passive, qui révèle souvent une fixation à un stade antérieur de son évolution proche de l'enfance, puisque cette structure du nez est celle du petit enfant. Ce type de structure est souvent révélatrice de narcissisme. Le narcissisme fait que le sujet ramène tout à lui, il se prend pour centre, comme Narcisse qui à force de regarder son visage dans un miroir finissait par oublier tout ce qui se passait autour de lui.

Il y a deux causes possibles : soit une frustration d'amour qui fait que le sujet essaie de trouver en lui l'amour dont il a eu besoin et qu'il n'a pu recevoir pendant son enfance. La souffrance que le manque d'amour a provoquée a amené le sujet à se replier sur lui-même, à se prendre pour l'objet de son propre amour. L'autre cas est celui où une éducation maladroite a tellement valorisé, vanté, mis en avant l'enfant, qu'il est devenu insupportable. A force de s'entendre dire que l'on est un génie à qui tout est dû, on finit par le croire.

L'enfant que l'on prend pour centre, auquel on ramène tout, finit par tout ramener à lui. C'est l'hypothèse de Louis XIV qui devient Roi-Soleil. Il devient égocentrique par hyperinflation de l'ego. Dans le premier cas, celui du narcissisme par carence affective, les parents devront être vigilants s'ils ont plusieurs enfants. Les besoins affectifs varient beaucoup d'un enfant à l'autre ; même si les parents essaient de donner la même affection à chacun, il est possible qu'un des enfants soit plus sensible et ressente une frustration d'amour. Il adoptera alors l'attitude défensive du narcissisme. Il est à noter que celui-ci, par la composante de réceptivité qu'il entraîne, facilite aussi la création artistique. Lorsqu'il est intégré, il peut enrichir la personnalité qui est souvent originale. C'est une question qui pourrait être longuement développée.

L'ATONIE A L'ÉTAGE INSTINCTIF

Elle donne des qualités de douceur et de patience. Chez un rétracté latéral très sthénique, un menton en retrait ou un peu gommé vient modérer la fougue et apporte de la pondération.

Très souvent l'embonpoint apparaît avec l'âge, ce qui diminue la combativité. Le sujet s'installe dans ses pantoufles, un mécanisme fréquent chez celui qui s'est dépensé sans compter et qui a réalisé ses objectifs.

Si le reste du visage est lui aussi peu sthénique, même si l'étage cérébral est différencié, l'action risque d'être paralysée. Ce que la pensée conçoit est emprisonné par les pesanteurs de l'atonie. La pensée se limite à la théorie et le sens du concret fait défaut. Quand le phénomène est très marqué, la tendance à se laisser aller est telle que le sujet recherche en tout la facilité.

Les interprétations doivent rester prudentes, mais il est toujours très important de stimuler ces sujets, de leur donner des directives et d'être très ferme avec eux, de les pousser à agir.

PORTRAIT :

Marcel Dassault, un alliage de sensibilité et de force.

Marcel Dassault est un dilaté (il faut tenir compte de la calvitie qui allonge le visage ; si on remet les cheveux, on voit bien que le cadre est large), avec des récepteurs petits et fermés. Il s'apparente donc en fait au concentré. Mais ce qui frappe dans ce visage, c'est la finesse extraordinaire des récepteurs.

De profil, la rétraction latérale est très importante. Le front est très incliné en arrière, l'étage affectif projeté en avant et le menton saille dans la continuité. Enfin, il y a des éléments de rétraction de front dans l'abritement marqué des récepteurs. On peut donc dire que Marcel Dassault est un alliage complexe de concentré-rétracté latéral et rétracté de front à quoi il faut ajouter une sensibilité très grande.

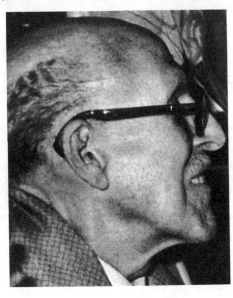

On sait que plus un alliage est complexe, plus il y a de difficulté à établir l'unité dans les cas de dysharmonie. En revanche, en cas d'harmonie, la personnalité se trouve considérablement enrichie par la gamme de possibilités qu'elle a entre les mains, ce qui permet alors d'importantes réalisations. C'est bien sûr dans cette catégorie que rentre Marcel Dassault, et il va être intéressant de voir comment les éléments si diversifiés de sa morphologie ont pu servir à l'édification de son œuvre remarquable.

Du type concentré, on peut déduire des éléments de concentration, une capacité d'écarter tout ce qui risquerait de le détourner des buts qu'il s'est fixé.

Le modelé est de plus très sthénique. Malgré le grand âge, les formes de l'étage instinctif sont particulièrement marquées et puissantes. Une force considérable pourra donc être investie dans les buts recherchés.

La rétraction latérale va apporter, elle, le dynamisme, dynamisme extrêmement important puisqu'on va le retrouver à chacun des étages. Le dynamisme au service d'une grande réserve de force que l'on n'utilisera jamais de façon inconsidérée, cela donne le travailleur infatigable.

Enfin, la rétraction de front marquée au niveau des récepteurs (yeux abrités, nez aquilin et lèvres serrées) donne la maîtrise de soi, la capacité de prendre le temps de réfléchir, de prendre du recul par rapport aux situations. Marcel Dassault pouvait être à la fois mesuré, posé, sachant attendre le moment favorable, ou rapide comme l'éclair quand les nécessités l'exigeaient.

Les trois étages sont équilibrés, ce qui veut dire qu'il était autant à l'aise dans les domaines de la réalisation, de l'action sociale ou de la pensée. Toutefois, le front paraît un peu moins large à seconde vue, ce qui indique que la pensée se met au service des réalisations sociales mais surtout concrètes.

La prédominance de l'étage instinctif en fait un bâtisseur. L'étage instinctif est donc puissant et montre une grande force de réalisation avec la bouche petite, ce qui marque la concentration, mais charnue, ce qui prouve que le contact avec les autres est maintenu.

L'étage affectif vient en deuxième position. Les pommettes saillantes et le nez puissant donnent un côté passionné. Quand quelque chose va l'intéresser, il va donc pouvoir mettre une énergie considérable au service de cette passion.

L'étage cérébral se caractérise par des bosses sus-orbitaires extrêmement marquées. La pensée concrète, analytique est remarquable. C'est la pensée d'un homme de terrain. Cette zone est aussi le reflet de la facilité à prendre des décisions. La zone de réflexion est aussi très marquée. Quant à la zone haute du front, elle est moins importante mais n'est pas absente. Le front continue en effet assez haut puis s'arrondit soudain. Cela indique la capacité de synthèse et l'imagination.

Marcel Dassault avait donc une palette de capacités assez étonnante à sa disposition. Mais ce qui lui a donné ce quelque chose en plus qui fait les hommes hors du commun, c'est cette grande finesse dans les traits et les récepteurs.

Le modelé du visage est assez rond, plutôt vénusien, ce qui est étonnant dans un ensemble aussi solide. Cela veut dire qu'il avait la force dans l'action, mais qu'il savait mettre la douceur dans les formes.

De plus, le dessin des récepteurs est particulièrement fin et délicat, ce qui montre une vive sensibilité mais dont il n'était pas victime car sa grande puissance l'équilibrait complètement. Ces éléments de sensibilité et de douceur, c'est la composante *anima*, c'est-à-dire féminine de Marcel Dassault et c'est cette composante qui permet la créativité quand elle est intégrée.

A chacun des étages, on trouve cette double composante de sthénicité et de sensibilité. C'est un alliage force-douceur qui lui a permis de construire des avions (la sensibilité teintée d'idéalisme) et souvent des avions de guerre (la force).

On ne peut s'empêcher, en survolant la vie de Marcel Dassault, de penser au mythe d'Icare. Comme lui sans doute, il avait cette envie de voler, d'échapper à la pesanteur de la condition terrestre (toujours la finesse et l'idéalisme), mais sa puissance vitale et sa grande solidité lui ont permis de ne pas trop s'éloigner de la terre ; il a choisi un moyen terme entre les destinées de Dédale et d'Icare : celle de bâtisseur d'avions.

CHAPITRE XI

Recrutement et orientation professionnelle

Recruter c'est trouver la personne qui correspond au profil d'un emploi.

Orienter c'est permettre à quelqu'un de se diriger vers l'activité professionnelle qui lui convient le mieux.

Dans le premier cas, le morphopsychologue doit adopter en quelque sorte le point de vue de l'entreprise pour définir quel est l'individu le mieux adapté à la tâche envisagée. Dans le second cas, il essaiera de se mettre à la place du sujet lui-même.

1. Les étapes du recrutement

Le recrutement comporte deux étapes :

— Définir l'emploi, ses caractéristiques et, par conséquent, les qualités qu'il requiert de la part du candidat ; on obtient un profil de base.

— Déterminer lequel des candidats se rapproche le plus de ce profil.

Le coût d'un cadre que l'on engage sur quinze ans est considérable. Or, pour l'achat d'un matériel d'équipement au prix de revient équivalent, l'entreprise fera une étude de marché et engagera des dépenses qui seront trois fois plus importantes que celles engagées pour le recrutement d'un cadre ! On consacrera plusieurs centaines d'heures à l'étude de marché et une dizaine d'heures seulement pour le recrutement du cadre ; la différence est considérable.

On admet maintenant que l'efficacité d'une équipe dirigeante est conditionnée par son membre le plus faible, un peu comme dans une chaîne dont le degré de faiblesse est fonction de son maillon le plus faible. Si le chef du commercial est déficient, l'efficacité de l'entreprise tout entière va en être affectée. Le recrutement est donc appelé à devenir de plus en plus important dans les entreprises dont chaque maillon va être choisi avec soin, en tenant compte des autres maillons avec lesquels il va travailler.

Dans ce recrutement, il va falloir tenir compte de certaines variables :

a) Les variables extérieures

Pour le recrutement d'un chef d'entreprise par exemple, le profil sera différent selon qu'on se trouve dans une conjoncture favorable où une expansion de l'entreprise peut être envisagée, ou bien dans une période défavorable où il faut faire preuve de modération et de prudence. Dans le premier cas on devra chercher quelqu'un ayant une dominante d'expansion, alors que dans le deuxième cas il vaudra mieux recruter quelqu'un à dominante de force de conservation. En matière de conjoncture, c'est un peu la variable temps qui entre en ligne de compte.

b) Les variables intérieures

Nous avons vu que l'être humain est complexe et fluctuant. Des tensions intérieures très fortes, des difficultés familiales entraînent une modification soudaine de l'efficacité de quelqu'un. Il y a donc des variables plus ou moins imprévisibles dont il faut tenir compte.

C'est le côté dynamique du candidat, sa capacité à se ressaisir qu'il faut considérer, particulièrement pour les postes les plus élevés. Mais c'est finalement la motivation et l'enthousiasme qui permettent de toujours repartir de l'avant ; ces deux qualités vont donner naissance à une troisième : l'**intensité de la vie** dont une personne est porteuse.

Cette intensité de vie est quelque chose d'impalpable ; c'est dans la perception de ces choses subtiles, impalpables, que la morphopsychologie devient un art et que l'intuition doit venir s'ajouter à la connaissance, intuition qui fait la différence entre le bon et le mauvais recruteur.

Savoir cela ne rend d'ailleurs pas la tâche plus facile, car comment recruter un recruteur ?

c) La variable « évolution »

Il ne faut pas oublier non plus que tout se transforme. Le recrutement judicieux est la rencontre idéale dans le temps entre un individu et un poste à pourvoir. Mais ce qui complique la tâche, c'est que l'individu va évoluer et que le contenu du poste va évoluer lui aussi. Pour continuer à être la personne juste, il va falloir être capable de s'adapter aux circonstances nouvelles. Cette **adaptation aux circonstances** est une des clés pour toujours être à la place juste dans cet ensemble si complexe qu'est une entreprise.

Elle nécessite aussi d'avoir une attitude à la fois ferme et compréhensive dans les rapports humains ; en cela une meilleure connaissance des autres est précieuse. L'établissement de bonnes relations de travail entre les membres d'une équipe ne deviendra possible que quand la psychologie, **dans son côté positif**, sera acceptée dans l'entreprise. Bien sûr, cela exige des personnes qui soient capables de faire de la psychologie de façon positive. Le gaspillage des forces dans une structure où les rapports humains sont basés sur la peur est considérable. Et on sait que de nos jours, dans un système de concurrence farouche, c'est la qualité de la gestion du potentiel humain qui va faire la différence entre les entreprises ; il y a donc fort à gagner à introduire certaines notions dans les rapports de travail. Tout système basé sur une compréhension véritable et profonde des êtres et des choses nous paraît être d'autant plus souhaitable qu'il représente la seule voie possible à moyen terme.

d) Rapport du candidat avec l'équipe en place

Une quatrième démarche nous paraît nécessaire, consistant à comparer le profil du candidat avec celui des personnes avec lesquelles il est amené à travailler. Le rapprochement d'un certain nombre de visages va permettre de situer très vite les degrés de collaboration possible et de mésentente probable.

Cela débouche sur la **morphopsychologie comparative** qui demande une certaine habitude mais qui est absolument passionnante. C'est un peu le travail du prêtre : comment réunir les couples et les prévenir, comment faire des mariages réussis ?

2. Approche non professionnelle du recrutement

Il n'est pas dans notre intention de revendiquer la supériorité de la morphopsychologie. Les autres disciplines ont leur raison d'être, leur efficacité et la capacité d'un individu d'appliquer la méthode qui est la sienne est ce qui est le plus important. Un bon graphologue sera plus compétent qu'un mauvais psychologue, un bon psychologue qu'un mauvais morphopsychologue.

Dans l'utilisation des sciences humaines, la compétence d'une personne compte plus que l'approche qu'elle utilise. De plus, à la connaissance d'une technique déterminée s'ajoute un facteur qui n'est absolument pas quantifiable, qui est le flair ou, à un degré supérieur, l'**intuition**. On peut imaginer d'ailleurs qu'une personne qui aurait grandement développé cette faculté ferait toujours le meilleur choix, la technique utilisée n'étant qu'un instrument de vérification.

Les méthodes de recrutement sont nombreuses et nous allons essayer de les classer par degré d'efficacité.

Dans l'approche professionnelle, les recruteurs vont utiliser des critères qui ne tiennent pas compte du poste à pourvoir :

— **Le diplôme** : on dira que certaines personnes sont compétentes parce qu'elles sortent de telle ou telle école ; c'est ne pas tenir compte du facteur personnalité.

— **L'effet de halo** : on va étendre un trait du candidat à toute sa personnalité : par exemple le fait d'avoir telle coupe de cheveux, telle marque de cravate ou bien de s'exprimer d'une certaine façon.

— **L'effet de contraste** : on ne compare pas des individus les uns par rapport aux autres mais seulement par rapport à une tâche déterminée. Dès lors, on va prendre le plus doué pour ce poste mais ce génie ne sera pas forcément à sa place partout et particulièrement à certains postes où la personnalité du candidat a autant d'importance que sa compétence.

— **L'effet de projection** : si quelqu'un me ressemble, il sera forcément très bien ; à l'usage, ce genre de couple vieillit très mal.

*
* *

3. Approche professionnelle du recrutement

Il s'agit de faire appel à une méthode validée par les résultats qu'elle a permis d'obtenir, en relation avec le poste à pourvoir.

a) La méthode des tests psychologiques

Les tests sont nombreux et chaque organisme chargé du recrutement est libre d'utiliser tel test plutôt que tel autre. Leur utilisation est lourde et complexe, mais utile pour déblayer le terrain quand de nombreux candidats sont sur les rangs. Certains tests d'ordre assez général peuvent difficilement être appliqués pour le recrutement à un emploi déterminé. D'autres méthodes doivent alors être employées pour cerner encore mieux le profil du candidat par rapport au poste à pourvoir, l'entrevue intervenant toujours en dernier lieu.

b) La graphologie

Son efficacité est maintenant admise en matière de recrutement. Elle donne d'excellents résultats pour la définition des grandes lignes du caractère. Ici aussi, le graphologue devrait faire une analyse dynamique et non une analyse statique.

Or, pour cela, la morphopsychologie paraît plus adaptée, le visage étant mobile par essence et permettant d'évaluer très vite toutes les facettes de la personnalité de quelqu'un. Il y a un engouement extraordinaire des entreprises pour la morphopsychologie actuellement, les dirigeants faisant même la démarche de s'initier à cette discipline car la connaissance du visage est d'une utilité permanente. On peut s'en servir à tout moment (on ne peut pas faire autrement d'ailleurs), chaque personne rencontrée étant un nouveau sujet d'étude, alors que l'utilisation de l'écriture est d'un usage plus limité et moins immédiat.

Cela dit, la maîtrise des deux disciplines peut permettre une garantie encore plus grande : c'est un peu le système de la double correction.

c) L'approche comportementale

Elle vise à rechercher quel type de comportements caractérise le manager qui a du succès dans son emploi. C'est l'école américaine du behaviourisme qui se base sur l'interview. Ces traits de comportement sont les suivants :

La capacité d'analyse : il s'agit de comprendre ce qui est compliqué et de le rendre le plus clair possible. Pour démontrer qu'il possède cette capacité, le candidat devra pendant l'interview être capable d'expliquer les choses les plus complexes de la façon la plus simple.

La persuasion logique est la capacité de persuader à la fois le patron, les collègues et les surbordonnés de la légitimité de ses projets. Il s'agit donc d'être capable de présenter les choses de façon claire et avec conviction pour faire adopter ses projets. C'est une prolongation de la première qualité appliquée au dialogue et aux rapports humains : le candidat est soumis à un cycle dit « d'expansion-contraction » pour vérifier ses capacités d'élargir son discours s'il est trop spécialisé ou de le contracter quand sa démonstration est trop floue.

Le niveau d'énergie est une variable qui n'est pas quantifiable. C'est ce que nous avons appelé l'intensité de vie du candidat. L'énergie est la vitalité qui émane d'un individu et qui lui permet de faire face à toutes les situations ; elle dépend beaucoup de la faculté de s'économiser et de se ressourcer.

Certaines personnes savent gérer leur propre potentiel et sont fraîches le soir après leur journée de travail alors que d'autres sont absolument épuisées. La véritable économie commence sans doute par l'économie de ses propres forces. La capacité de toujours être en pleine forme, « *d'avoir le punch* », est une des clés du succès outre-Atlantique. Pour cela, les techniques de relaxation finiront sans doute par intégrer un jour l'entreprise et pourquoi pas, qui sait, les techniques de méditation elles-mêmes. On peut définir la méditation comme la technique destinée à acquérir la maîtrise de sa pensée. Elle passe par la concentration ou faculté de se tourner vers le centre, c'est-à-dire d'éliminer tout ce qui est périphérique, inutile, tous les éléments de dispersion dans notre pensée. Il s'agit en définitive d'arriver à utiliser sa pensée de façon complètement positive.

Autant la peur appelle ce dont on a peur, autant la pensée positive attire ce qui lui correspond. Le développement du potentiel psychique encore en sommeil chez l'être humain passe sans aucun doute par la maîtrise de la pensée, donc par l'intégration des techniques de méditation. Ce concept d'énergie est le point focal dont tout le reste découle. A l'expérience c'est le facteur le plus important et, aux États-Unis, on en tient le plus grand compte. Dans le choix d'un poste en effet, la compétence entre pour 50 % ; la personnalité, donc le niveau d'énergie, représente les autres 50 % dans le profil idéal du candidat.

Les relations interpersonnelles : c'est la capacité d'établir de bonnes relations avec le patron, les collègues et les subordonnés. Les qualités de souplesse et de psychologie sont fondamentales.

Les résultats du passé qui démontrent ces quatre qualités, c'est l'histoire de la personne qui va les fournir.

D'autres composantes peuvent être ajoutées si le travail exige certaines qualités spécifiques, comme la **créativité** par exemple.

d) Approche comportementale et morphopsychologie

C'est donc l'interview qui permet de déterminer si le candidat possède ces qualités et jusqu'à quel point. Ces données peuvent être d'une grande utilité pour le morphopsychologue chargé du recrutement ; il est en effet très facile de les retrouver dans le visage :

La capacité d'analyse et la persuasion logique : c'est la structure de l'étage cérébral qui va déterminer les facultés d'analyse et de logique. La logique implique un front plus vaste et plus différencié que le simple front d'analyste. Le visage permet même de savoir si le candidat a plus de facilité pour passer de l'analyse à la synthèse ou bien s'il est plus à l'aise dans le mouvement opposé qui le conduit de la synthèse (la vision globale) à l'analyse et à l'application concrète. Il est bon d'avoir les deux types de personnes dans une équipe. On peut voir aussi quand quelqu'un est doté des deux types de facultés.

La notion de persuasion logique ajoute un élément de dynamisme et d'aisance oratoire qui sera indiqué par la tonicité générale et la structure de l'étage instinctif et de la bouche avec un bon équilibre entre force d'expansion et de conservation. Si l'introversion est trop forte, le candidat va se bloquer facilement et aura du mal à faire passer les choses en douceur.

Le niveau d'énergie est la force d'expansion contrôlée. Il faut donc un alliage non conflictuel d'expansion-conservation ; on rejoint ici la notion d'harmonie ou d'unité qui sera l'objet du dernier chapitre. N'oublions pas en effet que ce sont les tensions psychiques qui usent le plus d'énergies ! Dès lors, la détermination de ce critère exige d'avoir fait la synthèse de tous les éléments du caractère du sujet, car l'évaluation des tensions psychiques relève des mécanismes intérieurs les plus subtils.

Les relations interpersonnelles : il va falloir suffisamment de dilatation et d'ouverture pour avoir le sens du contact, des échanges et de la souplesse. Le rétracté-bossué introverti ou le rétracté de front très marqué risquent d'en manquer et d'être à l'aise seulement dans un emploi où les contacts seront très réduits. C'est à ce niveau qu'il faudrait aussi faire intervenir la personnalité du patron, des collègues et des subordonnés pour voir si les incompatibilités ne sont pas trop fortes.

Le dernier élément relève, lui, du curriculum vitae et de l'entrevue qui permet d'y voir plus clair, mais aussi de déceler si le candidat « bluffe » ou si ce qu'il raconte est bien intégré et fait vraiment partie de sa personnalité. Il est en effet des candidats qui sont de véritables professionnels de l'interview et qui seront tellement à l'aise dans ce rôle qu'il ne sera pas possible de se faire une idée sur l'être profond et authentique. Le visage, lui, ne trompe pas.

La morphopsychologie représente un instrument privilégié en matière de recrutement, mais il faut prendre garde que le recruteur possède bien la formation requise. Beaucoup de psychologues s'intitulent morphopsychologues après avoir lu un bouquin ou assisté à un séminaire. C'est totalement insuffisant, surtout que la démarche logique suivie par la morphopsychologie n'a souvent pas grand-chose à voir avec ce qui est enseigné en psychologie dans les universités. L'intégration de la morphopsychologie à l'université serait d'ailleurs particulièrement utile aux étudiants car elle a l'avantage extraordinaire de baser la psychologie sur un support physique, donc visible ; en cela elle est irremplaçable.

4. L'orientation professionnelle

Le point de vue est ici différent. Il s'agit d'aider quelqu'un à tirer le meilleur parti de ses qualités, à faire le tri entre ses aspirations. Le point de départ est l'individu, le point d'arrivée la profession.

a) L'âge du sujet

Il faut distinguer si on a affaire à un enfant petit ou à un adolescent. Tant que l'enfant n'est pas en âge de savoir ce qu'il veut, il va falloir déterminer pour quelles choses, pour quelles activités il va être doué, afin de lui permettre d'épanouir ses facultés de façon à ce que le moment venu il puisse choisir, parmi toutes les disciplines qu'il aura approfondies, celle qui lui permettra de gagner sa vie. Ce n'est donc pas encore de l'orientation professionnelle ; c'est de l'orientation tout court.

Il pourra alors faire un choix positif, c'est-à-dire opter entre plusieurs choses possibles (études, sport, orientation pratique, art) et non un choix négatif comme c'est souvent le cas actuellement pour la majorité des jeunes à qui on n'a rien fait aimer et qui en sont réduits à aller apprendre un métier, non pas parce qu'il leur plaît, mais parce qu'ils n'ont pas été acceptés dans une autre école ou pour un autre apprentissage.

Si le sujet est d'un âge plus avancé, c'est lui qui va pouvoir choisir ; le morphopsychologue ne devra pas se substituer à lui, mais l'aider à y voir plus clair dans son choix. Répétons que jusqu'à la fin de la scolarité il n'est bien sûr pas question d'orientation professionnelle. Il ne s'agit encore que d'orientation, mais cette question est particulièrement brûlante dans les lycées à certains moments du cursus scolaire. Il faudrait que les enseignants et les « orienteurs » soient capables de ne pas juger seulement sur les notes. Combien de jeunes médiocres au lycée font des études universitaires brillantes, alors que de bons élèves qui évoluent au sommet de leurs possibilités s'essoufflent puis craquent quand les difficultés plus grandes apparaissent.

En tant qu'ancien professeur nous avons pu juger du désarroi général qui touche les enseignants dans certains cas d'orientation ou de passage de classe ; ce qui fait souvent la différence, ce n'est pas l'évaluation des capacités de l'enfant, mais la sympathie ou l'antipathie que ses professeurs ont pour lui ; plus un élève est « passe-partout », plus facilement on le laissera passer. Dans une classe, souvent plus de la moitié de l'effectif flirte avec la moyenne sans l'atteindre vraiment ; la façon de départager ceux qui « *vont rester sur le carreau* » relève souvent du pile ou face. Les fortes personnalités sont souvent désavantagées et dévalorisées, car elles remettent en cause l'autorité.

Cette notion d'autorité est généralement confondue avec celle d'autoritarisme. L'autorité est une force qui émane de la personne tout entière et qui fait qu'on la respecte. Cette force va provenir, bien sûr de la connaissance qu'elle aura du sujet qu'elle traite mais aussi, ce qu'on oublie très souvent, de ses qualités de cœur qui lui permettront d'établir des rapports non plus basés sur la peur mais sur la confiance et les échanges mutuels. Elle peut être rapprochée du niveau d'énergie.

Quand cette force intérieure qui donne l'autorité est absente, l'individu est obligé de se réfugier derrière sa fonction sociale pour se faire obéir ; très souvent, il en est réduit à utiliser la rigueur aveugle et l'intransigeance. Fréquemment, ce sont les qualités de cœur qui manquent (avec, pour commencer, le fait de s'intéresser aux autres et pas seulement d'attendre la paye) ; elles manquent non pas par absence de bonne volonté, mais parce que la personne n'a aucun critère, aucun élément pour évaluer qui est en face d'elle, pour savoir comment aborder son interlocuteur.

Il est dès lors normal qu'elle se comporte en se réfugiant derrière l'autoritarisme. On ne peut pas demander à quelqu'un qui se retrouve dans un tunnel obscur de marcher d'un pas décidé. Dans ce cas, il n'y a pas d'autre solution que d'aller à tâtons. En revanche, dès qu'on a une lampe avec soi la voie est libre et on gagne un temps précieux. Espérons donc que l'intérêt de la morphopsychologie puisse être reconnu.

Dans l'orientation il va falloir aussi distinguer plusieurs étapes :

b) Les quatre étapes de l'orientation

— Dans un premier temps la typologie dominante va donner des aptitudes et un intérêt dominants pour tel ou tel type d'activité. Il faut donc récapituler les huit types que nous avons donnés et voir vers quels domaines d'activité chacun d'eux est plus spontanément porté.

— Ensuite (ou simultanément dès qu'on a l'habitude du portrait) apparaît le degré de tonicité ou d'asthénie qui vient favoriser, ou freiner, la manifestation de ces tendances.

— La troisième étape est la détermination de l'étage dominant qui va permettre de définir le domaine d'épanouissement privilégié : intellectuel, social ou manuel.

— Enfin, la dernière étape consiste à évaluer les capacités intellectuelles du sujet. Elle permet de voir à quel niveau de responsabilité il peut exercer ses compétences. Par exemple, si quelqu'un est porté vers les professions médicales il faut voir si ses facultés intellectuelles lui permettent de viser la profession d'aide-soignante, d'infirmière ou d'assistante sociale, ou bien celle de médecin ou de chirurgien.

Dans tous les cas, il faudrait idéalement arriver à connaître assez bien la gamme des métiers et des orientations possibles. Cela pourrait constituer une des branches de spécialisation pour le morphopsychologue passionné de pédagogie.

Il arrive aussi que le sujet vise trop haut, ce qui constitue un gaspillage de temps et amène un risque de découragement, de perte de confiance en soi. Il vaut toujours mieux partir d'un peu plus bas et s'élever, que commencer trop haut et dégringoler. En athlétisme, le sauteur en hauteur ou à la perche qui ne franchit pas la première hauteur choisie est noté zéro ; même s'il est recordman du monde, il sera classé derrière celui qui s'est contenté d'une hauteur de départ modeste, mais qui l'a passée.

De ce simple exemple, que de conclusions l'on pourrait tirer rien que sur les notions d'orgueil et d'humilité !

5. Types morphologiques et professions

Après avoir indiqué la marche à suivre pour l'orientation professionnelle, il nous reste à spécifier les domaines vers lesquels chaque type morphopsychologique va être porté, en n'oubliant pas que dans un alliage s'ajoutent les facultés dominantes de plusieurs types de base.

Exemple : le dilaté-rétracté latéral aura à la fois les facultés du dilaté et celles du rétracté latéral, à condition qu'il n'y ait pas de forts conflits intérieurs.

a) Les professions du dilaté sthénique

Il se caractérise par une bonne adaptation sociale, le sens des rapports humains et le sens du concret. C'est donc dans les domaines manuel et social qu'il sera le plus à l'aise. De fait, il a souvent une dominante instinctive ou affective. Avec la dominante instinctive il se dirige vers les activités manuelles ou sportives.

Les dilatés ont le même rapport à la matière que l'enfant, ayant le sens du toucher et du goût. Ils seront facilement cuisiniers, les professions de l'hôtellerie leur convenant quand elles sont sédentaires.

La dilatation sthénique donne la force et l'énergie. La force d'expansion domine chez eux. Tous les métiers manuels requérant cet ensemble de qualités sont possibles. De même en ce qui concerne les sports, en précisant que leur besoin de contacts et d'échanges les dirige vers les sports d'équipe.

Dans le commerce et l'industrie, leur sens du concret leur permet d'être à l'aise dans les affaires, dans tout ce que l'on peut peser, mesurer. La dominante instinctive-affective donne aussi le flair puisque la saillie des deux étages inférieurs est une caractéristique liée au règne animal : le flair est propice au commerce.

La tonicité confère le dynamisme et donne le sens de l'innovation, mais c'est une innovation pratique. Les dilatés toniques ramènent tout au concret, au pratique.

Les formes prennent corps sous leurs doigts ; ils ont ce qu'on appelle « le savoir-faire ». En art, ils sont plus facilement portés vers la sculpture ou la peinture ; avant d'avoir la conception d'ensemble de l'œuvre, ils ont besoin d'aller à tâtons, de faire beaucoup d'essais. Les formes se mettent en place pas à pas. C'est une création qui ne passe pas au préalable par la pensée.

Ils doivent partir du concret, du détail, avant d'arriver à une vision de l'ensemble, à la synthèse.

Ils sont plutôt réalistes et ont aussi le sens des couleurs.

Ils sont doués pour le chant ; on dit d'un grand chanteur qu'il « *a du coffre* ».

Avec un étage affectif dominant, ils vont se tourner vers les activités sociales.

La dilatation donne l'extraversion. Les dilatés ont horreur d'être seuls, au point que leur besoin des autres est souvent presque maladif. En revanche, leur sens du contact est remarquable et la dilatation donnant un côté jovial et généreux, ils sont sympathiques et inspirent la confiance. Ils seront alors à l'aise au niveau des ventes commerciales, dans les professions d'aide aux handicapés ou avec les petits enfants.

Leur étage cérébral peut prendre bien sûr toutes les formes, mais il est souvent surtout développé dans sa partie basse, ce qui confère une pensée analytique et concrète ou bien, s'il est plat et plus grand, la pensée logique. Dans ce deuxième cas, ils peuvent accéder aux professions libérales ou à la politique, mais ils sont plus à l'aise sur le terrain que dans les dossiers. Ils préfèrent aussi les petites histoires aux grandes idées, les chiffres et l'économie à la philosophie.

Ils sont traditionnellement conservateurs dans le sens où ils adoptent les idées de leur environnement d'origine.

S'ils sont enseignants, ils transmettent des connaissances sans grande originalité mais ils ont le contact avec les élèves. Il faut être très attentif à la structure de leur étage cérébral pour déterminer le degré de responsabilité auquel ils peuvent accéder.

Le degré d'abritement des récepteurs a aussi une importance : il va tempérer l'extraversion et apporter des nuances de contrôle et de maîtrise de soi qui vont enrichir considérablement la personnalité. La finesse des récepteurs enfin apporte de la finesse, de la délicatesse et vient nuancer le caractère.

b) Les professions du dilaté atone

La sthénicité confère le dynamisme ; l'atonie amène le laisser-aller et la sédentarité. La volonté est souvent déficiente.

Nous avons comparé les dilatés atones aux petits bébés. Comme eux, ils sont maladroits et leurs gestes sont peu précis, ce qui ne prédispose pas aux activités manuelles. Ils ne sont pas non plus aptes aux sports car les efforts et les mouvements les fatiguent.

C'est au bureau, dans des postes routiniers et subalternes qu'ils seront le plus à l'aise. Ils ont horreur des responsabilités. Même dans le cas d'une dominante affective, ils ne vont pas vers les autres et attendent que les autres viennent vers eux, ce qui n'est pas non plus très favorable aux professions du commerce et de l'industrie en contact avec le public.

Quand l'atonie est très marquée, on les retrouve dans la manutention ou le gardiennage. L'atonie donne des qualités de patience et de calme qui sont précieuses pour les tâches monotones : « Les choses glissent. » L'atonie donne aussi des capacités artistiques. Les tiers devront stimuler le dilaté atone pour que ces capacités soient cultivées. Avec une certaine sthénicité, la patience et la créativité artistique deviennent des qualités effectives, surtout qu'au niveau intellectuel l'assimilation est facile car le sujet se laisse pénétrer par ce qu'il apprend ; sa mémoire souvent remarquable lui permet d'emmagasiner sans difficultés. Des éléments de sthénicité vont permettre d'utiliser ces qualités et d'accéder à certains niveaux d'étude et à certains postes.

Ces considérations sur l'atonie restent valables pour les autres types. Très marquée, elle paralyse l'extériorisation des qualités du type. Relative et équilibrée par des éléments de sthénicité, elle ajoute des qualités de patience, de prudence et de créativité.

c) Les professions du rétracté latéral

Ce qui domine chez lui c'est le besoin d'action et de mouvement. Avec une dominante instinctive ou instinctive-affective, il sera tourné vers des activités manuelles et des sports demandant un mouvement et un rythme rapides (alors que le dilaté a le rythme lent et régulier), l'improvisation et l'adresse dans le mouvement. On retrouve cette exigence du mouvement dans les métiers techniques. Autant le dilaté se sent bien dans un bureau (sauf s'il est hypersthénique) ou devant un établi, autant le rétracté latéral est bien dehors, au grand air. Si on l'enferme, il faut lui fournir beaucoup de variété dans les tâches pour compenser.

Les rétractés latéraux ont très souvent une dominante affective qui leur donne des contacts faciles et des qualités pour entraîner les autres. Toutefois leur impulsivité peut leur faire commettre des maladresses.

Dans le commerce et l'industrie ils auront des qualités appréciables. Ils se déplacent facilement et adorent l'aventure. Leur audace est particulièrement utile en période d'expansion économique. Ils auront toutes les qualités pour démarrer une entreprise ou un commerce, pour lancer une activité (avec, de préférence, un peu d'intériorisation).

Avec un étage cérébral adéquat, ils peuvent accéder aux carrières libérales, intellectuelles ou aux positions de cadre. Ils auront toutefois tendance à être hommes de terrain plutôt que de dossier. On est encore dans une typologie liée au monde concret.

Leur dynamisme leur permet de se recycler et de recommencer à zéro. Ils ont une mobilité géographique appréciable et une grande adaptation aux situations nouvelles.

Ils sont doués pour les arts de mouvement : danse, cinéma et apprécient aussi le chant.

L'absence de rétraction intériorisante leur interdit les postes de direction plus qu'aux dilatés, par manque de réflexion, de prudence et d'organisation.

d) Les professions du rétracté de front

Ils sont à mi-chemin entre le dilaté et le rétracté extrême, ce qui leur confère à la fois les qualités du dilaté et celles du rétracté quand le visage est harmonieux. Du dilaté ils ont le sens pratique, l'adaptation aux circonstances, du rétracté les idées générales, la capacité d'abstraction, voire de synthèse.

La rétraction de front confère le discernement, la faculté de choix. Ils se décideront donc non plus sous le coup de l'impulsivité comme le rétracté latéral, mais sous le coup de la réflexion après avoir étudié les moyens permettant d'atteindre les buts qu'ils se sont fixés, en supposant bien sûr un étage cérébral différencié et harmonieux.

Plus la rétraction de front est accusée, plus ils vont préférer les professions faisant appel à l'abstraction et à l'intellect plutôt qu'au concret et au manuel.

Avec une dominante de l'étage cérébral, ils sont portés vers les activités de recherche et les disciplines abstraites comme les mathématiques ou la macro-économie, plutôt que vers les sciences appliquées comme la physique ou la micro-économie, réservées de préférence aux dilatés.

Ce sont les grandes questions qui vont les préoccuper plutôt que les petites ; ils ont toujours tendance à élargir le champ de leurs investigations à condition d'avoir un grand front.

Quand la rétraction de front est très marquée (c'est-à-dire quand le profil est redressé et les récepteurs enfoncés ou fermés), ils sont peu à l'aise dans les contacts avec les autres et seront ainsi de médiocres professeurs : brillants par l'étendue de leurs connaissances, mais ne sachant pas toujours les mettre à la portée des autres et manquant de pédagogie.

Avec une dominante affective, les rapports avec les autres seront moins spontanés que chez les dilatés ou les rétractés latéraux, mais plus profonds.

Ils seront beaucoup moins à l'aise dans les contacts avec le public, mais plus à même d'établir des relations d'affaires dans des milieux sélectionnés et dans des domaines qu'ils connaissent bien. Dans l'inharmonie, la dominante affective chez le rétracté de front risque en revanche d'entraîner des difficultés de contact avec les autres.

Avec la dominante instinctive, les capacités manuelles seront enrichies de la maîtrise de soi et de la patience conférées par la rétraction.

e) Les professions du rétracté extrême

Plus on va vers la rétraction extrême, plus les rapports avec le monde concret deviennent difficiles. C'est la force de conservation qui domine. En conséquence, les rétractés extrêmes pour se protéger d'une sensibilité à fleur de peau vont mettre des barrières entre les autres et eux ; ils vont avoir tendance à se couper du monde extérieur.

Ils ont rarement une dominante instinctive ce qui leur donne peu de prédispositions pour les activités manuelles. Toutefois, ils n'aiment pas bouger et leur hypersensibilité leur confère un grand sens de la précision et de la minutie ce qui les rend aptes aux emplois de précision dans l'artisanat ou l'industrie. On les imagine assez bien occupant leur journée de vie monastique à orner les pages des manuscrits d'enluminures savantes dessinées avec une précision d'orfèvre. Encore faut-il un minimum de sthénicité car les atones sont maladroits.

Ils n'aiment ni les sports, ni la nature. On peut toutefois trouver certains sujets que l'on peut qualifier de « secs » dans certains sports demandant finesse et précision comme l'escrime.

Avec une dominante affective ils seront assez malheureux, car les exigences affectives sont contrariées par la rétraction et, sortis de leur milieu d'élection, leurs contacts avec les autres sont difficiles ce qui les rend peu aptes au commerce sauf quand des qualités de finesse ou d'esthétisme sont requises (art, bijou, couture).

Ils seront plus facilement protecteurs des arts qu'artistes eux-mêmes, plus connaisseurs qu'acteurs, dans la théorie plutôt que la pratique.

C'est le monde de la pensée et de l'abstraction qui constitue leur domaine privilégié, ce qui leur permet de réussir dans la recherche en laboratoire et dans certaines professions libérales où le contact avec le public n'est pas trop important (juge, banque, livres).

Ils sont peu aptes aux emplois de cadres par manque de rapidité, de spontanéité (carence de rétraction latérale) et d'adaptation aux circonstances (carence de dilatation). On les retrouve, en revanche, dans des emplois de bureau à des postes subalternes où ils risquent de faire équipe avec leur opposé, le dilaté atone, avec qui ils formeront un duo qui ne manquera pas de sel.

f) Les professions du rétracté-bossué

Il est difficile de le classer ; c'est un type mixte. C'est en fait à son type de base qu'il faut se référer pour évaluer ses capacités qui seront différentes selon qu'il a une dominante dilatée, rétractée latérale ou rétractée de front. Simplement, dans tous les cas la rétraction-bossuée donnera la passion, donc stimulera la volonté, ce qui augmente les qualités de réalisation, avec un frein et un accélérateur puissants qui permettent une marge de manœuvre plus grande que chez un type simple.

Mais si la tension est trop forte et que l'unité n'a pu se faire, nous avons vu que la passion se transforme en tourment. Le rapport avec les autres va s'en trouver plus difficile, particulièrement quand les tensions non contrôlées débouchent sur des éclats intempestifs.

g) Les professions du réagissant

Il s'adapte vite et avec souplesse, ce qui lui ouvre beaucoup de portes.

En revanche, la monotonie lui est insupportable et sa tendance à céder à la facilité le handicape dès qu'il a des obstacles pénibles à franchir.

Il n'a pas le contact avec la matière et est peu apte aux métiers manuels sauf pour certains métiers de techniciens.

En sport, il manque d'endurance et est émotif dans les compétitions.

Son domaine c'est les autres ; sa facilité de contact le prédispose au commerce (vendeur), à l'industrie (hôtesse de l'air ou d'accueil, secrétaire, encore qu'étymologiquement secrétaire veuille dire « *taire les secrets* », ce qu'il a du mal à faire) et aux métiers sociaux (éducateurs, contacts avec les jeunes). Les réagissants sont de bons professeurs avec un sens de l'adaptation et de l'improvisation remarquable ce qui est aussi fort utile dans certains arts comme la danse, le chant, la musique et surtout le métier d'acteur.

Leur intelligence est vive et brillante par leur faculté d'absorber les informations, ce qui les prédispose aux carrières libérales.

Cependant il faut les stimuler, car leur manque de persévérance est un handicap, leur donner des méthodes de travail pour corriger leur dispersion.

Ils sont doués pour les langues étrangères car ils absorbent facilement et ne sont pas bloqués au niveau de l'expression : ils n'ont pas peur de se tromper, de paraître ridicule car, pour eux, parler une autre langue est un jeu et ils ont ce sens du jeu très développé.

Il est important de présenter les choses ennuyeuses comme une distraction à l'enfant réagissant ; ce sera le seul moyen de les lui faire faire et de l'amener à persévérer.

h) Les professions du concentré

C'est la force et la faculté de se concentrer qui dominent chez lui.

Il a souvent une dominante instinctive et est à l'aise dans les métiers manuels exigeant force et persévérance. En revanche, il n'a ni rapidité, ni sens de l'improvisation. Son rythme est lent.

Il est doué pour les sports de force (haltérophilie, lancers) et les sports individuels car il n'a pas le sens du contact.

Ce sont des travailleurs infatigables, ce qui est favorable aux métiers de l'industrie, mais ils sont peu cordiaux si bien qu'on doit plutôt leur réserver des postes individuels. Ils sont peu aptes au commerce et aux métiers sociaux. Ce sont des grands travailleurs, réguliers et solides.

La fermeture des récepteurs dénote un manque d'ouverture et de remise en question et une assimilation difficile des données nouvelles, donc une certaine rigidité.

Ils peuvent atteindre les postes de grands commis de l'État avec une expansion cérébrale différenciée, mais resteront dans les coulisses car ils sont dénués de contact humain.

*
* *

Il est difficile de déterminer les orientations professionnelles autrement qu'à titre indicatif. Les tendances sont plus ou moins faciles à trouver pour les types simples, mais deviennent plus complexes et subtiles dès qu'on a affaire à des alliages. Il faut, dans ce cas, voir si l'alliage est harmonieux (auquel cas il offre les possibilités des différents types), ou bien s'il est conflictuel (auquel cas il faut tenir compte des difficultés d'équilibre qui risquent de diminuer l'efficacité du sujet). Il faut ensuite hiérarchiser les étages et les dominantes pour évaluer les différents métiers possibles. Il faut aussi tenir compte de la conjoncture de l'emploi et des goûts du sujet afin d'essayer de trouver la solution la plus satisfaisante entre toutes ces données.

Conseiller une orientation est une grande responsabilité. Beaucoup de variables entrent en jeu ; il y en aura d'autant plus que le sujet sera plus complexe. Il ne faut jamais perdre de vue que ce que l'on cherche avant tout c'est l'épanouissement de l'autre en lui permettant d'accomplir la meilleure destinée possible à un moment donné.

Le tempérament est le facteur inné qui impose à l'être ses limites, mais le caractère peut être transformé ; en le transformant, le sujet va élargir ses limites et découvrir en lui un potentiel toujours plus grand. Là est la clé de l'épanouissement individuel.

Notre vœu le plus cher est que ce livre puisse modestement y contribuer.

PORTRAIT :

Alain Saury, un rétracté latéral à dominante cérébrale.

Alain Saury est un très bon exemple de rétraction latérale ; celle-ci se marque de face par l'allongement du cadre qui s'aplatit sur les côtés et, de profil, par l'inclinaison très prononcée de l'ensemble du visage.

Il faut toutefois ajouter des éléments de rétraction de front avec les yeux très abrités, le nez protégé de face à son extrémité et surtout la rétraction latéro-nasale très nette avec l'enfoncement du visage de chaque côté du nez.

Il va donc y avoir un double mouvement entre le dynamisme, l'élan vers les autres, le besoin d'agir et de se réaliser socialement, caractéristiques de la rétraction latérale, et le repli sur soi, le besoin de solitude, la dominance de la vie intérieure et de la réflexion sur l'action.

On peut déduire qu'il ne va pas toujours être facile de concilier ces deux mouvements de nature antagoniste. Cette analyse est confirmée par le fait qu'Alain Saury a d'abord été acteur, peintre, compositeur, photographe, sculpteur, poète, metteur en scène, journaliste, rédacteur en chef... Une vie sociale donc assez remplie avant de se consacrer à l'écriture, à la direction d'une collection de livres touchant à l'environnement et à l'écologie et, enfin, à la pratique des médecines douces spiritualisées pour mieux servir son prochain. Trois des films qu'il a réalisés vont affirmer ses trois pôles : *La Journée de Pernette* : l'érotisme, *Au pied de l'arbre* : l'humanisme et *Ecce Homo* (ou *la Passion de Jésus*) : la spiritualité.

Dans des activités aussi diverses, on trouve bien les deux mouvements mais avec, dans un premier temps, une vie extérieure dominante. La seconde partie de la vie est marquée, elle, par la phase de repli sur soi : Alain Saury se retire en partie du monde pour vivre avec ses livres et ses animaux dans un village de montagne. Il n'en conserve pas moins une activité de conférencier qui permet à la rétraction latérale de continuer à se manifester, mais cet aspect vient désormais très nettement en second plan.

Au niveau des étages, le visage est dominé par le très grand front au dessin remarquable. Il y a prédominance de la pensée avec le sens de l'observation (bosses sus-orbitaires très marquées), une réflexion très aiguë (la zone de réflexion est bien dessinée) et une imagination fertile (la zone haute est très ample) doublée d'un sens de la synthèse remarquable. Ajoutons que cette zone est aussi synonyme d'élan vers le haut, donc de quête du spirituel.

Les yeux très enfoncés contrastent avec l'ampleur du front ; ils indiquent que le contact avec le monde extérieur et les autres a du mal à être soutenu. L'être bascule facilement dans son monde intérieur. La pensée jaillit de son univers interne et tout ce qu'il voit, ce qu'il observe y est aussitôt renvoyé.

Cette structure explique le poète qui est celui qui voit le monde d'une façon tellement personnelle qu'il peut le transformer à souhait, le remodeler à sa façon par les mots.

Mais il peut arriver que le monde extérieur soit très différent de celui auquel l'être intérieur aspire. Cela ne peut qu'engendrer une souffrance. Cette souffrance est marquée par les rides prononcées du front qui montrent que les phases de sérénité alternent certainement avec des phases d'angoisse ou du moins d'inquiétude. Ce processus peut s'expliquer aussi par la structure de l'étage affectif.

L'étage affectif est lui aussi marqué par les deux mouvements de nature opposée. Il est large, ce qui indique que les besoins affectifs sont importants ; surtout le nez est extrêmement charnu avec des narines larges et vibrantes. Cela prouve à la fois la vive sensibilité, une grande chaleur humaine (le charnu) et un grand besoin d'échanges affectifs.

La grande largeur du nez par rapport au cadre peut introduire un côté réagissant qui vient amplifier l'élan vers les autres, le besoin d'échanges ; surtout de profil, le nez est très projeté en avant et peut entraîner un manque de contrôle. Pourtant, cet élan est contrarié par la rétraction latéro-nasale qui va amener un repli sur soi ainsi qu'une difficulté à se confier complètement. L'être a un jardin secret.

La double structure d'élan et de repli sur soi peut ne pas être facile à concilier et à vivre. L'élan et l'ouverture vont se faire surtout en milieu d'élection et on peut dire que ceux qui entreront dans ce milieu d'élection sont ceux qui seront capables de communiquer avec lui au niveau de son étage dominant, de la pensée.

Vraisemblablement c'est sur le plan intellectuel que les échanges pourront être établis et que la communion pourra avant tout se faire.

Mais le charnu du nez et des lèvres montre aussi le côté bon vivant, une forte sensualité, un besoin de contact avec la terre, la matière, d'où les talents de sculpteur.

L'étage instinctif n'est, de plus, pas négligeable. Il est modérément sthénique, ce qui indique la faculté de se laisser pénétrer par le monde extérieur. On a vu que cet élément est propice à la création artistique.

Mais on trouve une dualité entre le côté bon vivant, sensuel du nez, de la bouche et de l'étage instinctif et la structure idéaliste marquée par la finesse des récepteurs, les pommettes très hautes et la dominante cérébrale avec front solaire. Ici aussi il y a antagonisme. Comment arriver à concilier ces extrêmes ?

Le bâti en museau des deux étages inférieurs donne la réponse. Cette structure est commune au monde animal et prouve un rapport privilégié avec la nature et les animaux. C'est certainement mû par un mouvement naturel pour échapper à ses contradictions entre son besoin des autres et celui d'être seul, entre la structure idéaliste et celle du bon vivant qu'Alain Saury a trouvé un moyen terme : s'occuper de la nature, mieux la comprendre pour mieux la vivre. On retrouve cette préoccupation dans ses ouvrages dont certains titres : *Le Livre des aphrodisiaques, de l'amour et des ébats amoureux* et *Régénération par le jeûne* par exemple, montrent bien le double mouvement entre la jouissance et l'ascétisme ; son *Manuel de la vie sauvage* établit le lien entre ces deux mondes.

Ce lien est marqué aussi dans ses livres par une pensée brillante et un style très puissant : on retrouve ici transcendée par l'œuvre d'art l'opposition entre le fond et la forme, le monde de la pensée et celui de la matière qui marque la personnalité profonde d'Alain Saury, avec un grand cri d'angoisse : comment faire échapper la terre à la destruction qui la guette ? C'est cette double nature qui l'a amené à chercher un dépassement que ses nombreux talents lui ont permis d'amorcer avant que l'œuvre littéraire ne le libère en faisant partager à ses lecteurs les envolées lyriques d'un poète qui sait toujours garder les pieds sur terre et ne pas se départir de son sens pratique.

CHAPITRE XII

La morphopsychologie et l'art

En permettant de connaître la personnalité profonde des êtres, la morphopsychologie permet aussi de mieux comprendre le processus créatif et la forme de l'œuvre que chacun fait naître sous ses doigts.

Nous avons pris, à titre indicatif, quelques peintres et quelques sculpteurs et avons essayé de comprendre leur œuvre par rapport à leur personnalité profonde. Nous avons totalement fait abstraction de tout jugement de valeur artistique pour nous occuper uniquement du processus créatif.

Nous ne nous sommes pas non plus occupé de la notoriété de l'artiste. Seuls les mécanismes intérieurs nous ont intéressé. Il ne s'agit donc en aucun cas de faire œuvre de critique, mais uniquement de comprendre ce qui est à la source du processus créatif : le génie ou parfois la folie. Ce que nous avons essayé de montrer, c'est que dans tous les cas l'œuvre d'art permet de transcender les déséquilibres et d'accéder à une libération qui, si insuffisante qu'elle soit dans certains cas, n'en est pas moins une étape privilégiée dans cette quête du bonheur auquel nous aspirons tous si fortement.

Ces développements nous amèneront tout naturellement au dernier chapitre sur la loi d'unité dans lequel nous essaierons de répondre aux questions que nous avons posées tout au long de ce livre sur le mystère de la condition humaine.

*
* *

1. Vincent Van Gogh (1853-1890)

La personnalité de Van Gogh est particulièrement énigmatique ; sa vie tumultueuse semble marquée par une quête incessante d'un absolu qui prit fin par son suicide en 1890.

Ce qui frappe, dans les deux premiers portraits d'enfant, c'est la dominante de rétracté de front. Le visage est allongé, signe de la rétraction. On devine que le profil est redressé et les récepteurs sont très abrités : yeux enfoncés, nez étroit et fermé, bouche tenue. On peut ajouter une rétraction latéro-nasale importante pour son âge (enfoncement des parties du visage situées de chaque côté du nez).

On peut aussi noter une importante dissymétrie avec le côté gauche beaucoup plus dilaté (bouche plus charnue, nez plus important à gauche) et un côté droit plus ramassé, presque crispé, ce qui apparaît bien sur la photo de pied où il sourit. Enfin, le visage est triangulaire avec un étage cérébral très important, un front solaire particulièrement dominant.

L'étage affectif est très ramassé et l'étage instinctif amenuisé ; c'est une structure typique d'idéalisme.

*
* *

Au niveau psychologique, on peut déduire les conséquences suivantes : la rétraction de front est le type dominant et va donc conditionner le comportement. Elle indique la difficulté des contacts et des échanges.

La réflexion est privilégiée par rapport à l'action. L'enfant est plus réfléchi que spontané. Il communique d'autant plus difficilement que ses récepteurs sont très fermés.

La rétraction latéro-nasale indique une vive sensibilité de défense sur le plan affectif. D'autre part, le nez est étroit ce qui fait que l'affectivité ne peut s'extérioriser que dans un cadre bien étroit et, de plus, les narines sont fermées. Tous les indices de la difficulté à communiquer par fermeture extrême y sont.

Son père était pasteur et on peut imaginer que cet enfant hypersensible (voir la structure très délicate des mains et surtout des doigts) ressentait tout le poids d'une éducation très sévère.

L'étage instinctif est amenuisé. Il indique des forces vitales limitées et un besoin de se ménager, un tempérament maladif, mais aussi

Van Gogh à 13 ans.

une difficulté de contact avec la matière, un sens du concret et des réalisations un peu déficient.

La dissymétrie indique une vive tension, des conflits intérieurs déjà très importants. Sur une structure de rétracté, une dissymétrie pareille indique que le sujet doit dépenser une grande tension nerveuse pour garder son équilibre. La cause de ces difficultés est certainement due au manque de communication familiale ressentie comme une insuffisance d'amour par cet enfant à la sensibilité maladive.

Heureusement, il y a ce front particulièrement grand, et semble-t-il, différencié déjà en trois zones mais avec une grande prédominance de la partie haute indiquant l'idéalisme, la pensée philosophique, le sens de la synthèse et l'imaginaire. On peut en déduire que c'est la zone de refuge et qu'à chaque fois qu'il éprouve des difficultés, il s'évade dans cette zone. Mais ce basculement dans l'imaginaire, s'il correspond à une fuite de la réalité trop douloureuse, peut correspondre à une tendance à la schizophrénie, c'est-à-dire à la perte de contact avec la réalité. L'autre possibilité est de fuir dans le mysticisme, ce qui ne pourra qu'être difficile puisque le mysticisme dont il a besoin avec sa structure d'idéaliste va être indissociablement lié à son enfance de fils de pasteur et risque donc de le ramener aux souffrances ressenties durant cette période de sa vie. Comment va-t-il pouvoir trouver cet équilibre ?

On passe alors à la troisième photo. Il a maintenant dix-huit ans et les changements sont frappants. Van Gogh est devenu un dilaté modérément sthénique avec une lourdeur générale qui contraste avec les portraits à treize ans. La dilatation se voit au cadre large et aux chairs épaisses. On la retrouve au niveau des récepteurs avec le nez charnu et large et la bouche charnue elle aussi et grande.

Le front semble maintenant incliné en arrière ce qui est un élément de rétraction latérale. Enfin la rétraction de front susbiste aux deux étages supérieurs avec les yeux toujours très enfoncés, le nez fermé aux narines collées et la rétraction latéro-nasale que la dilatation n'a pas supprimée.

Il y a donc alliage de dilaté-rétracté de front, entre un type d'expansion (dilatation) et un type de conservation (rétraction de front). On sait que quand deux types représentant l'accélération et le frein se rencontrent, il peut y avoir soit une force accrue en cas

Van Gogh à 18 ans.

d'intégration de ces forces antagonistes, soit risque de déséquilibre.

Dans ce portrait, on trouve une dualité très forte entre la structure idéaliste du grand front qui demeure et la structure charnelle et sensuelle de l'étage inférieur. Elle s'ajoute à la tension qu'il y a en lui entre le besoin de contact avec les êtres et la matière du dilaté, et le besoin de se retirer en soi, de se couper du monde du rétracté de front. On peut imaginer que là est le cœur du déséquilibre qui va aller en s'amplifiant.

Van Gogh est un être torturé entre l'idéalisme de son être intérieur marqué par la rétraction de front et la dominante cérébrale et le désir de ses sens particulièrement vigoureux. L'étage instinctif est en effet puissant et dénote donc des instincts impétueux ; les lèvres très charnues avec cette grande bouche indiquent des appétits solides à tous les niveaux. Ajoutons que la lèvre supérieure est très finement dessinée. Elle a une forme dite en « arc de Cupidon » qui dénote l'esthétisme allant dans le sens de l'idéalisme ainsi que des pommettes assez haut placées.

On imagine que l'éducation puritaine protestante ne pouvait que culpabiliser l'adolescent quand ses pulsions sexuelles ont commencé à se manifester. En fait, toute sa vie est marquée par l'antagonisme entre ces deux mondes, par sa difficulté à établir le lien entre le monde de la matière et celui de l'Esprit, antagonisme que seule la peinture lui permettra de dépasser en partie.

Il semble qu'en 1873, le refus de sa logeuse de lui confier la main de sa fille dont il était amoureux le conduit à une première grave crise morale qui débouche sur le mysticisme ; il est obsédé par l'idée de devenir pasteur, prépare l'école de théologie mais échoue. Il partage alors la grande misère des mineurs comme évangéliste et se dépouille totalement pour eux. Mais le contact avec cette dure réalité lui fait perdre la foi.

C'est pour garder le souvenir de ces mois de désespoir qu'il commence à dessiner, nous dit sa biographie. Son frère l'aide alors vers 1880 à développer les talents qu'il devine.

Il aura dans l'intervalle une liaison avec une prostituée dont la misère l'émeut. Le reste de son existence sera marqué par les excès qui ne sont que l'illustration de ces antagonismes déchirants auxquels il est en proie.

Ses autoportraits les mettent bien en valeur ; dans celui que nous présentons, le modelé du visage de Van Gogh s'est profondément modifié. Il est maintenant carrément rétracté-bossué.

Van Gogh : autoportrait.

On retrouve par ailleurs les mêmes caractéristiques dans le détail, mais le visage s'est beaucoup rétracté ce qui donne ce contraste marqué entre les creux et les bosses mettant bien en lumière les conflits qui se livrent à l'intérieur de lui.

Le modelé rétracté-bossué est révélateur de la passion qui le brûle. Heureusement, il a la peinture. Mais même à ce niveau, il y a contraste flagrant entre la première période, celle des mangeurs de pommes de terre où tout est sombre, lourd, lugubre et où l'hyperréalisme traduit le désespoir de la réalité sordide des pauvres gens. Soudain c'est la révélation : la rencontre avec les impressionnistes lui permet enfin de libérer le feu qui est en lui. Là, c'est la quête de l'absolu, déçue dans la foi religieuse, qui peut enfin s'exprimer par le jaillissement d'une lumière éblouissante.

Les toiles des dernières années sont vraiment celles d'un passionné, d'un visionnaire mystique dont la palette géniale transcende la réalité en couleurs éclatantes, mais c'est comme si la lumière qu'il peut enfin libérer était trop forte pour lui. C'est comme si au moment où il peut enfin trouver l'équilibre entre la matière par sa peinture et le divin par la lumière dont elle est imprégnée, son système nerveux à bout de souffle ne peut plus supporter la révélation de la beauté ; il sombre dans la folie dont il ne sortira que par le suicide.

On est ici en plein cœur de cette dualité entre le génie et la folie. On sait que la frontière qui les sépare est extrêmement subtile et le cas de Van Gogh est une des plus belles illustrations de cette lutte que se livrent en l'homme des puissances qui le dépassent et qui, parfois, le terrassent. Mais c'est de cette lutte entre les forces du ciel et celles de la terre que réside sa grandeur et quand de cette lutte inégale naissent tant d'œuvres d'art, peu importe l'issue finale : le chef-d'œuvre élève son auteur au-dessus de sa condition humaine ; même s'il ne touche à l'absolu qu'à des moments très fugitifs, cela suffit pour le hisser vers l'immortalité à laquelle son âme aspire et dont son œuvre est le témoignage.

2. Paul Gauguin

Ce qui frappe chez Paul Gauguin, c'est la fermeture très grande des récepteurs. En effet, les yeux sont enfoncés, le nez plonge comme pour protéger les narines et la bouche particulièrement fine et étroite est presque inexistante. Cette fermeture des récepteurs à laquelle on peut ajouter un front redressé sont des indices de rétraction de front qui vont considérablement intérioriser l'être.

Le cadre, lui, est plutôt large, ce que l'on peut apparenter à de la dilatation, avec un aplatissement du visage sur les côtés ce qui est un indice de rétraction latérale qui vient dynamiser la dilatation. Enfin le modelé est sthénique.

Il ne nous a pas été possible de trouver un profil du peintre. Néanmoins, il apparaît nettement que c'est un alliage marqué de dilatation au niveau du cadre et de rétraction de front au niveau des récepteurs. On peut en déduire que l'inconscient (le cadre) et le conscient (les récepteurs) sont le théâtre de deux forces complètement opposées. Le cadre a besoin de se dilater, de s'ouvrir ; il recherche les espaces, les contacts et les échanges ; il voudrait laisser passer un flot d'énergie puissant alors que les récepteurs, eux, indiquent une prise de distance allant jusqu'à la fermeture.

On peut en déduire que les antagonismes sont ici très forts et qu'il ne va pas être facile de trouver un équilibre entre deux mouvements aussi contradictoires. C'est comme si au moment d'arriver à la sur-

Paul Gauguin.

face, toute l'énergie du cadre était arrêtée par un barrage soudain, ce qui ne peut déboucher que sur des tensions importantes et des explosions brutales.

On peut dire que cette structure très particulière apparente Gauguin à un rétracté-bossué de par le contraste marqué entre les éléments d'expansion et de conservation.

*
* *

Il va en résulter une passion, mais une passion fortement introvertie. On sait que les sujets de ce type sont soumis à des tensions très fortes qui se traduisent par le tourment intérieur ou par des actes inconsidérés du style « coups de tête » quand la pression trop forte finit par exploser.

L'étage dominant est l'affectif. Il est le plus large et le nez est la pièce maîtresse de ce visage. On peut en déduire que c'est la vie affective et sociale qui guide ses pas, mais cela ne va pas sans mal avec les éléments de passion introvertie. On retrouve au niveau du nez les deux élans. Il est large, ce qui va dans le sens du contact, et plongeant ce qui donne de la puissance et de la maîtrise de soi mais aussi la fermeture et une communication difficile.

Comme la rétraction latéro-nasale est importante, surtout à gauche, les sentiments s'intériorisent. Enfin, notons une importante dissymétrie particulièrement visible à cet étage avec un côté gauche plus rétracté et plus aplati et un côté droit plus ouvert. Cette dissymétrie est très visible aussi au niveau du nez qui est tourné vers la droite.

Les narines étant découpées et vibrantes dénotent une vive sensibilité qui ne devait pas être facile à assumer avec toutes ces contradictions.

Si Gauguin était droitier, on peut déduire de la dissymétrie une enfance difficile. Mais l'inclinaison du nez vers la droite montre qu'il est tourné vers l'avenir et qu'il peut réagir, surtout qu'il a une certaine force (pour le gaucher, l'interprétation s'inverse).

On peut déduire de tous ces indices une communication difficile dans le domaine affectif et une grande difficulté à exprimer ses sentiments et à se confier. Il devait être particulièrement difficile à vivre.

L'étage cérébral est très différencié avec les bosses sus-orbitaires marquées et la zone de réflexion que l'on devine. Mais il est plutôt étroit par rapport au reste du visage avec les tempes très resserrées. La pensée ne va donc pas dominer chez Gauguin. De plus, la zone imaginative ne paraît pas dépasser la ligne du béret.

Il en découle une pensée où dominent le sens de l'observation et le contact visuel avec les êtres et les choses à cause des bosses sus-orbitaires marquées. C'est une pensée tournée vers le concret, au service de l'action pratique et propice à une peinture visuelle.

Le regard traduit une acuité presque obsessionnelle. On retrouve ici le contraste entre les bosses sus-orbitaires en expansion et les yeux abrités, donc un double mouvement d'élan vers le monde extérieur et de retour en soi.

Les rides verticales entre les deux yeux indiquent l'effort fait pour se concentrer.

La limitation de l'étage cérébral et la faiblesse de la zone haute du front traduit la tendance à l'inquiétude et la difficulté de fuir dans l'imaginaire. En cela il est fort différent de Van Gogh. Ce n'est pas un mystique non plus.

La zone de refuge est la zone instinctive dont la solidité traduit une volonté farouche avec une grande maîtrise de soi de part la bouche très fermée. Il se libère donc par la peinture et on peut supposer que sa vision de la réalité est en quelque sorte absorbée à l'intérieur de lui et filtrée par sa subjectivité avant d'être restituée sur la toile.

Mais les tensions sont trop fortes et la peinture ne suffit pas à le libérer. On peut ainsi comprendre sa deuxième soupape de sécurité qui est la fuite, fuite vers un paradis mythique, vers un milieu d'élection qui, chez le rétracté, ne peut être que l'île déserte, d'où sans doute ses périples lointains à la recherche d'une paix qu'il ne trouvait pas en lui.

On peut ajouter que sa difficulté à communiquer trouvait vraisemblablement un apaisement dans des liaisons avec des filles des îles dont la simplicité devait venir le soulager de ses obsessions et tourments.

Il n'en reste pas moins que ce sont ces difficultés qui l'ont amené à chercher une issue vers ces contrées lointaines dont la lumière éclatante a enrichi sa palette de coloris puissants, nous valant de pouvoir partager avec lui ses évasions vers un ailleurs inimitable.

3. Sandorfi

Sandorfi est un des peintres les plus connus de sa génération. Il est né en 1948 et sa peinture se caractérise par la qualité de sa technique et par le côté tourmenté de ses personnages — souvent luimême — et des situations qu'il met en scène.

Au niveau morphologique, Sandorfi est une dominante de rétracté de front. En effet le cadre est allongé, le front droit et les récepteurs très fermés particulièrement le nez et les yeux qui sont très enfoncés. La bouche est tenue. On peut en déduire une intériorisation importante avec une difficulté à communiquer. Les relations publiques ne sont pas son fort.

Le modelé a tendance à être rétracté-bossué (creux et bosses), ce qui donne la passion, mais intériorisée. L'intériorisation est accentuée par une très forte rétraction latéro-nasale qui rend difficile l'expression des sentiments.

Au niveau des étages, l'étage affectif est dominant, mais conflictuel. Il y a conflit entre le besoin très fort de contacts, d'échanges, et la difficulté d'extérioriser les sentiments indiquée par la rétraction latéro-nasale et l'intériorisation générale du visage.

L'étage instinctif vient en second. Le cadre est large, solide et sthénique. Il donne le sens du concret, de la matière et la possibilité

Sandorfi.

de se libérer du tourment affectif par la création manuelle, en l'occurrence la peinture. La bouche est de plus assez charnue, ce qui amplifie l'importance de cet étage, le besoin de nourritures physiques et la sensualité.

L'arc de Cupidon est un élément de finesse et d'esthétisme. C'est la zone la moins conflictuelle ; ce sera donc la zone d'accomplissement, celle où les fantasmes vont pouvoir se libérer.

Ces fantasmes sont nourris par la zone cérébrale. Le front est moyen, mais très différencié. Les bosses sus-orbitaires sont très marquées ainsi que la zone de réflexion. Les facultés d'observation et de réflexion sont donc excellentes, ce qui va avec l'intériorisation générale.

La zone imaginative n'est pas absente, mais la zone cérébrale n'étant pas dominante va se mettre au service de l'étage affectif qui gouverne la personnalité ; c'est là que l'imagination risque de traduire de façon fantasmatique le tourment de l'étage affectif.

Ce tourment est d'autant plus fort que la dissymétrie est très importante dans ce visage, le côté gauche étant plus rétracté que le côté droit, ce qui traduit un déséquilibre provenant de difficultés vécues pendant l'enfance, peut-être simplement beaucoup de changements qu'un enfant très rétracté de front supporte moins bien qu'un enfant dilaté à récepteurs ouverts qui s'adapte beaucoup mieux aux change- ments de situation.

Cette dissymétrie très forte est particulièrement visible au niveau du nez très projeté à droite. C'est sans doute de là que naît la possibi- lité qu'a eu Sandorfi de sauvegarder son équilibre psychique. Le nez projeté à droite dénote tout le dynamisme de l'être tourné vers la réa- lisation présente et vers le futur. Il peut tourner le dos aux tourments du passé et se projeter entièrement dans son œuvre dans laquelle il va jeter toutes ses forces et tout son dynamisme.

Ajoutons que la forte dissymétrie s'ajoutant aux antagonismes importants révèle une double personnalité et l'être aura beaucoup de mal à trouver un équilibre devant cette dualité. Une des deux person- nalités se projette tout entière dans son œuvre. C'est la personnalité torturée et écartelée avec tendance au masochisme, révélatrice d'une régression au stade anal particulièrement fréquente chez les rétractés (les dilatés régressent au stade oral), qui s'exprime au travers de ses autoportraits d'écorché vif. Bien sûr, l'œuvre de Sandorfi n'est pas que cela, mais c'est un thème qui revient suffisamment souvent pour montrer qu'il fait écho à une tendance de l'inconscient très profonde. D'ailleurs, par tous les éléments de rétraction que l'on trouve dans son visage, Sandorfi est un écorché vif.

N'a-t-il pas eu cette phrase sublime lors d'un entretien fort gen- timent accordé : « *Je peins celui que je serais si je n'avais pas la pein- ture !* » Et là est tout le miracle de la condition humaine.

En projetant sur la toile le Sandorfi tourmenté, torturé, il se libère des fantasmes de cet autre lui qui aurait menacé de submerger sa per- sonnalité. Il s'exorcise de ses démons intérieurs et peut laisser libre cours à l'autre lui-même tendrement sensuel dans le privé. En effet, il peut alors libérer dans son milieu d'élection, en famille, toute la tendresse de son nez charnu et de sa bouche dilatée et permettre à son besoin de contacts et d'amour de s'exprimer librement, avec ten- dresse et gentillesse.

Il en résulte que l'équilibre de Sandorfi paraît miraculeux, mais c'est ce miracle même qui fascine et permet de dire que rien ne serait impossible à l'être humain s'il pouvait bénéficier d'un support créa- tif comme Sandorfi a eu la chance d'en avoir un avec la peinture.

*
* *

4. Carmelo Tommasini

Carmelo Tommasini est un peintre italien dont les œuvres ont inspiré les affiches des films de Visconti qui restent présentes dans la mémoire de tous les admirateurs du grand metteur en scène.

C'est spécifiquement un alliage de dilaté et de rétracté de front. Du dilaté, il a le cadre large au modelé plutôt rond et modérément sthénique. Le nez est aussi assez large et charnu. Du rétracté de front, il a le front redressé et les récepteurs abrités : yeux enfoncés, bouche très tenue.

Le nez de profil est assez ouvert mais, de face, il se ferme et vient protéger les narines, ce qui est un élément d'abritement. On peut ajouter une rétraction latéro-nasale importante avec l'enfoncement bien marqué de la zone située de chaque côté du nez, les plis nasogéniens et les plis qui partent des yeux vers les joues dont on a vu qu'ils étaient des éléments de la rétraction latérale.

Enfin, d'importantes rides verticales dans la région des joues semblent indiquer que des souffrances marquantes ont été vécues dans le plan affectif.

Au niveau des étages du visage, les trois zones sont importantes,

Carmelo Tommasini.

mais on peut donner une dominante affective-cérébrale avec une bonne base instinctive.

Au niveau psychologique, certaines déductions peuvent être tirées : de la dominante dilatée, on peut déduire une facilité de contacts et d'échanges, la capacité de se faire une place dans le monde, la réussite sociale. La structure de dilaté avec bouche tenue peut indiquer une volonté de puissance.

On peut conclure que ces fonctions vont dominer dans la première partie de la vie avec tous les éléments possibles de la réussite sociale et peut-être mondaine dont Carmelo Tommasini aurait pu se contenter sans se poser beaucoup de questions.

Mais voilà qu'il y avait d'autres composantes dans sa personnalité. La rétraction de front pousse, en effet, à l'intériorisation. De plus, la finesse et la délicatesse des récepteurs indiquent une vive sensibilité qui va devoir trouver un moyen de s'exprimer. Et la peinture est une discipline d'autant mieux adaptée que la dilatation donne le contact avec la matière ; mais ce contact se fera avec douceur dans la mesure où la mâchoire n'est que modérément sthénique, ce qui lui permet de se laisser pénétrer par ce qui l'entoure, processus qui, on l'a vu, est propice à la création.

Enfin, il y a ce front très grand, modérément différencié dans ses trois zones mais avec la partie haute dominante, ce qui donne une vive imagination et aussi l'idéalisme. Dès lors, ce qui apparaît, c'est qu'il va être impossible d'échapper à ce grand front, à cette quête de l'idéal et aux questions parfois angoissantes que le monde intérieur si difficile à cerner, à comprendre, présente.

C'est cette zone qui, peu à peu, va prendre le dessus sur la dilatation et va demander à trouver aussi sa part de nourriture et à pouvoir s'exprimer dans la deuxième partie de la vie. Comment concilier les exigences de la vie en société, de la vie mondaine et la quête intérieure sans laquelle il n'est pas de sérénité possible ?

On trouve cette dualité et cette évolution dans l'œuvre de Carmelo Tommasini. Les natures superbes qu'il peint au départ sont vraiment l'expression de la dilatation, de la première partie de la vie et du besoin de contact avec la nature. Mais rares y sont les personnages ; c'est comme si les deux mondes étaient coupés l'un de l'autre. On retrouve la dualité entre la nature (la dilatation) et la difficulté à y être avec les autres, à y communiquer sans entraves (la rétraction de front). Et, peu à peu, on passe d'une peinture réaliste et comme nostalgique d'un paradis perdu de la beauté (que l'artiste partageait sans doute avec Visconti) à une peinture de plus en plus abstraite qui porte la marque de ce grand front.

Il faut noter, en effet, que si les dilatés à petit front sont plus à l'aise dans le réalisme et les couleurs, les rétractés à grand front transcendent facilement la vision de la réalité par leur imagination débordante ou du moins par leur vision très personnelle de ce qui les entoure, ce qui conduit à l'art abstrait.

Dans la photo la plus récente (avec la barbe), le visage s'est semble-t-il allongé et Carmelo Tommasini apparaît maintenant plus représentatif du rétracté à grand front que du dilaté d'où, sans doute, le passage à une peinture plus abstraite.

On aboutit ainsi au thème du masque, thème particulièrement cher aux Italiens et, sans doute, davantage encore aux Vénitiens, qui vient pour ainsi dire obséder le peintre dans la phase actuelle de sa création. Ce masque est un peu celui de cette incommunicabilité entre les êtres qui fait que l'autre est toujours différent de ce que l'on pense en connaître, mais c'est aussi l'angoisse profonde devant la condition

Carmelo Tommasini.

humaine, la difficulté d'établir l'unité entre le monde de la matière (marquée chez lui par la dilatation) et celui de l'Esprit (marqué chez lui par la rétraction de front et la dominante cérébrale), la difficulté d'établir l'unité entre ses propres antagonismes, à trouver sa place dans ce monde superficiel où tout devient ennuyeux si on ne sait pas le pourquoi de la vie.

Ce masque est donc une porte ouverte vers l'au-delà, une aspiration à connaître ce qu'il y a au-delà de la forme ; en cela la peinture de Carmelo Tommasini rejoint les préoccupations de la morphopsychologie.

Quoi de plus passionnant que d'essayer de comprendre l'évolution d'un être au travers de son œuvre ! On peut être certain que dès qu'il aura déchiré le voile des questions auxquelles son grand front aspire à répondre, son œuvre prendra une nouvelle direction avec peut-être, cette fois, l'union entre la nature et les êtres vivants, l'expression sereine de la matière habitée par l'Esprit.

5. Simone Massoud, sculpteur

Simone Massoud est un alliage de dilatation et de rétraction latérale avec un allongement du cadre qui est un indice de vive sensibilité.

De la dilatation, elle a l'ovale avec une grande douceur dans le modelé et les récepteurs grands. La bouche est grande tout en étant bien tenue, le nez lui aussi est charnu et ouvert. Enfin, les yeux sont grands et écartés l'un de l'autre.

Ce qui pourrait induire en erreur est que le cadre n'est pas aussi rond ou carré qu'on a l'habitude de le voir chez des dominantes de dilatation. Il est, au contraire, ovale et assez allongé, mais cet allongement est un indice de vive sensibilité qui vient s'ajouter à la dominante dilatée et rend l'expression de cette dilatation un peu spécifique.

La rétraction latérale est marquée de face par l'aplatissement latéral du visage et, de profil, par le front incliné en arrière et la saillie de l'étage affectif avec un nez très projeté.

Au niveau des étages du visage, il y a un certain équilibre entre les trois étages avec, toutefois, une dominante de l'étage affectif plus important en largeur de face, et imposant de profil.

*
* *

De la dilatation, on peut déduire la facilité de contacts et d'échanges, le sens du concret, l'aisance dans le toucher et une grande douceur.

Mais l'allongement du cadre (et donc une vive sensibilité) va limiter le champ d'action de ces contacts et de ces échanges. La vive sensibilité va obliger la dilatation à se manifester surtout en milieu d'élection. En milieu de correction, il y aura une fragilité qui en rendra l'expression difficile.

De la rétraction latérale, on peut déduire le besoin de bouger, de changement et aussi une certaine impulsivité.

Ce visage se caractérise aussi par une rétraction de front limitée à un enfoncement des yeux relatif.

Simone Massoud.

Il y a donc une possibilité d'intériorisation au niveau de la pensée mais l'élan vers l'extérieur et les êtres est tel qu'on peut en déduire des difficultés importantes vécues sur le plan affectif, notamment dans la jeunesse, le contrôle des impulsions par la pensée n'intervenant jamais avant un certain âge.

Ce qui confirme ces difficultés, c'est la dissymétrie importante avec un côté gauche plus rétracté que le droit. La dissymétrie se voit particulièrement bien au niveau des yeux, l'œil gauche tombant beaucoup plus que l'œil droit, ainsi qu'au niveau de la bouche plus rétractée à gauche qu'à droite.

La dissymétrie avec rétraction accusée de l'hémiface gauche traduit des difficultés importantes pendant l'enfance et un risque de déséquilibre assez grand. Deux questions se posent alors :

— D'où peuvent venir ces difficultés, peut-on en déceler l'origine dans le visage ?

— Comment cette tendance au déséquilibre a-t-elle pu être surmontée ?

Pour répondre, il va nous falloir considérer le visage dans le détail.

a) L'origine des difficultés

L'étage affectif est l'étage dominant ; il occupe la plus grande largeur dans le visage au niveau des pommettes. Ce qui est frappant par-dessus tout à cet étage, c'est l'ouverture très grande des narines. Le nez assez charnu de face est projeté en avant de profil. On peut en déduire un élan très grand vers les autres avec un grand besoin de communication surtout que c'est l'étage dominant, donc celui où la personne va avoir besoin de s'épanouir le plus. Mais l'ouverture très grande augmente la très vive sensibilité, surtout que les narines sont extrêmement fines et découpées, indiquant aussi une grande difficulté à se protéger.

C'est certainement dans cette difficulté à se protéger que se trouve la source de la souffrance de Simone Massoud qui, dès son plus jeune âge, devait ressentir toutes les agressions mais sans doute aussi toutes les souffrances des autres comme les siennes propres.

Pour peu que l'entourage familial n'ait pas été d'une sérénité parfaite, avec cette structure d'hypersensible, elle a dû plus d'une fois se réfugier dans sa chambre en larmes à demander une aide providentielle.

b) Le dépassement des antagonismes

On sait que quand une zone est conflictuelle ce qui ne peut être vécu dans cette zone est transféré dans une des deux autres. Il va donc y avoir transfert soit dans la zone cérébrale, soit dans la zone instinctive active.

La zone instinctive est assez importante ; de plus, elle est sthénique. La mâchoire est puissante et les contours sont rigoureux, surtout qu'avec l'âge les chairs ont tendance à se relâcher. Ici, il y a une bonne tenue de l'étage instinctif indiquant une activité importante, la puissance de travail et du dynamisme, surtout avec les forts éléments de rétraction latérale dont le visage est marqué.

La bouche charnue aux contours finement dessinés indique à la fois les qualités de dilatation, donc le sens du toucher, le contact avec la matière (le charnu) et la sensibilité, la finesse, propices à l'expression de l'art. On retrouve d'ailleurs cette double composante de dilatation et d'extrême finesse partout dans le visage.

On peut en déduire une facilité à créer de ses mains de façon artistique et la sculpture répond parfaitement à cette description. La sculpture a donc certainement contribué à rétablir l'équilibre chez Simone

Simone Massoud.

La traversée
des apparences.

Massoud dans les moments de doutes ou de grande fragilité affec-tive.

Mais il faut aussi considérer l'étage cérébral. De face, le front est en ogive. C'est un front lunaire dénotant l'imagination et le rêve, ce qui est confirmé par l'expression des yeux qui ont l'air de sonder l'au-delà lointain, de regarder à travers la matière et de voir ce qu'il y a derrière.

Cette pensée est dynamisée par l'inclinaison en arrière qui est un élément de rétraction latérale indiquant une certaine vivacité.

Le front est, de plus, aplati ; il n'est pas rond de profil comme celui du petit enfant, ce qui vient aussi dynamiser cette pensée et permet d'accéder à la logique.

Mais ce qui domine à cet étage est très nettement l'atonie avec les yeux qui tombent à la Greuze d'où une vision très particulière de la réalité dont l'œuvre sera sans doute imprégnée, une vision de rêve mais qui pourra s'actualiser grâce aux sourcils bas sur l'œil qui permettent la concentration. Les rides intersourcilières profondes montrent que ce n'est pas sans difficultés que cet effort d'attention a pu être soutenu.

Ajoutons que le côté droit du visage plus dilaté et plus sthénique, avec notamment l'œil droit qui est fortement redressé par rapport au gauche, indique que la personne a eu la force de surmonter ses difficultés à l'âge adulte et a trouvé un épanouissement qui a pu être réalisé à trois niveaux : au niveau affectif par la rencontre de quelqu'un sur qui s'appuyer en milieu d'élection, au niveau instinctif par la sculpture et au niveau cérébral par l'ouverture au spirituel ce qui va se trouver dans l'œuvre du sculpteur.

c) L'œuvre

On y retrouve les éléments de dilatation avec un contact sensuel avec la matière, et la sensibilité avec l'extrême finesse de formes. Ce n'est pas une sculpture massive, mais intimiste, d'une délicatesse que l'on pourrait qualifier d'exquise.

Le thème dominant est la quête de l'autre, de l'amour infini auquel on accède par le dépouillement de la forme et l'envolée vers le ciel : les formes s'élancent vers le haut et, à ce niveau, entre une autre dimension qui est la dimension spirituelle. Cette spiritualité est indiquée par les éléments de finesse dans le visage : le dessin de la lèvre supérieure, la délicatesse des narines et, bien sûr, l'allongement du cadre.

De plus, les pommettes sont haut placées et indiquent une idéalisation dans le domaine des sentiments ; les éléments de rêve de l'étage cérébral la mettent très facilement en contact avec le monde mystérieux de l'inconscient collectif, avec les forces cosmiques, tout ce que l'on peut appeler le monde divin. C'est un peu cette vision idéalisée de l'amour et de la forme qui transparaît dans l'œuvre de Simone Massoud avec le mariage de la dilatation et de la sensibilité.

6. Albert Féraud

Albert Féraud est un sculpteur de grande notoriété qui, après un début de carrière traditionnelle marquée en 1951 par un Grand Prix de Rome, a peu à peu subi une métamorphose qui l'a fait passer de l'usage de la pierre, du marbre et du bronze à celui du fer puis de l'acier inoxydable. Dans le même temps, il passe d'une forme de sculpture traditionnelle à une expression beaucoup plus abstraite et monumentale. On peut se demander si cette mutation dans l'œuvre de Féraud était prévisible.

Albert Féraud.

Au premier coup d'œil, Féraud est un dilaté ce qui ne saurait surprendre car, en principe, pour être sculpteur il faut avoir le sens du contact, du concret et du toucher, le contact avec la matière ; on sait que c'est le dilaté qui réunit le mieux ces caractéristiques.

Du dilaté, il a donc le cadre large, plutôt carré. Il est même très carré si on tient compte de la calvitie ayant pour effet d'allonger le visage en hauteur.

Un regard plus attentif fait apparaître que les récepteurs sont plutôt petits par rapport au cadre. Les yeux n'occupent pas une grande place en largeur, le nez n'est pas grand et la bouche pas très large. De plus, si le nez est plutôt ouvert, les yeux sont très enfoncés et la bouche très tenue. On peut conclure de cette structure de dilaté avec récepteurs petits et fermés à une typologie de concentré.

Quant à l'étage dominant, bien que le visage soit assez équilibré, on peut dire que c'est l'étage instinctif et l'étage affectif qui sont les plus importants en largeur, l'étage cérébral étant plus resserré et pas très haut (toujours en tenant compte de la calvitie).

*
* *

De la dilatation, on peut donc conclure le sens du concret, une bonne adaptation à la réalité matérielle et sociale, une puissance vitale importante.

Le modelé sthénique va ajouter de la puissance et de la force avec une grande capacité de réalisation qui va encore être augmentée par les éléments de concentration très marqués dans ce visage.

La concentration est le côté positif de ces visages à cadre large et à récepteurs petits. La force est, en effet, accentuée par le fait que les récepteurs ne laissent pas échapper l'énergie. La dispersion est minime.

En revanche, il y a risque de communication difficile. Les récepteurs petits, de surcroît fermés chez Féraud surtout au niveau des yeux et de la bouche, indiquent que les échanges avec l'extérieur ne se font pas spontanément. C'est, dans ce cas, le monde intérieur qui est privilégié avec souvent une vision très particulière de l'environnement qui passe par le filtre de cette vision très subjective du monde, indiquée par les yeux enfoncés qui représentent le regard intérieur ; par ces indices, on peut déjà comprendre en partie l'univers très particulier dans lequel fait entrer l'œuvre de Féraud.

On peut donc dire qu'il va y avoir une dualité importante entre le côté réaliste du dilaté à cadre large et sthénique et la vive sensibilité de type intériorisé manifestée par la structure des récepteurs. Cette structure aurait pu conduire ici aussi à des difficultés d'équilibre, mais la puissance du cadre permet de toujours trouver la force de réagir.

Un autre danger de ce type de visage est la tendance à l'égocentrisme et c'est certainement ici qu'intervient comme exutoire la création artistique par la sculpture.

Si on passe à l'étude du détail, on voit que le front n'est pas très grand. C'est plutôt un front de spécialiste. Comme il vient en troisième position dans le visage, on peut dire qu'il se met au service des deux autres étages, particulièrement de l'étage instinctif d'où Féraud va extraire ses œuvres de la matière brute.

Les bosses sus-orbitaires sont marquées, ce qui dénote le sens de l'observation ; en revanche, la zone imaginative est peu importante.

Le front assez ridé indique aussi une tendance à l'anxiété, à l'inquiétude ; dans ce cas, ce n'est pas la zone imaginative qui va constituer la soupape de sécurité, la zone de refuge, mais au contraire la zone instinctive. Quand ça ne va pas, Féraud a, par la sculpture, un dérivatif immédiat à ses tensions. Ajoutons que, paradoxalement, la structure du front ne prédispose pas à une concentration psychique trop poussée. De plus, les yeux très enfoncés montrent que quand l'attention a été soutenue trop longtemps, il y a tendance à basculer vers l'intérieur, à perdre le contact avec la matière. Il faut donc faire

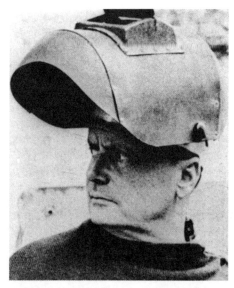

Albert Féraud.

un effort important pour maintenir cette concentration au niveau cérébral, ce qui est indiqué par les deux rides intersourcilières très prononcées.

Une autre question se pose : d'où peut bien venir cette tendance
à l'inquiétude ? La structure de l'étage affectif permet d'y répondre.

L'étage affectif est large, dénotant d'importants besoins d'échanges et de contacts, mais le nez est petit ce qui veut dire que la totalité
de ce besoin d'échanges ne peut être vécue. De plus, il y a une forte
rétraction latéro-nasale ayant pour effet de rendre encore plus difficile l'expression des sentiments qui ne sera donc possible que dans
un milieu d'élection restreint. Ce n'est que dans ce milieu d'élection
(famille, amis, proches) que les sentiments pourront s'exprimer ; c'est
alors la structure du nez qui va indiquer la nature de ces sentiments.

Le nez est charnu à son extrémité avec des narines vibrantes et
ouvertes ce qui est un signe de sensibilité très vive. Dès lors, le charnu
va indiquer la tendresse, la gentillesse, et les narines montrent la délicatesse des sentiments. Dans l'intimité, ce sont donc la gentillesse,
la délicatesse et l'ouverture qui vont s'exprimer. Mais hors de ce milieu
d'élection, Albert Féraud se dévoile certainement très peu.

Ou plutôt, oui, il le fait mais par l'intermédiaire de sa sculpture,
et c'est ce qui est extraordinaire dans les mécanismes profonds de l'être

humain. Alors que d'autres auraient pu étouffer de cette difficulté à ouvrir les robinets, à laisser s'écouler les pulsions contenues, chez Féraud la sculpture permet à cette force contenue de se libérer dans la matière qu'il va transformer et modeler.

Les tensions sont aussi très fortes à l'étage instinctif avec cette mâchoire puissante qui dénote des instincts puissants et la bouche mince et serrée qui indique bien que ces instincts sont fortement tenus en bride.

Chez un autre, cela se traduirait par des explosions de colère violentes et imprévisibles, les tensions contenues se libérant souvent sans prévenir avec la dernière goutte qui fait déborder le vase. Mais chez Féraud, ces débordements n'ont pas lieu d'exister car, comme nous l'avons vu, il se libère par le contact avec la matière dont il a tant besoin et, en même temps, il libère la matière de ses limitations en lui donnant une forme. Et on peut imaginer son regard intérieur qui regarde ses mains faire prendre forme au métal de façon spontanée. Comme par magie, les espaces prennent corps comme projetés hors de lui par la nécessité intérieure de cette libération et les mains en sont les ouvriers infatigables qui font jaillir ces formes gigantesques à la mesure de la force extraordinaire qui habite Albert Féraud.

PORTRAIT :

Charles de Foucauld, un exemple de rétraction sublimante.

Celui qui est connu sous le nom de « Père de Foucauld » (1858-1916) peut être caractérisé par un alliage de rétraction latérale et de rétraction de front.

La rétraction latérale est marquée par l'aplatissement latéral du visage qui le fait apparaître plus allongé que celui d'un dilaté. Le front est incliné en arrière. La rétraction latérale est particulièrement visible au niveau des oreilles dont l'inclinaison est importante. La rétraction de front touche surtout les récepteurs avec les yeux enfoncés, le nez recourbé et la bouche aux lèvres fines et tenues.

A quoi il faut ajouter un côté passionné très fort, marqué par des pommettes très saillantes et un nez de structure bossuée. Les récepteurs sont d'une extrême finesse, ce qui donne une vive sensibilité qui va colorer la passion d'idéalisme.

Enfin, ce qui frappe immédiatement dans son visage, c'est cet immense front digne des plus beaux coups de pinceaux. L'alliage de rétraction latérale et de rétraction de front est un alliage tonique entre deux mouvements antagonistes, un accélérateur puissant (la rétraction latérale) et un frein puissant (la rétraction de front). Ce double mouvement est amplifié par le côté passionné qui va pousser à vivre à fond les deux tendances.

La rétraction latérale donne un dynamisme puissant mis au service de relations humaines et sociales. La rétraction de front entraîne le besoin de solitude, de prendre du recul par rapport aux autres et au monde.

On sait aussi que dans le cas où deux tendances antagonistes sont fortement marquées dans un être, il va avoir tendance à les vivre de façon successive dans le temps. Le Père de Foucauld a d'abord eu une jeunesse dorée et mondaine, puis a été un militaire et un scientifique. Il a goûté aux plaisirs de ce monde avant de succomber à l'appel du mysticisme et à l'attraction irrésistible des vastes étendues désertiques.

Sa biographie dit qu'après avoir connu une vie brillante et servi dans l'armée, il entreprit un voyage au Maroc où il réalisa une œuvre scientifique importante. Converti en 1886, il mène une vie très humble en Palestine avant d'être ordonné prêtre en 1901. En 1905, il s'installe à Tamanrasset dans le Hoggar où il mène une vie surtout contemplative. Les Touaregs le vénéraient comme un marabout. Il fut assassiné pendant la Première Guerre mondiale par des pillards et a laissé de nombreux documents scientifiques ainsi que des écrits spirituels.

Cette double fonction (mondaine et spirituelle) se retrouve aussi dans la double dominante affective-cérébrale. Bien sûr, le front domine

le visage par son ampleur extraordinaire, mais il ne faut pas sous-estimer l'étage affectif qui est très important en largeur et dont le côté éminemment passionné va faire sentir ses exigences. L'étage affectif va donc être vécu de façon soutenue.

Notons la très grande finesse des narines qui dénote une sensibilité à fleur de peau et une délicatesse dans les sentiments. Ces éléments sont équilibrés par la fermeture du nez à son extrémité qui permet la maîtrise de soi.

La fonction cérébrale, d'abord manifestée dans l'œuvre scientifique, va ensuite l'amener à la conversion spirituelle puis à la vie contemplative.

Le haut du front est très important et indique une vaste intelligence au service de la recherche. Ce front prédispose aux mathématiques ; il dénote le sens de la synthèse, l'idéalisme et une intuition cérébrale servie par de grandes qualités de cœur : rondeur des joues (ce qui confère la rondeur dans les contacts) confirmée par le regard peu ordinaire.

L'étage instinctif est caché par la barbe mais n'est toutefois pas amenuisé. La réalisation n'est pas absente, mais elle se met au service de la passion idéalisée. Il fallait d'ailleurs de la force pour changer totalement de style de vie, renoncer à la vie du monde et partir vivre dans le désert avec les nomades. La passion va changer de maître et être mise au service de Dieu.

On voit ici que la quête du désert est liée à la rétraction de front donnant le besoin de solitude. Mais avec un étage affectif pareil, il ne pouvait être question de solitude totale ; il a certainement gardé des rapports privilégiés avec les Touaregs. La communication va donc continuer et devenir même plus riche et plus profonde, mais dans un environnement particulièrement propice à cette quête de l'absolu.

D'autre part, une partie des échanges qui se faisaient sur le plan horizontal peut être transférée sur un plan vertical par la relation avec les sphères du monde invisible.

On retrouve tous les éléments de la sublimation dans ce visage. D'abord l'élargissement vers le haut avec l'étage instinctif qui se met au service des deux autres étages. Ensuite, l'extrême finesse des récepteurs, et particulièrement celle de la bouche, signifie qu'une partie de la force instinctive va pouvoir être transposée vers les deux autres étages. L'étage affectif passionné, porteur à la fois de finesse et de puissance, confère des qualités humaines incomparables. Cet étage en fait un meneur d'hommes.

Enfin, l'étage cérébral montre que ces qualités humaines vont être éclairées par l'intelligence. La zone de réflexion se voit bien sur la photo ; par contre, les bosses sus-orbitaires n'ont pas l'air très marquées. C'est la zone haute, idéaliste et mystique qui domine, ce qui est aussi un élément de sublimation. Il faut d'ailleurs noter que les grands scientifiques et les grands spiritualistes prennent leur inspiration dans cette zone et que tous les grands savants ont été des mystiques. Mais ce qui sans doute frappe le plus dans ce visage, encore plus que ce grand front, c'est ce regard extraordinaire. Les yeux sont pourtant très enfoncés, mais toute la paix du monde et une force prodigieuse semblent sortir de l'intérieur de l'être pour aller inonder les autres d'un amour profond et intense.

C'est ce regard qui fait les êtres d'une autre dimension. Le miroir de l'âme devient alors un lac d'une pureté si éclatante que chacun a envie d'aller se ressourcer à son vivifiant contact.

CHAPITRE XIII

La loi d'unité

L'être humain est un être complexe qu'il est particulièrement difficile de présenter de façon simple. Les chapitres précédents ont eu pour but de montrer qu'en l'étudiant d'un point de vue synthétique, on peut arriver à en donner une vision simplifiée et logique. Nous avons ainsi considéré que l'être humain était un être double, mais aussi un être triple selon le point de vue où l'on se place.

1. La valeur du nombre dans la Tradition

La Tradition a toujours considéré les nombres comme le meilleur moyen de comprendre la Création.

D'après elle, à l'origine de Tout il y a le **un** qui représente l'unité fondamentale, l'harmonie absolue dans le non-manifesté. Quand le un, qui a été appelé Dieu, sécrète à partir de sa propre substance une substance nouvelle, plus dense (processus comparable à celui de l'escargot qui sécrète sa coquille), le Créateur donne naissance à la Création.

Ainsi naît la polarité, le **deux.** Aussitôt émanée, la création va produire une résistance qui, pour nous humains, va paraître opposée à celle du Créateur mais qui, en fait, est la force permettant la circulation des énergies du centre vers la périphérie et de la périphérie vers le centre, un peu comme en nous la vie véhiculée par le sang va circuler du centre à la périphérie, du cœur aux poumons et des poumons au cœur. L'être humain tient sa complexité du fait qu'il participe à ces deux mondes de mouvements opposés que l'on a appelés Esprit et matière. Le premier monde lui fait prendre ses racines dans le cosmos, dans l'invisible, le second le relie à la matière, ce qui provoque une tension, un écartèlement permanents. Finalement, toute l'histoire humaine peut être ramenée à cette recherche d'un équilibre entre ces deux polarités.

Ce passage de l'unité à la dualité est exprimé dans la Bible par l'image de la création de la femme à partir de l'homme. C'est du un, actif, émissif, masculin, que va être tiré le deux, passif, réceptif, féminin. L'homme est le créateur dans le microcosme, la femme est la création. Ces deux principes sont représentés traditionnellement par le symbole du cercle avec le point au milieu que nous avons déjà vu.

De la réunion de ces deux principes naît le **trois,** l'enfant. Dès qu'il y a le deux, le trois apparaît. En toute chose se cache le trois et celui qui sait lire le trouve aussi dans l'être humain. Outre la division en trois du visage, notons que le corps est divisé en trois : tête, tronc et membres. Les membres sont divisés en trois : bras, avant-bras, main ou cuisse, jambe, pied. Les doigts sont également divisés en trois phalanges.

Dans ces divisions en trois, nous retrouvons toujours la pensée, le sentiment et l'action ou l'Esprit, l'âme et le corps. Celui qui sait lire accède au sens, à l'essence des choses ; il devient capable de « déchiffrer », c'est-à-dire de trouver les clés du livre de la nature vivante dans les chiffres (ou les nombres). Le rapport de l'homme avec le monde qui l'entoure, avec l'univers tout entier se dévoile alors, et c'est un éblouissement (1).

On pourrait aussi regarder l'homme sous l'angle du quatre, du cinq, du six, etc., car il a autant de visages que nous avons de façons de regarder. Mais ce que l'on recherche avant tout au travers de ces multiples facettes, c'est retrouver la vision de l'ensemble, reconstituer le paysage dans son intégralité, accéder à l'unité.

Sur le plan psychologique, une question que l'on peut se poser sans laquelle la psychologie n'a aucun sens, c'est comment aider l'autre, comment aider l'être humain qui éclate sous le poids de ses tensions et de ses antagonismes, comment l'aider à retrouver l'unité ? Toutes les autres questions pâlissent à côté de celle-là, car elle seule

---

1. Omraam Mikhaël Aïvanhov : *Les Secrets du livre de la nature* (Éditions Provesta).

peut mettre sur le chemin des réponses que chacun de nous recherche si confusément ; elle est au cœur de toutes les interrogations.

2. La recherche de l'unité

Nous avons vu que chez le tout petit enfant, la force de conservation n'est pas encore éveillée. Seule, existe en lui la force d'expansion qui le pousse à adhérer complètement au monde qui l'entoure dont il ne se sent pas encore séparé. C'est seulement quand surgissent les premiers dangers qu'apparaît la sensation du risque encouru et que naît la peur qui entraîne le déclenchement de la force de conservation.

Au début de sa vie, chaque être humain baigne donc dans l'unité primordiale symbolisée par la relation du fœtus à sa mère. Il s'en éloignera au fur et à mesure qu'augmenteront les peurs en lui. La quête de ce bonheur que chacun de nous recherche, c'est un peu la quête de cette unité originelle à laquelle l'homme goûte au début de son existence et qu'il va rechercher d'instinct tout au long de sa vie. Mais cet état de fusion est tellement fugitif et inconscient que l'être humain a même perdu de vue que c'est lui qu'il recherche.

C'est la quête du « paradis originel ».

Et même le bonheur, il n'a plus aucune idée de ce que ce mot veut dire. Le bonheur ce n'est pas un objet que l'on peut arriver à posséder avec un peu d'argent ; on ne peut ni le peser, ni le découper.

Le bonheur est un état de conscience.

Et cet état de conscience a une infinité de degrés.

Au niveau physique, ce qui n'est qu'une parcelle infinitésimale du bonheur s'appelle « plaisir ».

Au niveau des sentiments, cela s'appelle « joie », « contentement ». Mais, très souvent, quand on a fortement désiré quelque chose et que finalement, on l'obtient, bien sûr on est content, bien sûr on est joyeux, mais cela dure souvent très peu de temps et ensuite on est de nouveau triste et malheureux. Prenons une femme qui, enfin, a le manteau de vison qu'elle a tant désiré ; pendant quelques jours elle va l'essayer, se regarder dans la glace, se contempler et même le porter s'il fait froid, mais au bout de quelques jours il fera partie des meubles ; elle ne pensera même plus à la somme des désirs qu'elle a dépensée pour lui.

Ce n'est donc pas ce qui peut procurer le bonheur véritable ; il manque encore quelque chose.

Au niveau des pensées, le bonheur s'appelle « paix », « sérénité » et, quand on les obtient, il est plus difficile de les perdre que le mécontentement ou la joie. Mais ce n'est encore qu'une parcelle infinitésimale du bonheur.

Au-delà de la paix et de la sérénité, existent encore d'autres états de conscience que l'on ne peut décrire que si on les a vécus. Et, de toute façon, celui qui ne les a pas vécus ne pourra jamais les comprendre car le seul moyen d'y parvenir c'est de les vivre ; ces états de conscience que certains mystiques ont décrits, on les a appelés ravissement, extase. Par ces mots, on touche vraiment à l'essence de la psychologie, qui est la connaissance de l'âme, puisque ce ravissement et cette extase, pour y accéder, il faut être capable de donner à son âme la nourriture dont elle a besoin. Mais c'est loin d'être fini car il y a toujours en l'homme quelque chose de plus sublime. Ce plus sublime, il n'y a plus de mots pour le décrire. On y accède quand on est capable de donner à son esprit lui-même la nourriture dont il a besoin. Les mots qui décrivent ce ravissement de l'esprit sont « félicité » ou « béatitude », mais il n'est aucun habit d'apparat sur la terre qui puisse donner même une toute petite idée de la magnificence des vêtements que portent ceux qui arrivent à goûter ces états.

Alors le mot bonheur a véritablement un sens.

Tous ces mots n'existent pas par hasard. Ils correspondent à quelque chose qui existe quelque part en nous. Ces mots sont des récipients, des contenants qui nous indiquent la voie à suivre, mais c'est à nous de les remplir, de leur donner un contenu. Bien sûr, ce n'est pas facile et cela peut demander plus que le travail d'une vie. Mais si on sait que sur chacun des degrés de cette pyramide sans fin l'Intelligence Cosmique a déposé une pierre précieuse pour chaque être humain, qu'importe de savoir jusqu'à quel degré nous pouvons aller ?

Chaque pierre précieuse suffira à nous réjouir. Il y en a même de toutes petites que nous pouvons recueillir chaque jour, et même à chaque instant de notre vie.

Dès lors, il devient difficile de décrire l'émerveillement de celui qui entrevoit la splendeur de ce qui se trouve sur le sentier de la vie.

Que vienne enfin le temps où les humains, au lieu de passer leur temps à ramasser seulement les cailloux du chemin en s'imaginant qu'il n'y a rien de plus précieux autour d'eux, ouvrent enfin les yeux !

3. De la dualité à l'unité

Bien sûr, avant d'en arriver là, il y a pas mal de chemin à parcourir et, pour l'instant, ce sont plutôt les tensions, les antagonismes de la dualité qui nous habitent. On a vu déjà que cette dualité est exprimée en nous par les instincts ; ceux-ci ne sont ni bons ni mauvais, mais neutres. C'est l'usage que l'être humain en fait qui est bon ou mauvais, positif ou négatif, constructif ou destructif. On a vu également que c'est dans sa capacité d'utiliser ses qualités à des fins constructives et non destructives que l'être humain peut tout doucement franchir les degrés de la pyramide que nous venons de décrire. La consultation consistera donc à orienter vers un but constructif les forces qui, dans chaque individu, demandent à être canalisées, dirigées.

a) Forces d'expansion et de conservation

Un dilaté qui vient en consultation aura des demandes bien spécifiques, forcément différentes de celles que formuleront un rétracté ou un passionné. Très souvent, il aura de la difficulté à persévérer dans ses entreprises ou à effectuer des choix, à cause d'un manque de sthénicité ou de rétraction de front.

Le morphopsychologue verra tout de suite les faiblesses et leur origine ; il pourra aider à une prise de conscience. En l'occurrence, il faudra développer des éléments de rétraction, en amenant plus de rigueur dans le comportement et dans le mode de vie.

Rappelons la règle fondamentale : « L'individu le mieux adapté est celui qui fera jouer la force d'expansion aussi bien que la force de conservation en fonction de ce que les circonstances exigent de lui. »

Il ne s'agit donc pas de faire d'un dilaté, un rétracté, ou d'un passionné, un atone ; c'est complètement impossible. Il s'agit de leur faire réaliser que, dans certaines circonstances, des comportements différents seraient plus adaptés ; c'est toujours sur le comportement qu'il faut insister. A force d'agir de façon inadaptée, on finit par ne plus oser rien faire, par perdre confiance en soi ce qui provoque un inconfort intérieur, une insatisfaction de plus en plus étouffante. La prise de conscience est la première étape vers la résolution des antagonismes et vers la réalisation de l'unité.

b) Conscience et inconscience

La vie de l'être humain est en grande partie gouvernée par son inconscient. Sans parler du temps de sommeil et des rêves dont on n'a aucun souvenir, on sait qu'en fin de journée on a le plus souvent oublié une grande partie de ce que l'on a fait durant cette journée, comme par exemple ce que l'on a mangé à midi ou ce que l'on a fait entre neuf heures et neuf heures et quart. Le plus grand mystère qu'a à déchiffrer l'être humain, c'est vraiment lui-même.

En fonction du degré d'intégration de ses difficultés qu'a atteint la personne en face de lui, le morphopsychologue doit être capable de sentir très vite ce que cette personne est capable d'entendre et d'accepter. Il ne devra en aucun cas dévoiler davantage que ce que son interlocuteur est prêt à entendre.

c) Polarités masculines et féminines

C'est une autre manifestation de cette dualité. Extérieurement, l'être humain est homme ou femme mais, intérieurement, il est les deux, émissif et réceptif, actif et passif. Or, là aussi, un comportement adapté exige de savoir écouter autant que parler et de savoir agir comme ne pas agir.

Les femmes ont plutôt tendance à avoir une réceptivité dominante. La société occidentale survalorisant l'activité, elles ont pu, à notre époque, développer leur polarité masculine et s'équilibrer. L'homme, par contre, a eu tendance à survaloriser son côté émissif en se tournant complètement vers la réalisation matérielle, l'action, et à se détourner du spirituel qui exige la réceptivité à laquelle la femme est beaucoup plus apte. C'est une cause fréquente d'insatisfaction, de vide relatif.

Ici aussi, le visage permet de savoir si une des tendances est sacrifiée, ce qui provoque toujours une inadaptation (par exemple le cas du rétracté latéral, sthénique avec étage instinctif puissant et menton projeté en avant : c'est un cas d'hypersthénie par carence de réceptivité dont nous avons vu qu'il peut déboucher sur l'hypersthéno-asthénie).

L'être humain, on l'a vu, est tiraillé entre le monde de la matière et celui de l'Esprit. S'il n'arrive pas à s'épanouir dans les deux plans, il ne peut pas être véritablement satisfait.

4. La réalisation du triangle

Si l'être humain en tant que dualité est écartelé, en tant que mini-Trinité, il est déchiré tout autant. La pensée le tire dans une direction, le sentiment dans une autre, la volonté dans une troisième, le sexe et l'estomac dans une quatrième qui n'est d'ailleurs parfois même pas identique pour les deux. C'est à n'y plus rien comprendre. Comment arriver à recoller les morceaux, à établir un lien entre toutes ces composantes ? Et particulièrement à canaliser dans une seule direction, la pensée, le sentiment et la volonté ?

a) La formation du triangle

Ce qui fait que l'individu est tiraillé dans tous les sens c'est qu'il n'a aucun but. Dès lors, il se laisse aller à toutes les sollicitations et ne construit rien, d'où un sentiment d'inutilité particulièrement visible de nos jours chez les jeunes que l'on a qualifiés de « bof-génération ».

Sans but dans la vie, tout devient absurde et se désintègre. Le but est le ciment qui va relier les différentes parties du caractère, qui déclenche l'enthousiasme et qui, seul, peut orienter les jeunes vers des activités constructives. Mais comment les adultes qui s'ennuient et ne s'intéressent à rien pourraient-ils communiquer un enthousiasme dont ils sont totalement privés ?

Notre monde est complètement axé sur la recherche du plaisir et de la facilité qui est comme un puits sans fond ; quand on le remplit d'un côté, il se vide de l'autre.

Tout ce qui est lié au corps physique dure peu. L'être humain a besoin de réaliser quelque chose de grand pour s'élever au-dessus de la petitesse et de la médiocrité. Il a besoin de goûter à ce qui est grand, immense, éternel. Cela peut être à un niveau plus ou moins modeste : le simple fait d'avoir édifié une maison ou même une cabane de ses mains, ou seulement d'avoir repeint son appartement laisse un sentiment d'accomplissement.

Ici aussi, il y a une infinité de degrés et participer à une œuvre collective, à un idéal sublime et désintéressé est ce qui manque le plus de nos jours.

Cette notion de but, d'idéal qui débouche sur l'accomplissement d'une œuvre, implique donc la notion de travail et le goût de l'effort.

On a tellement habitué la jeunesse à avoir tout sans rien faire que ce goût de l'effort a totalement disparu. Si tout avoir sans rien faire donnait vraiment la plénitude, comment expliquer que certains fils de milliardaires qui ont eu tout ce qu'il était possible d'imaginer dès le berceau se suicident. La première chose importante est donc le but, la deuxième la volonté de réaliser. Et la première qualité que les parents et les éducateurs doivent insuffler à ceux dont ils ont la charge est cette volonté, ce goût de l'effort sans lequel rien n'est possible. Laisser faire à un enfant tout ce qu'il veut n'est certainement pas le meilleur moyen.

b) Le travail du morphopsychologue

Il va s'agir de faire prendre conscience au sujet de ses atouts puis de le décider à orienter ses énergies dans une direction déterminée.

Il faudra d'abord mettre en confiance, ensuite motiver ; la motivation est une des qualités les plus indispensables ; c'est la même qualité, à un degré plus faible, que l'enthousiasme. Il faudra donc mettre en valeur, faire voir tous les avantages d'une situation même si socialement elle n'est pas très bien considérée. Beaucoup de parents poussent leurs enfants à étudier même s'ils n'en ont pas les capacités intellectuelles, alors qu'en aidant l'enfant à cultiver un talent manuel avec le goût du travail bien fait, on peut développer une créativité qui ouvrira les portes de la véritable intelligence : **celle de la vie.**

Alors seulement le ciment entre les trois étages du caractère va prendre et le sujet pourra peu à peu devenir un triangle parfait (c'est-à-dire équilatéral) dans le monde à deux dimensions, et une pyramide de lumière dans le monde à trois dimensions.

5. L'acceptation de soi et des autres

On retrouve résumée cette clé de la psychologie dans la célèbre phrase : « *Aime les autres comme toi-même.* » Cette phrase est d'une justesse extraordinaire et ne pouvait pas être plus condensée, car elle marque bien le lien indissoluble que chacun de nous a avec les autres, le fait que la connaissance des autres passe par la connaissance de soi et inversement. On retrouve aussi cette idée dans le « *Connais-toi toi-même* » inscrit au fronton du temple de Delphes et qui donnait le programme des initiations dans la Grèce antique.

La première étape de ce processus est l'acceptation de soi. Acceptation qui repose sur l'acceptation de l'idée que l'existence est basée sur l'évolution et que l'être humain est en évolution permanente. Alors, ce qu'est une personne à un moment donné n'a plus d'importance ; ce qui compte c'est ce que la personne sera demain si elle se développe. De même, ce que l'on est soi-même aujourd'hui n'a pas d'importance si on accepte l'idée que l'être humain a tout pouvoir pour se changer, se transformer et vaincre toutes ses faiblesses.

Bien sûr, très souvent, si on ne s'accepte pas c'est qu'on pense que les autres nous jugent ; il est vrai que nous sommes en permanence pesé, jaugé, jugé, et il est très difficile de s'extraire de cette pesanteur sociale. Mais le fait de prendre conscience que l'adulte qui est en face de nous a été un tout petit enfant et peut encore faire beaucoup de chemin s'il le veut, peut apporter une aide précieuse. On peut toujours se dire, en regardant ceux qui passent leur temps à critiquer leur voisin sans voir à quel point ils sont misérables : « *Rendez-vous dans quelques années. Pendant que vous perdez votre temps en paroles inutiles, j'agis ; quand vous verrez le résultat, vous serez bien surpris.* »

Il est passionnant de voir que, au cours de trois ans d'études en morphopsychologie, cette conception dynamique de l'être humain devient peu à peu évidente. Elle s'installe dans les pensées en première année puis, en deuxième année, vient l'instant de vérité puisqu'une partie du temps est consacrée à apprendre à se connaître. Chacun doit être capable de faire son propre portrait devant les autres qui commentent avant que l'enseignant ne fasse un tour d'horizon plus complet. Il est extraordinaire de constater alors qu'il n'y a plus aucune difficulté à se mettre à nu devant les autres quand le groupe est là pour soutenir, aider, comprendre et non pour juger. Ce concept d'acceptation est alors intégré parce qu'il a été vécu ; vis-à-vis des autres, il prend le nom de « tolérance » qui n'est rien d'autre qu'un des degrés de l'amour. En même temps que change l'image que l'on se fait de soi-même, change l'image que l'on a des autres et la conception que l'on se fait de l'existence tout entière se transforme complètement.

*

* *

6. La sublimation

Une fois que l'être humain a pris conscience dans une certaine mesure de ses tensions, il peut amorcer un travail de transformation que l'on peut appeler « sublimation ».

a) Définition

En chimie, la sublimation est l'opération qui consiste à transformer une substance d'origine minérale en substance gazeuse sans la faire passer par l'état liquide. La sublimation dans le plan psychique est un processus analogue. Il s'agit de transformer ce qui est brut, terne et pesant en une matière infiniment plus subtile. Comment cela peut-il se réaliser concrètement ?

Nous avons vu que les étapes vers le bonheur comprenaient une infinité de degrés. Dès lors, si nos instincts nous poussent vers les degrés de jouissance purement physique, il est important d'accepter l'idée qu'il puisse exister des plans de satisfaction plus élevés. Il ne s'agit donc pas de tuer ses instincts, il faut simplement leur donner une orientation différente en leur permettant de tendre, tous ensemble, vers le sommet de la pyramide. C'est seulement à ce prix, au prix de cet idéal que l'unité pourra être réalisée. Si l'être humain a pour seul idéal de bien boire et de bien manger, il restera où il est, végétatif. Dès que l'on entrevoit qu'il existe d'autres sources de satisfactions moins éphémères, on se met au travail et toute la destinée se transforme. Mais il y a toujours un risque : celui de réprimer ses instincts.

b) Répression et sublimation

Il faut se garder de confondre ces deux notions. La répression est le fait d'empêcher ses instincts de se manifester librement, de les bloquer. En général, c'est la culpabilité qui provoque ce mécanisme purement négatif. Dans ce cas, le sujet ne peut se libérer de ses forces instinctives, particulièrement de la force sexuelle, ce qui provoque une tension qui peut devenir obsédante.

Pour qu'il y ait sublimation, il faut permettre à nos instincts de changer de direction. La répression est comme une rivière que l'on empêcherait de couler en édifiant des digues et des barrages qui finiront par sauter sous le poids de l'eau. La sublimation est le fait de détourner une partie du lit de la rivière afin d'arroser et de rendre fertile une région qui était totalement desséchée par le manque d'eau.

En psychologie, on distingue dérivation et sublimation. Il y a dérivation quand une partie de l'énergie sexuelle est transférée vers d'autres activités situées aussi sur le plan instinctif et physique (comme le travail ou le jeu), d'où la pratique du sport comme dérivatif de la force sexuelle à l'adolescence.

Dans la sublimation, le transfert se fait vers le haut, vers les étages affectif et cérébral, vers la spiritualité par le biais de la création sociale et de l'art, de la science et de la religion. Pour réaliser cette sublimation, il faut d'abord refuser de se limiter à une existence végétative et ensuite accepter l'idée d'évolution vers le haut. Alors, peu à peu, l'individu devient capable de remplacer certains plaisirs et certaines attitudes par d'autres d'un ordre plus élevé ; cela doit se faire tout doucement et tout naturellement.

Dans l'univers rien n'est bon, rien n'est mauvais, c'est l'usage que l'on fait des choses qui est l'un ou l'autre. Prenons le cas de l'ambition, force qui pousse à être le premier ; c'est une force magnifique. Mais après, comment va-t-on l'utiliser ? Va-t-on s'en servir pour écraser les autres et tout détruire sur son passage, comme Gengis Khan, Attila et bien d'autres, ou bien pour être toujours le premier à montrer l'exemple du dévouement et du sacrifice comme les prophètes et les saints ? Entre les deux, il y a une infinité de degrés.

De même pour la vanité, qui est un sentiment qui nous pousse à nous montrer aux autres pour recueillir leur admiration. C'est aussi un instinct qui peut être utilisé soit pour montrer ses beaux habits, sa belle voiture et sa jolie maison achetés à crédit ou bien, mais beaucoup plus rarement, pour montrer les magnifiques qualités intérieures que l'on a pu recueillir par son travail. Ainsi en va-t-il de toutes les forces qui ont été déposées en nous. Ce sont des puissances extraordinaires qui projetteraient l'être humain dans des dimensions qu'il ne soupçonne pas s'il apprenait à s'en servir.

Quand on parle de sublimation, c'est le plus souvent à la force sexuelle que l'on pense ; de toutes les forces déposées en nous, c'est sans l'ombre d'un doute la plus puissante. N'est-ce pas elle qui permet de donner la vie ? Dans ses livres : *La Force sexuelle ou le dragon ailé* et *l'Amour et la sexualité,* Omraam Mikhaël Aïvanhov l'a définie comme la force qui écrase les faibles et qui fait voler dans l'espace ceux qui ont appris à s'en servir. Il explique le symbolisme extraordinaire que l'on trouve à tous les niveaux de l'être humain. Les instruments que la magie et l'alchimie ont appelés la pierre philosophale, la baguette magique et l'élixir de la vie immortelle sont représentés par les organes génitaux de l'homme. Celui-ci a deux pierres « philosophales ». Il a aussi une baguette magique dont le mouvement libère le feu sous forme d'élixir.

Quant à l'organe de la femme, il le compare à un radar qui, utilisé correctement, peut la renseigner sur tout ce qui se passe dans l'univers. Selon lui, chacune des portes de l'être humain a, au-delà de sa fonction physique, une infinité d'autres fonctions plus subtiles et encore inconnues qui sont capables de le propulser dans des régions de l'univers intérieur qu'il ne soupçonne pas. Et les portes d'en bas, loin d'être honteuses comme on nous l'a inculqué depuis tant de générations, sont d'après lui les plus prodigieuses et les plus sacrées. La preuve en est que c'est par leur intermédiaire que la vie peut se manifester. C'est seulement à l'être humain d'apprendre à s'en servir pour accéder à ces autres états de conscience.

c) La sublimation dans le visage

Il y a des facteurs qui prédisposent à vivre ce transfert des énergies vers le haut. Ainsi, plus la zone instinctive est importante sur un modelé dilaté extraverti, plus le besoin de nourriture physique est important. Il sera alors difficile de se détacher de ce qui est purement matériel pour accéder à des centres d'intérêts plus spirituels et altruistes. Pour que la sublimation soit possible, il faut l'élargissement des zones du visage vers le haut :

— D'abord du **visage dans son ensemble** : dans ce cas, le visage s'élargit vers le haut ce qui lui donne soit une forme hexagonale et une dominante affective, soit une forme triangulaire et une dominante cérébrale qui tire l'individu vers le haut.

— Ensuite **au niveau des différents étages** : l'étage cérébral s'élargit aussi vers le haut. On a vu que quand le front s'évase dans sa partie haute, il est appelé front solaire ce qui donne des prédispositions à l'idéalisme.

Au niveau de l'étage affectif, l'élargissement vers le haut est aussi un des indices de l'idéalisme, de même que des pommettes haut placées et une arête du nez plus large à la racine qu'à la base. Ce sont des signes qui montrent que le sujet peut s'intéresser aux « choses d'en haut ».

Au niveau de l'étage instinctif, les indices sont une bouche tenue, ferme avec des lèvres aux contours délicats, ce qui est toujours un élément de finesse, donc de tendance à transmuer ses instincts et à les vivre sur des plans plus élevés.

— Il faudra aussi tenir compte de tous les **indices de sensibilité dans le visage**. Plus un individu est sensible, plus il est susceptible de s'intéresser à l'art, de s'investir dans des activités sociales et culturelles. Mais c'est toujours dans l'intérêt porté aux autres et à les aider que se trouve la véritable force de transformation dont Gandhi et mère Thérèsa sont des exemples si extraordinaires. Imaginer que cette dernière soigne plusieurs milliers de personnes chaque jour et vit au milieu de lépreux est presque inconcevable. Ce qui l'est encore davantage pour nous qui attrapons une grippe auprès de quelqu'un qui a un rhume, c'est qu'elle est totalement préservée de la contagion, ce que beaucoup d'êtres hors du commun dans le passé ont déjà démontré. Il émane d'eux une telle force que plus rien de physique ne peut les atteindre. Et cette force qui déplace les montagnes, c'est dans l'amour, et dans l'amour seulement qu'elle se trouve.

C'est cet amour qui fait que la mère se jette dans le feu pour sauver son enfant. C'est lui qui permet d'oublier son petit ego étriqué pour se dévouer à des causes plus grandes. Dans tous les cas, c'est le regard qui montrera si l'individu vit déjà les états de sublimation qui sont inscrits dans son visage et qu'il vivra forcément un jour.

7. Le pouvoir de l'être humain sur sa propre forme

Nous avons vu jusqu'à présent que l'étude de la forme du visage donne tous les éléments pour arriver à une meilleure connaissance de soi et des autres. Une des questions qui se pose aussi, est de savoir si cette forme est déterminée et soumise seulement à un vieillissement inéluctable, ou bien s'il y a un moyen de l'améliorer et de la transformer. Cela pose un certain nombre de questions et, avant tout, celle du déterminisme et du libre arbitre.

a) Déterminisme et libre arbitre

En philosophie, il y a les tenants des deux écoles. Certains optent pour un déterminisme absolu : pour eux, l'être humain est complètement déterminé dès sa naissance, la matière est préexistante à l'esprit qui n'en est qu'une sécrétion. En conséquence, l'homme est essentiellement matière , il suit les mêmes lois qu'elle et en est complètement prisonnier. Son seul pouvoir consiste à l'organiser, à la gérer, ce qui a pour conséquence de mettre l'économie à la première place. C'est le courant que l'on appelle matérialiste et qui est dominant actuellement dans le monde. A l'opposé, il y a les partisans du libre arbitre, comme Platon ; leur courant a été appelé idéaliste. Pour eux, c'est l'Esprit qui préexiste à toute chose et la matière n'est qu'une sécrétion de l'Esprit.

En conséquence, l'homme peut retrouver les clés pour se servir de cet Esprit qui fait partie intégrante de lui, mais qu'il ne voit pas car il est d'une essence plus subtile que la matière ; il ne peut donc que le sentir, ou plutôt le ressentir. Quand l'homme arrive enfin à s'identifier à cet Esprit et à la force dont il est porteur, il est investi du pouvoir de commander à la matière par ce qu'on pourrait appeler la puissance psychique. Ces processus expliquent les miracles qui sont des manifestations de ce pouvoir de l'Esprit sur la matière chez ceux qui en ont acquis la maîtrise.

Il nous paraît personnellement que la vérité se situe quelque part entre ces deux extrêmes. Nous avons vu que l'être humain participe en même temps de ces mondes opposés et pourtant complémentaires. Dès lors, il va subir la loi de celui des deux mondes auquel il va se lier le plus. S'il se lie à la matière, il va subir les lois du monde de la matière qui se caractérise par le fait que tout va vers la mort ; c'est la loi de « *néguentropie décroissante* » des physiciens (2). L'être humain n'a alors d'autre solution que d'assister à la détérioration de ses facultés et à la désagrégation de sa propre matière de façon progressive et en accord avec le mécanisme du vieillissement. Il est alors complètement déterminé car il ne peut échapper à cette loi.

En revanche, s'il développe en lui la conscience de l'Esprit, du monde spirituel, il se lie à d'autres forces, à d'autres courants ; il change de longueur d'onde et, peu à peu, les lois auxquelles il est soumis changent. Il passe sous l'influence de l'Esprit, de la loi de « *néguentropie croissante* » qui est celle qui gouverne le monde de l'Esprit, loi diamétralement opposée à la loi de désagrégation de la matière. Ce n'est plus la vieillesse et son aboutissement, la mort, qui régissent l'existence, mais le contraire, une vie de plus en plus intense qui aboutit

---

2. Jean Charron : *J'ai vécu quinze milliards d'années* (P.U.F.).

à l'immortalité, c'est-à-dire à un état de conscience où la frontière entre la vie et la mort disparaît. Seule la vie subsiste sous des formes différentes. Les Orientaux ont appelé Nirvana cet état de conscience.

Le libre arbitre de l'être humain se situe donc dans le choix qu'il a de se soumettre complètement au déterminisme de la matière, ou bien d'accéder peu à peu par ses prises de conscience et le travail qu'il fait sur soi à des degrés de conscience qui le mettent sous l'influence du monde de l'Esprit. Ce passage du déterminisme au libre arbitre se fait par paliers. On retrouve un peu la même opposition dans les notions de destin (qui a plutôt la nuance de fatalité) et de providence (qui se rattache au domaine de l'Esprit). Les Orientaux utilisent le terme de « Karma » qui représente ce que l'on doit payer et celui de « Dharma » qui est le bénéfice que l'on retire de ses bonnes actions.

L'homme passe graduellement d'un palier à l'autre avant de se libérer de toutes les pesanteurs qui le soumettent à l'attraction terrestre. Finalement, il passe dans le champ d'attraction de l'Esprit, du centre symbolisé par le soleil. Il passe d'un plan de conscience géocentrique où il ramène tout à lui-même et à la matière, à un plan de conscience héliocentrique où son ego se fusionne à l'Esprit et atteint sa véritable dimension humaine, dimension d'immortalité donnant à l'homme devenu surhumain tout pouvoir sur la matière et liberté totale de choisir sa destinée. Dès lors que nous admettons que l'être humain n'est pas régi par un déterminisme aveugle, nous pouvons nous demander si le pouvoir qu'il est susceptible d'acquérir peut lui permettre d'agir jusque dans sa propre matière, jusque sur la forme de son visage. Mais, auparavant, il peut être amusant d'examiner son attitude actuelle et la façon qu'il a, bien maladroite, d'essayer d'effacer les rides qui le narguent avec un sens de l'humour indéniable.

b) L'homme devant son miroir

Les diverses traditions donnent à l'observateur attentif plein d'occasions de se réjouir.

Dans la tradition chinoise : les Chinois disent qu'en se précipitant le matin devant son miroir, avant que la toilette n'ait réparé les outrages de la nuit, l'homme peut être prévenu de tout ce qui va lui arriver. La couleur de sa peau, un peu plus rose, un peu plus grise ou un peu plus verte, d'éventuels boutons apparus malencontreusement à l'insu du dormeur, sont des indices précieux qui permettent de déterminer si la journée va être bénéfique ou bien s'il y a lieu de faire très attention, et dans quels domaines. D'ailleurs, dans certains cas, il vaut mieux aller se recoucher en attendant que l'épreuve du miroir soit plus favorable.

Un seul obstacle : après une nuit de relations sexuelles, le teint est tellement brouillé que le miroir devient indéchiffrable. Les Chinois se servent ainsi du visage à des fins de prédictions ; même si nous avons été porté à aborder cette question avec humour, elle n'en reste pas moins passionnante. Nous sommes certain que le visage a encore beaucoup de secrets à nous confier et que la tradition orientale contient des réponses qui permettront un jour d'opérer une synthèse et d'aller encore plus loin dans la lecture des formes.

En Occident

La façon qu'a l'Occidental de se regarder dans une glace ne manque pas non plus de piquant. Il ne le fait pas en général sans s'être muni au préalable de tubes ou de pots qu'il tient nerveusement dans sa main. Chaque jour il scrute son visage, inquiet des ravages auxquels le temps ajoute une touche imperceptible et qu'il essaye de combattre désespérément avec le contenu des tubes et des pots. Parler de l'esprit inventif des Occidentaux en la matière est absolument impossible. Tout est pesé, calculé, parfumé pour « *réparer du temps l'inqualifiable outrage* ».

Badigeonnés, hydratés, transformés, ils devraient sortir de chez eux rassurés. Pourtant que voit-on : des mines contrariées, crispées, déconfites. Serait-ce qu'ils ne croient pas trop au pouvoir de ces crèmes et de ces lotions ? Ou bien ont-ils peur qu'en souriant trop leur visage s'anime et que les rides d'expression deviennent des rides tout court ? Ils n'ont pas l'air de se rendre compte qu'à force d'être ainsi tendus, figés, coincés, ils impriment à leur visage un mouvement descendant. Ils seront peut-être moins ridés mais auront les lèvres qui tombent, l'expression des yeux tuméfiée et tout en eux qui marche au ralenti. Leur vocabulaire est pourtant imagé : ils disent qu'une joie ou un sourire illuminent alors qu'un souci ronge. Ils ne se rendent pas compte qu'ils se laissent ronger et que leurs lamentations et leurs soucis sont comme des petits coups de ciseaux quotidiens qui finissent par attaquer la matière la plus résistante.

Ainsi se creusent les rides ; des sillons particulièrement dysharmonieux vont apparaître sur le front ou au coin des yeux et, par-dessus tout, chose affreuse, au coin des lèvres, sillon qui porte le nom bien évocateur de « *pli d'amertume* ». Qu'ils se laissent aller à la joie et au rire, et les chairs remonteront de façon incompréhensible. Les yeux rieurs s'inscriront dans des orbites dont les coins extérieurs remonteront vers le ciel, ce qui est du plus bel effet surtout quand les lèvres font de même. Ce que le miroir dit avant tout, c'est : « *Regardez comme vous êtes beau et sympathique aujourd'hui que vous êtes épanoui et souriant* », ou bien : « *Regardez la tête que vous avez ! Qui va avoir envie de vous parler devant une mine à ce point renfrognée ?* »

Ainsi, jour après jour, chacun de nous modèle imperceptiblement sa propre forme, comme la mer chaque jour polit un peu plus le rocher ou le creuse.

*
* *

Nous avons vu que l'être humain est soumis à l'épreuve du vieillissement. Certaines personnes très belles dans leur jeunesse deviennent horribles en vieillissant, alors que d'autres qui n'étaient pas très favorisées au départ s'épanouissent tellement qu'on dit d'elles qu'elles ont dû être très belles quand elles étaient jeunes. Comment expliquer cela ? Est-ce que la façon de penser et de vivre y sont pour quelque chose ? En tout cas, il est intéressant d'étudier le chemin que suit la forme du visage dans le temps.

c) L'évolution du visage dans le temps

Beaucoup de personnes pensent que l'être humain change peu dans le cours de sa vie, que ce sont seulement les rides qui s'ajoutent et font paraître l'être plus jeune ou plus âgé. Il est très difficile de les faire changer d'avis. Pourtant, si on a la possibilité d'avoir des photos d'un groupe de personnes montrant leur transformation sur une cinquantaine d'années, on ne peut plus nier les changements considérables — bien sûr plus ou moins grands selon les individus — qui touchent non seulement l'expression et les chairs, mais encore le cadre et même le rapport des étages du visage entre eux.

On a vu que l'individu évolue normalement dans le cours de sa vie de la dilatation à la rétraction extrême ; cela correspond au passage de la force d'expansion à la force de conservation. L'état d'équilibre se trouve quelque part dans la rétraction de front. Puis, au fur et à mesure que le sujet avance en âge, la force de conservation prend le dessus jusqu'au moment où la force d'expansion ne se manifeste plus que dans un milieu d'élection de plus en plus réduit, les proches et la famille presque exclusivement. C'est le cheminement le plus fréquent. Mais dans certains cas, il arrive que le sujet en prenant de l'âge aille vers la dilatation. Cela se produit dans deux cas :

— La dilatation peut être l'indice d'un certain goût pour les nourritures matérielles de la vie qui amènent l'individu à s'épaissir, particulièrement le goût de la table et parfois de la bouteille. C'est un peu comme si, inconsciemment, cette matière qu'il aime tant s'incorporait à lui. Souvent cette tendance reste accompagnée des bons côtés du dilaté : l'ouverture, la jovialité, le sens de l'hospitalité, la générosité et le sens de l'humour ; on peut dire que par ces côtés la dilatation n'est pas exempte d'une certaine forme de spiritualité. Ne dit-on pas d'ailleurs « *avoir de l'esprit* » en parlant du sens de l'humour ?

En revanche, dans les cas où les récepteurs sont lourds, épais et charnus, avec des lèvres orientées vers le bas et un nez s'élargissant fortement à la base, avec une structure générale très alourdie (ventre et estomac proéminents), on peut dire que la dilatation s'accompagne d'une absence de sensibilité poussant l'individu à tout ramener à lui ; sa rotondité n'est plus que la manifestation d'une inflation de l'ego et de la bonne chère. Le matérialisme s'accompagne alors d'égoïsme et le don de soi et la générosité laissent la place à la satisfaction personnelle ainsi qu'à une certaine dureté vis-à-vis des autres. Mais il y a toujours une petite lucarne qui reste ouverte quelque part.

— Dans le deuxième cas, la dilatation devient un indice d'épanouissement. Les tensions rétrécissent, compriment l'individu, le rétractent jusqu'à l'extrême. La joie, l'extase, le bonheur sous ses formes les plus élevées le dilatent jusqu'à l'infini et lui permettent de toucher les régions les plus subtiles de l'univers. Certains individus en s'épanouissant passent ainsi physiquement d'une certaine forme de fermeture à un degré de plus en plus grand d'ouverture. L'épanouissement n'entraîne pas l'ouverture que chez les fleurs ; le processus est le même chez l'homme. Quand la dilatation est le résultat de l'épanouissement, l'individu conserve les éléments de finesse et de sensibilité dans le visage. Simplement, il revêt les vêtements de la sublimation qui sont si beaux qu'on sent presque un parfum émaner de lui.

Au degré ultime on trouve les bouddhas. Le bouddha, en s'ouvrant aux forces cosmiques et en se laissant totalement imprégner par elles comme savent si bien le faire les fleurs, accède à la félicité, à la béatitude, et cette ouverture absolue et définitive s'accompagne d'une dilatation équivalente. On comprend que pour l'Oriental, le canon de la beauté et de la réalisation se trouve dans la dilatation et non, comme c'est le cas chez nous, dans la rétraction puisque de nos jours même les femmes doivent ressembler à des hommes, être sveltes, élancées et longilignes.

Ce qui est merveilleux c'est que, par son ouverture, le bouddha retrouve le même état d'innocence que le petit enfant et le même état d'abandon total et de confiance absolue envers ses parents célestes que le petit enfant envers ses parents terrestres. Il intègre avant la lettre le « *Si vous ne devenez pas comme des enfants, vous n'entrerez pas dans le royaume de Dieu* ». Sa supériorité sur l'enfant est qu'il a retrouvé ce chemin consciemment. Nous avons vu qu'il y a en chaque être humain cet instinct qui le pousse à retrouver l'unité qu'il goûte de façon si fugitive au début de sa vie (et sans doute avant) et que l'on a appelé « *la nostalgie du paradis originel* ». Il est fascinant de penser que tout ce chemin est parcouru pour retrouver la conscience des origines, celle du tout petit enfant, celle où la fin des choses rejoint le commencement et où l'alpha et l'oméga confondus, l'être humain peut s'envoler vers d'autres sphères de conscience, grandi par des millénaires de travail incessant. Il faut bien dire qu'on trouve rarement des individus ayant parcouru un si long chemin de nos jours et qu'en tout cas on ne les croise pas dans la rue. Mais peut-être est-ce parce que l'être humain a oublié qui il était vraiment et quel sculpteur extraordinaire sommeille quelque part en lui.

d) L'être humain est son propre sculpteur

A partir du moment où nous adoptons le point de vue d'un certain libre arbitre, nous pouvons nous demander jusqu'où va ce libre arbitre et s'il peut se manifester même dans la forme. Nous ne nous laisserons pas aller à la facilité qui serait d'affirmer que l'être humain peut tout sur sa propre matière. Les faits sont là, le côté physique de l'être, son système osseux sont beaucoup plus faciles à détruire qu'à réparer. Nous avons déjà fait la différence entre le tempérament qui est lié aux côtés inconscient et subconscient, aux systèmes osseux, musculaire et circulatoire, et le caractère qui est lié à ce qui est plus subtil dans l'être humain, le système nerveux, les domaines de la volonté, de la sensation et de la pensée. Nous avons vu que si les composantes du caractère pouvaient, par des prises de conscience et un travail régulier, être améliorées dans une certaine mesure, le tempérament, lui, ne pouvait guère être changé.

Nous avons vu aussi que ce que l'être humain vit, pense et sent s'inscrit chaque jour sur son visage ; les déceptions, la tristesse exercent un travail de sape qui ne sera visible qu'au bout d'un certain nombre d'années et qui se marque notamment par les plis d'amertume ; au contraire, joie et enthousiasme inscrivent des particules de lumière sur le visage qui finit par s'embellir. Cela est logique. Si l'être humain transforme les éléments de son caractère, s'il essaie de mettre la paix dans ses pensées, la joie dans ses sentiments et l'ordre dans ses actions, il imprime à ses cellules un mouvement tellement harmonieux, que cela finit par se voir, se refléter sur son visage. Il est incroyable de voir à quel point les humains ont développé la faculté d'oublier presque immédiatement tout ce qui leur arrive de fantastique et de cultiver inlassablement les soucis et les inquiétudes pour des choses qui finissent toujours par s'arranger. Qu'ils renversent cette façon de penser et tout en eux va vibrer, résonner différemment ! Ce n'est donc pas du jour au lendemain que les résultats seront visibles, car la matière ne se laisse pas façonner rapidement. Mais, de la même façon que le vent en projetant les vagues sur le rocher agit imperceptiblement mais inlassablement sur la forme de la pierre, l'être humain en mettant toujours plus d'intensité dans ses pensées, ses sentiments et ses actions transforme son caractère jusqu'à ce que sa propre matière soit elle-même touchée.

En changeant son caractère, on finit par agir sur son tempérament, et sur la forme de son visage. Cela peut paraître extraordinaire à certains et, pourtant, il existe un domaine où la science est en train d'arriver à ces mêmes conclusions : celui de la galvanoplastie spirituelle ou travail de la femme enceinte pendant la gestation.

e) La galvanoplastie spirituelle

La galvanoplastie est une opération chimique dont le but est de transformer une matière dense en une matière d'une substance plus précieuse. Dans deux de ses ouvrages, Omraam Mikhaël Aïvanhov (3) explique que la femme a le pouvoir de former l'organisme de l'enfant qu'elle porte en son sein et qu'elle peut symboliquement « l'envelopper de plomb ou d'or ».

---

3. Omraam Mikhaël Aïvanhov : *Une éducation qui commence avant la naissance* (Éditions Provesta) et *La Galvanoplastie spirituelle ou l'avenir de l'humanité* (Éditions Provesta).

L'enfant n'est pas seulement un prolongement biologique de ses parents, il est en grande partie conditionné par ce que sa mère véhicule au niveau psychique, sentimental et physique durant la gestation. De nombreuses expériences ont été faites par les scientifiques montrant qu'effectivement l'enfant ressent tout ce que vit la mère et réagit aux stimuli du monde extérieur dès les premières semaines de la gestation. L'auteur ajoute que la mère par ses pensées, ses sentiments et la qualité de son sang a une action fondamentale, jusque dans la formation de la matière physique de l'enfant ; cela est la chose la plus importante puisque s'il naît avec un corps physique déformé ou déficient, l'être humain est comme un virtuose dont l'instrument est désaccordé. C'est donc le tempérament de l'enfant que la mère modèle. Elle sculpte littéralement l'enfant qu'elle porte en son sein. On retrouve exactement le même processus pour le visage. Selon la nature de ses pensées et de ses sentiments, l'homme va transformer la matière de son visage en glaise, en boue ou en or fin serti de pierres précieuses.

C'est un processus opposé à celui de la sublimation. La sublimation consiste à transformer ce qui est dense et matériel en puissance psychique, en particules subtiles. La galvanoplastie consiste, par l'utilisation de la force psychique, à faire descendre ce qui est subtil pour transformer la matière et la purifier.

Nous retrouvons les principes de « *solve et coagula* » des alchimistes qui ne sont rien d'autre que la manifestation de la force d'expansion qui dilate *(solve)* et de la force de conservation qui condense et contracte *(coagula).* La galvanoplastie spirituelle consiste donc à donner naissance dans le plan physique à un enfant divin en attirant les particules les plus subtiles du cosmos en son sein.

Dans la tradition orientale, c'est encore le bouddha qui en est la représentation. Nous avons vu que chacune des portes de l'être humain le relie à une infinité de régions de l'univers. Et par l'ombilic qui est une de ces portes, l'homme est relié au cosmos par d'autres cordons ombilicaux qu'il doit couper pour naître à d'autres états de conscience. Cette région du ventre est donc fondamentale. Plein de germes extraordinaires s'y trouvent et, en les arrosant, l'être humain va donner naissance à des enfants divins.

Le dieu le plus élevé de la tradition hindoue, Brahmà (le Créateur), a son siège dans les entrailles de l'être, alors que Vishnu (le conservateur) se tient dans le cœur et Siva (le destructeur) dans le cerveau. Pourquoi Brahmà le Créateur, le plus élevé des trois, siège-t-il en bas dans les entrailles et non dans le cerveau ? Ces symboles contiennent des messages extraordinaires !

Au fur et à mesure que l'homme fait germer les graines qui sont en lui en attirant du cosmos les particules les plus subtiles, il se dilate jusqu'à devenir un réceptacle d'une pureté si parfaite et d'une dimension si grande que Brahmà, qui n'y faisait encore que des séjours éclair, peut venir habiter en son sein. Jésus, lui, disait : « *De son sein jailliront des sources d'eau vive.* »

C'est du même processus qu'il s'agit. En l'homme devenu initié descendent et se manifestent toutes les puissances de l'Esprit. Alors naît un nouveau Fils d'Immortalité affranchi à jamais des limitations du temps, de l'espace et de la condition humaine, un Fils d'Éternité au visage tellement éblouissant qu'aucun regard humain n'en peut plus soutenir l'éclat ni la splendeur.

Mais cela est une autre histoire, l'histoire d'un autre visage, le visage de l'*âme* elle-même...

Bibliographie

Œuvres de Omraam Mikhaël Aïvanhov :

— Aux Éditions Provesta : *Œuvres complètes, Le Langage symbolique, L'Amour et la sexualité.*

— Dans la collection Izvor : *Une éducation qui commence avant la naissance, La Lumière, esprit vivant, La Galvanoplastie spirituelle ou l'avenir de l'humanité, Les Secrets du livre de la nature, Centres et corps subtils, Le Travail alchimique ou la quête de la perfection.*

Jean Charron : *L'Esprit, cet inconnu* et *J'ai vécu quinze milliards d'années* (P.U.F.).

Louis Corman : *Visages et caractères, Nouveau Manuel de morphopsychologie, Le Diagnostic de l'intelligence par la morphopsychologie, Caractérologie et morphopsychologie.*

Françoise Courtin Duroux : *Morphopsychologie.*

Leadbeater : *Les Chakras* (Adyar).

Docteur André Passebecq : *Qui ? Découvrez qui vous êtes et qui sont les autres* (Éditions Dangles).

Peter Tompkins et Christopher Bird : *La Vie secrète des plantes* (Laffont).

Jean Chartier : *Vous et les autres... Cours pratique de caractérologie* (Éditions Dangles).

Table des matières

La composition et l'impression de cet ouvrage
ont été réalisées par CLERC S.A.
18200 SAINT-AMAND - Tél. : 48-96-41-50
pour le compte des ÉDITIONS DANGLES
18, rue Lavoisier - 45800 ST-JEAN-DE-BRAYE

Dépôt légal Éditeur n° 1882 - Imprimeur n° 5236

Achevé d'imprimer en Août 1993